Declaração de Fé

Jesus salva, cura, batiza no Espírito Santo e breve voltará

Soli Deo Gloria

Convenção Geral das Assembleias de Deus no Brasil
Casa Publicadora das Assembleias de Deus

Declaração de Fé

Jesus salva, cura, batiza no Espírito Santo e breve voltará

Esequias Soares da Silva
(Organizador)

1ª Edição

CPAD

Rio de Janeiro
2017

Projeto gráfico e editoração: Paulo Sérgio Primati
Capa: Marlon Soares
Índice remissivo e referências bíblicas: Sérgio Inácio dos Santos

CDD: 270 - Teologia
ISBN: 978-85-263-1469-6 (Luxo)
ISBN: 978-85-263-1468-9 (Brochura)

Para maiores informações sobre livros, revistas, periódicos e os últimos lançamentos da CPAD, visite nosso site: http://www.cpad.com.br

Texto aprovado pela liderança nacional das assembleias de Deus e homologado na 43a Assembleia Geral Ordinária da CGADB em 26 de abril de 2017.

Casa Publicadora das Assembléias de Deus
Caixa Postal 331
20001-970, Rio de Janeiro, RJ, Brasil

Sumário

Abreviaturas

ANTIGO TESTAMENTO	
Gn	Gênesis
Êx	Êxodo
Lv	Levítico
Nm	Números
Dt	Deuteronômio
Js	Josué
Jz	Juízes
Rt	Rute
1 Sm	1 Samuel
2 Sm	2 Samuel
1 Rs	1 Reis
2 Rs	2 Reis
1 Cr	1 Crônicas
2 Cr	2 Crônicas
Ed	Esdras
Ne	Neemias
Et	Ester
Jó	Jó
Sl	Salmos
Pv	Provérbios
Ec	Eclesiastes
Ct	Cantares
Is	Isaías
Jr	Jeremias
Lm	Lamentações de Jeremias
Ez	Ezequiel
Dn	Daniel
Os	Oseias
Jl	Joel
Am	Amós
Ob	Obadias
Jn	Jonas
Mq	Miqueias
Na	Naum
Hc	Habacuque
Sf	Sofonias
Ag	Ageu
Zc	Zacarias
Ml	Malaquias

NOVO TESTAMENTO	
Mt	Mateus
Mc	Marcos
Lc	Lucas
Jo	João
At	Atos
Rm	Romanos
1 Co	1 Coríntios
2 Co	2 Coríntios
Gl	Gálatas
Ef	Efésios
Fp	Filipenses
Cl	Colossenses
1 Ts	1 Tessalonicenses
2 Ts	2 Tessalonicenses
1 Tm	1 Timóteo
2 Tm	2 Timóteo
Tt	Tito
Fm	Filemon
Hb	Hebreus
Tg	Tiago
1 Pe	1 Pedro
2 Pe	2 Pedro
1 Jo	1 João
2 Jo	2 João
3 Jo	3 João
Jd	Judas
Ap	Apocalipse

As referências bíblicas citadas nesta obra são da Versão de João Ferreira de Almeida Revista e Corrigida, 4ª edição de 2009, as demais são indicadas pelas seguintes abreviaturas: ARA (Almeida Revista e Atualizada, 2016) e TB (Tradução Brasileira, 2010) todas as edições da Sociedade Bíblica do Brasil.

Apresentação da nossa Declaração de Fé

É com imensa satisfação que apresentamos à Assembleia de Deus no Brasil a nossa DECLARAÇÃO DE FÉ.

A análise feita pela liderança da Assembleia de Deus no Brasil, em consonância com a COMISSÃO de TEÓLOGOS indicados para a apreciação do nosso CREMOS, entendeu pela imperiosa necessidade de complementar e aperfeiçoar o CREMOS.

Durante todo um ano, a COMISSÃO apreciou, rebuscou em outros credos análogos, no afã de presentear-nos um trabalho com a grandeza que este é apresentado; sem oferecer nenhuma oportunidade para vicissitudes.

O grande valor desta DECLARAÇÃO DE FÉ está em sua íntima e inseparável comunhão com as doutrinas bíblicas.

O conjunto harmônico e bíblico desta DECLARAÇÃO DE FÉ caracteriza-se por sua similitude no rigor da observação doutrinária estabelecida pela vivacidade da PALAVRA DE DEUS.

A sua publicação é o instrumento maior para conscientizar toda a Igreja Assembleia de Deus no Brasil.

Mesmo em forma sintética, abrange todas as principais doutrinas bíblicas, facilitando o conhecimento e conservando nossa mente contra as muitas heresias.

"A Bíblia revela a verdade em forma popular de vida e fato; o Credo declara uma forma lógica de doutrina".

Após um intensivo trabalho de oração, e apreciações lampejantes, e muitas pesquisas, nossa competente Comissão coloca em nossas mãos este sumário de doutrinas bíblicas.

Nossa DECLARAÇÃO DE FÉ facilita aos nossos irmãos um melhor conhecimento bíblico e ajuda-nos na preparação da fé de novos membros da Igreja.

Temos em mãos um trabalho onde é somada a GRAÇA com atavios do aticismo, mesmo usando linguagem correta, fluente e compreensível.

Nossa mais expressiva gratidão aos ilustres irmãos teólogos componentes desta douta COMISSÃO, pelo trabalho concluído.

A ASSEMBLEIA DE DEUS NO BRASIL TEM UMA COMPLETA DECLARAÇÃO DE FÉ.

José Wellington Bezerra da Costa
Presidente da CGADB

Introdução

Credo, confissão de fé, regra de fé ou declaração de fé são interpretações autorizadas das Escrituras Sagradas aceitas e reconhecidas por uma igreja ou denominação. Todas as igrejas ou denominações no mundo possuem algum tipo de conjunto de crenças, seja ele escrito ou não, não importando o nome dado aos ensinos que norteiam a vida da instituição cristã. A Bíblia é a Palavra de Deus e a única autoridade inerrante para a nossa vida. Não é um credo, mas, sim, sua fonte primária. Na explicação de Philip Schaff, "A Bíblia é a Palavra de Deus ao homem; o Credo é a resposta do homem a Deus. A Bíblia revela a verdade em forma popular de vida e fato; o Credo declara a verdade em forma lógica de doutrina. A Bíblia é para ser crida e obedecida; o Credo é para ser professado e ensinado". Em outras palavras, a Bíblia precisa ser interpretada e compreendida para uma adoração consciente a Deus.

A Igreja não dispunha de credos ou de qualquer formulação doutrinária formalizada no período apostólico. Era um tempo em que a produção dos livros do Novo Testamento ainda estava em andamento. Logo no século II, surgiu a necessidade de se organizar os pontos mais significativos da fé cristã, pois, desde muito cedo na história do cristianismo, surgiram controvérsias e heresias que questionavam o verdadeiro ensino cristão. Diante disso, era chegada a hora de "responder com mansidão e temor a qualquer que vos pedir a razão da esperança que há em vós" (1 Pe 3.15). Assim, começaram a aparecer as primeiras regras de fé sintetizando a doutrina cristã. Esses documentos tinham por objetivo sintetizar as doutrinas essenciais do cristianismo para facilitar as confissões públicas e conservar o pensamento cristão contra as heresias. Essas formulações foram sendo aperfeiçoadas e tornaram-se conhecidas como credos ou símbolos. O termo "credo" vem do latim *credo* e significa "creio, deposito confiança". Trata-se de uma confissão de gratidão à glória de Deus. Símbolo, do grego *symbolon*, significa literalmente "arremessar junto, comparar", sendo, porém, usado em referência a qualquer declaração formal, seja credo, confissão de fé ou catecismo.

Os credos considerados universais são conhecidos como "credos ecumênicos", visto que a sua aceitação é ampla e não se restringe a uma ou outra região. Os principais são o Credo dos Apóstolos, século II; o Credo Niceno (325 d.C.); o Credo Niceno-Constantinopolitano (381 d.C); o Credo de Calcedônia (451 d.C); e o Credo de Atanásio (cerca do ano 500). Seu conteúdo consta aqui neste Apêndice, demonstrando que temos muitos pontos em comum com os primeiros cristãos. Esses credos são geralmente aceitos por católicos romanos, ortodoxos gregos e protestantes, pois seu conteúdo é comum às principais religiões que ostentam a bandeira de Cristo. As seitas ou grupos religiosos heterodoxos rejeitam esses credos.

A confissão de fé é mais elaborada do que os credos ecumênicos, que são uma fórmula de fé pessoal e começam com "creio" ou "cremos". O termo "confissão" era usado no princípio para descrever o testemunho dos mártires, a começar pelo próprio Senhor Jesus Cristo: "[...] e de Cristo Jesus, que diante de Pôncio Pilatos deu o testemunho de boa confissão" (1 Tm 6.13). É, porém, comumente usado nas declarações formais da fé cristã pelos reformadores. As confissões de fé são marcas do período da Reforma, e as principais são as seguintes:

Confissão de Augsburgo, de Lutero (1483–1546), elaborada por Filipe Melânchton (1497–1560) em 1530; as Confissões Helvéticas, a primeira em 1534, e a segunda em 1566, esta última preparada por Heinrich Bullinger (1504–1575), sucessor de Ulrico Zuínglio (1484–1531); a Confissão de Fé Gaulesa, preparada em 1559 por João Calvino (1509–1564); a Confissão de Fé Escocesa, de 1560, preparada por uma comissão liderada por John Knox (1513–72); a Confissão Belga, de 1561, preparada por Guido de Brès ou Guy de Bray (1522–67); o Catecismo de Heidelberg, escrito por Zacarias Ursino (1534–1583) e Gaspar Oleviano em 1567; os Trinta e Nove Artigos de Religião preparados originalmente em 1552, em Londres, por Tomás Cranmer (1489–1556), com 42 artigos, os quais sofreram minuciosa revisão em 1563 por Matthew Parker (1504–1575), arcebispo da Cantuária, com o corte de três artigos — é a confissão de fé da Igreja Anglicana. O arminianismo holandês no ano de 1610 articulou uma breve declaração teológica em cinco pontos, assinada por 44 ministros e apresentada ao Estado Holandês, chamada Remonstrância (termo que se origina de "*remonstrare*", do latim medieval, cujo significado é "protestar, expor, manifestar"). Em 1618, houve uma ampliação na explicação desses cinco pontos, que foi denominada "Opiniões dos Remonstrantes". Posteriormente, Simão Episcópio (1583–1643) escreveu "A Confissão Arminiana" de 1621, ratificando as crenças arminianas. E por fim, temos a Confissão de Fé de Westminster, que foi produzida na Abadia de Westminster em Londres, a pedido do Parlamento Britânico, entre 1643 e 1647; trata-se da última confissão de fé da Reforma.

A obra *Declaração de Fé* é um documento eclesiástico que organiza, de forma escrita e sistemática, as crenças e práticas das Assembleias de Deus no Brasil que já são ensinadas nas igrejas desde a chegada ao país dos missionários fundadores, Daniel Berg (1884–1963) e Gunnar Vingren (1879–1933). O contexto social e político por si só exige uma definição daquilo em que a Igreja crê e daquilo que professa desde as suas origens. A Bíblia é a nossa única fonte de autoridade, a inerrante, infalível, completa e inspirada Palavra de Deus. As Escrituras Sagradas, no entanto, precisam ser interpretadas para que todos conheçam a sua mensagem. Assim sendo, o conteúdo dos 24 capítulos da *Declaração de Fé* são as interpretações autorizadas das Escrituras e os ensinos oficiais das Assembleias de Deus no Brasil.

Isael de Araújo, historiador da Assembleia de Deus, num resumo histórico sobre o "Cremos", trouxe-nos informações sobre a preocupação dos nossos primeiros missionários em expressar aquilo em que cremos e aquilo que praticamos. Gunnar Vingren publicou em 16 de abril de 1919, no jornal *Boa Semente*, um artigo intitulado "O que nós cremos", com as linhas mestras de nossas crenças. Essa matéria foi reeditada no jornal *O Som Alegre* em março de 1930. Nesse mesmo ano, na primeira Assembleia Geral da CGADB, os dois jornais fundiram-se num só, recebendo o nome de *Mensageiro da Paz*, desde então publicado ininterruptamente como órgão oficial das Assembleias de Deus no Brasil. O missionário sueco Otton Nelson (1881–1982) publicou em janeiro de 1931, no *Mensageiro da Paz*, um artigo intitulado "O que ensinamos". Em outubro de 1938, o missionário americano Theodoro Richard Stohr, que servia no interior de São Paulo, publicou, no mesmo periódico, um "Cremos" intitulado "Em que creem os pentecostais". Nas décadas de 1960 e 1970, ainda que o tema não tenha sido item oficial dos temários, as reuniões convencionais debateram se as Assembleias de Deus deveriam ter um Credo. Os contrários diziam que isso era coisa de católicos e de protestantes tradicionais, uma vez que a Bíblia é o nosso Credo. Outros defendiam a elaboração de um documento dessa natureza. "O *Cremos* que temos hoje", diz Isael de Araujo, "passou a ser publicado no *Mensageiro da Paz* a partir de junho de 1969. Desde então, esse documento tem sido submetido a revisões".

O nosso "Cremos", publicado em cada edição do jornal *Mensageiro da Paz*, tem sido o único documento oficial da Igreja que expressa nosso pensamento doutrinário. Agora, o referido texto passa a ser o extrato da *Declaração de Fé* como verdades centrais de nossa denominação. Os dezesseis artigos de fé do "Cremos" são explicados aqui na *Declaração de Fé* na mesma sequência de assuntos, sendo às vezes intercalados com alguns capítulos que tratam de temas ensinados pela Igreja, porém ausentes no "Cremos".

A CGADB, sob a presidência do Pr. José Wellington Bezerra da Costa, nomeou uma Comissão Especial para elaborar nosso credo ou confissão de fé, aqui denominado *Declaração de Fé*. Trata-se de uma comissão composta por teólogos e ensinadores de nossa denominação com conhecimento não somente das Escrituras, mas também de nossa história e doutrina. A CPAD, por meio do seu diretor-executivo, Ronaldo Rodrigues de Souza, deu incentivo e suporte para a produção do documento que o leitor tem em mãos.

A Comissão Especial pesquisou os credos ecumênicos e as principais confissões de fé históricas durante mais de um ano inteiro, examinando seu conteúdo, forma e apresentação. O trabalho desenvolvido será de importância na vida da Igreja como sumário doutrinário da Bíblia e ajuda para sua compreensão. A *Declaração de Fé* servirá como proteção contra as falsas doutrinas e contribuirá para a unidade do pensamento teológico para "que digais todos uma mesma coisa" (1 Co 1.10). Trata-se ainda de um material didático para ajudar as igrejas no preparo dos candidatos ao batismo e também na formação espiritual dos novos convertidos, bem como mostrar para a sociedade aquilo em que nós cremos e aquilo que praticamos. O documento identifica nossa marca pentecostal como denominação, mas o objetivo primordial é a glória de Deus.

Rio de janeiro, 24 de janeiro de 2017

Esequias Soares da Silva
Presidente da Comissão Especial

Cremos

1. Na inspiração divina verbal e plenária da Bíblia Sagrada, única regra infalível de fé e prática para a vida e o caráter cristão (2 Tm 3.14-17);

2. Em um só Deus, eternamente subsistente em três pessoas distintas que, embora distintas, são iguais em poder, glória e majestade: o Pai, o Filho e o Espírito Santo; Criador do Universo, de todas as coisas que há nos céus e na terra, visíveis e invisíveis, e, de maneira especial, os seres humanos, por um ato sobrenatural e imediato, e não por um processo evolutivo (Dt 6.4; Mt 28.19; Mc 12.29; Gn 1.1; 2.7; Hb 11.3 e Ap 4.11);

3. No Senhor Jesus Cristo, o Filho Unigênito de Deus, plenamente Deus, plenamente Homem, na concepção e no seu nascimento virginal, em sua morte vicária e expiatória, em sua ressurreição corporal dentre os mortos e em sua ascensão vitoriosa aos céus como Salvador do mundo (Jo 3.16-18; Rm 1.3,4; Is 7.14; Mt 1.23; Hb 10.12; Rm 8.34 e At 1.9);

4. No Espírito Santo, a terceira pessoa da Santíssima Trindade, consubstancial com o Pai e o Filho, Senhor e Vivificador; que convence o mundo do pecado, da justiça e do juízo; que regenera o pecador; que falou por meio dos profetas e continua guiando o seu povo (2 Co 13.13; 2 Co 3.6,17; Rm 8.2; Jo 16.11; Tt 3.5; 2 Pe 1.21 e Jo 16.13);

5. Na pecaminosidade do homem, que o destituiu da glória de Deus e que somente o arrependimento e a fé na obra expiatória e redentora de Jesus Cristo podem restaurá-lo a Deus (Rm 3.23; At 3.19);

6. Na necessidade absoluta do novo nascimento pela graça de Deus mediante a fé em Jesus Cristo e pelo poder atuante do Espírito Santo e da Palavra de Deus para tornar o homem aceito no Reino dos Céus (Jo 3.3-8, Ef 2.8,9);

7. No perdão dos pecados, na salvação plena e na justificação pela fé no sacrifício efetuado por Jesus Cristo em nosso favor (At 10.43; Rm 10.13; 3.24-26; Hb 7.25; 5.9);

8. Na Igreja, que é o corpo de Cristo, coluna e firmeza da verdade, una, santa e universal assembleia dos fiéis remidos de todas as eras e todos os lugares, chamados do mundo pelo Espírito Santo para seguir a Cristo e adorar a Deus (1 Co 12.27; Jo 4.23; 1 Tm 3.15; Hb 12.23; Ap 22.17);

9. No batismo bíblico efetuado por imersão em águas, uma só vez, em nome do Pai, e do Filho, e do Espírito Santo, conforme determinou o Senhor Jesus Cristo (Mt 28.19; Rm 6.1-6; Cl 2.12);

10. Na necessidade e na possibilidade de termos vida santa e irrepreensível por obra do Espírito Santo, que nos capacita a viver como fiéis testemunhas de Jesus Cristo (Hb 9.14; 1 Pe 1.15);

11. No batismo no Espírito Santo, conforme as Escrituras, que nos é dado por Jesus Cristo, demonstrado pela evidência física do falar em outras línguas, conforme a sua vontade (At 1.5; 2.4; 10.44-46; 19.1-7);

12. Na atualidade dos dons espirituais distribuídos pelo Espírito Santo à Igreja para sua edificação, conforme sua soberana vontade para o que for útil (1 Co 12.1-12);

13. Na segunda vinda de Cristo, em duas fases distintas: a primeira — invisível ao mundo, para arrebatar a sua Igreja antes da Grande Tribulação; a segunda — visível e corporal, com a sua Igreja glorificada, para reinar sobre o mundo durante mil anos (1 Ts 4.16, 17; 1 Co 15.51-54; Ap 20.4; Zc 14.5; Jd 1.14);

14. No comparecimento ante o Tribunal de Cristo de todos os cristãos arrebatados, para receberem a recompensa pelos seus feitos em favor da causa de Cristo na Terra (2 Co 5.10);

15. No Juízo Final, onde comparecerão todos os ímpios: desde a Criação até o fim do Milênio; os que morrerem durante o período milenial e os que, ao final desta época, estiverem vivos. E na eternidade de tristeza e tormento para os infiéis e vida eterna de gozo e felicidade para os fiéis de todos os tempos (Mt 25.46; Is 65.20; Ap 20.11-15; 21.1-4).

16. Cremos, também, que o casamento foi instituído por Deus e ratificado por nosso Senhor Jesus Cristo como união entre um homem e uma mulher, nascidos macho e fêmea, respectivamente, em conformidade com o definido pelo sexo de criação geneticamente determinado (Gn 2.18; Jo 2.1,2; Gn 2.24; 1.27).

CAPÍTULO I

Sobre as *Sagradas Escrituras*

Nossa declaração de fé é esta: cremos, professamos e ensinamos que a Bíblia Sagrada é a Palavra de Deus, única revelação escrita de Deus[1] dada pelo Espírito Santo,[2] escrita para a humanidade e que o Senhor Jesus Cristo chamou as Escrituras Sagradas de a "Palavra de Deus";[3] que os livros da Bíblia foram produzidos sob inspiração divina: *"Toda a Escritura é inspirada por Deus e útil"* (2 Tm 3.16 – ARA). Isso significa que toda a Escritura foi respirada ou soprada por Deus, o que a distingue de qualquer outra literatura, manifestando, assim, o seu caráter sui generis. As Escrituras Sagradas são de origem divina; seus autores humanos falaram e escreveram por inspiração verbal e plenária do Espírito Santo: *"Porque a profecia nunca foi produzida por vontade de homem algum, mas os homens santos de Deus falaram inspirados pelo Espírito Santo"* (2 Pe 1.21). Deus soprou nos escritores sagrados, os quais viveram numa região e numa época da história e cuja cultura influenciou na composição do texto. Esses homens não foram usados automaticamente; eles foram instrumentos usados por Deus, cada um com sua própria personalidade e talento. A inspiração da Bíblia é especial e única, não existindo um livro mais inspirado e outro menos inspirado, tendo todos o mesmo grau de inspiração e autoridade. A Bíblia é nossa única regra de fé e prática,4 a inerrante, completa e infalível Palavra de Deus: *"A lei do Senhor é perfeita"* (Sl 19.7). É a Palavra de Deus, que não pode ser anulada: *"e a Escritura não pode falhar"* (Jo 10.35 – ARA).

*1. **Estrutura.*** Adotamos o Cânon Protestante e ensinamos, pois, que a Bíblia contém somente 66 livros inspirados por Deus, estando dividida em duas partes principais, Antigo e Novo Testamento, ambos escritos por ordem de Deus num período de 1.600 anos aproximadamente e por cerca de 40 homens de estratigrafias distintas, os quais escreveram em lugares e em épocas diferentes, como Moisés: "*Disse mais o Senhor a Moisés: Escreve estas palavras; porque, conforme o teor destas palavras, tenho feito concerto contigo e com Israel*" (Êx 34.27); Jeremias (cerca de 800 anos depois): "[...] *veio esta palavra do Senhor a Jeremias, dizendo: Toma o rolo de um livro e escreve nele todas as palavras que te tenho falado sobre Israel, e sobre Judá, e sobre todas as nações, desde o dia em que eu te falei a ti, desde os dias de Josias até hoje*" (Jr 36.1,2); e o apóstolo João (no final do primeiro século da era cristã): "[...] *E disse-me: Escreve, porque estas palavras são verdadeiras e fiéis*" (Ap 21.5). Entretanto, a pluralidade de escritores e os diferentes lugares e épocas em que foi escrita não comprometeram a sua singular homogeneidade, pois se trata do pensamento de um único autor: Deus.

*2. **Classificação.*** O Antigo Testamento contém 39 livros produzidos antes de Cristo e está dividido em quatro partes, pela seguinte ordem:

- **Lei** – Gênesis, Êxodo, Levítico, Números e Deuteronômio;
- **Históricos** – Josué, Juízes, Rute, 1 e 2 Samuel, 1 e 2 Reis, 1 e 2 Crônicas, Esdras, Neemias e Ester;
- **Poéticos** – Jó, Salmos, Provérbios, Eclesiastes e Cantares de Salomão;
- **Proféticos** – Isaías, Jeremias, Lamentações, Ezequiel, Daniel, Oseias, Joel, Amós, Obadias, Jonas, Miqueias, Naum, Habacuque, Sofonias, Ageu, Zacarias e Malaquias.

O Novo Testamento contém 27 livros que foram produzidos depois da morte e ressurreição do Senhor Jesus Cristo e está dividido em quatro partes:

- **Evangelhos** – Mateus, Marcos, Lucas e João;
- **Histórico** – Atos dos Apóstolos;
- **Epístolas** – Romanos, 1 e 2 Coríntios, Gálatas, Efésios, Filipenses, Colossenses, 1 e 2 Tessalonicenses, 1 e 2 Timóteo, Tito, Filemom, Hebreus, Tiago, 1 e 2 Pedro, 1, 2 e 3 João, Judas;
- **Revelação** – Apocalipse.

Esses livros autorizados são chamados de canônicos.

*3. **Propósito.*** São dois os propósitos das Escrituras Sagradas: revelar o próprio Deus e expressar a sua vontade à humanidade. Pelo primeiro, dentre outras formas de revelação, Deus graciosamente revelou a si mesmo pela Palavra: "*Havendo Deus, antigamente, falado, muitas vezes e de muitas maneiras, aos pais, pelos profetas, a nós falou-nos, nestes últimos dias, pelo Filho*" (Hb 1.1). Pelo segundo propósito, Deus expressa claramente a sua vontade redentora a todos e a cada um dos seres humanos sem nenhuma acepção de pessoas, por meio da fé em Jesus Cristo: "*Porque nele se descobre a justiça de Deus de fé em* *fé, como está escrito: Mas o justo viverá da fé"* (Rm 1.17). Assim sendo, o Senhor Jesus Cristo é o centro das Escrituras. Ele mesmo disse: "*São estas as palavras que vos disse estando ainda convosco: convinha que se cumprisse tudo o que de mim estava escrito na Lei de Moisés, e nos Profetas, e nos Salmos*" (Lc 24.44). Tudo o que precisamos saber sobre Deus e a nossa redenção está suficientemente revelado em sua Palavra. Ela é o manual de Deus para toda a humanidade, e suas instruções visam, também, à felicidade humana e o bem-estar espiritual e social de todos os seres humanos.[5]

4. O poder da Palavra de Deus. A Bíblia revela o seu poder de forma clara e inconfundível. Ela emprega uma metáfora para mostrar esse poder quando chama a si mesma de "*a espada do Espírito, que é a palavra de Deus*" (Ef 6.17). O seu poder é capaz de destruir as fortalezas de Satanás[6], como também pode penetrar no mais íntimo do ser humano.[7] O próprio Senhor Jesus Cristo derrotou Satanás usando o poder das Escrituras Sagradas quando foi tentado por este no deserto. Jesus evitou qualquer outro argumento, abriu mão do uso de seus poderes sobrenaturais, característicos do seu ministério terreno, e disse apenas "está escrito", e isso por três vezes. Citou a Lei de Moisés, o livro de Deuteronômio: "[...] *Está escrito: Nem só de pão viverá o homem, mas de toda a palavra que sai da boca de Deus*" (Mt 4.4);[8] "[...] *Também está escrito: Não tentarás o Senhor, teu Deus*" (v. 7);[9] "[...] *Porque está escrito: Ao Senhor, teu Deus, adorarás e só a ele servirás*" (v. 10).[10]

5. Os livros apócrifos e pseudoepígrafos. Não reconhecemos a autoridade espiritual dos livros apócrifos, nem dos pseudoepígrafos, chamados pelos católicos romanos, respectivamente, de deuterocanônicos e apócrifos. O Senhor Jesus fez menção das Escrituras Sagradas dos seus dias, a Bíblia tripartida dos judeus, "Lei, Profetas e Escritos", e nelas não constam esses livros,[11] pois nunca fizeram parte do Antigo Testamento dos judeus. Os livros apócrifos (palavra que significa "escondido") apresentam erros históricos e geográficos, bem como anacronismos, além de ensinarem doutrinas falsas e práticas divergentes das Escrituras inspiradas, a exemplo da oração pelos mortos. Os pseudoepígrafos (palavra que significa "falso escrito") foram produzidos por autores anônimos e espúrios, que atribuíram indevidamente sua autoria a profetas e apóstolos.

*6. **Mensagem.*** A Bíblia é, portanto, a mensagem clara, objetiva, entendível, completa e amorosa de Deus, cujo alvo principal é, pela persuasão do Espírito Santo, levar-nos à redenção em Jesus Cristo. Nós a interpretamos sob a orientação do Espírito Santo, observando as regras gramaticais e o contexto histórico e literário.[12] A Bíblia fornece-nos, ainda, o conhecimento essencial e indispensável à nossa comunhão com o Pai Celeste e com o nosso próximo. Assim sendo, não necessitamos de uma nova revelação extraordinária ou pretensamente canônica para a nossa salvação e o nosso crescimento espiritual. O próprio Deus ordena que conservemos íntegra a sua Palavra: "*Nada acrescentareis à palavra que vos mando, nem diminuireis dela, para que guardeis os mandamentos do Senhor, vosso Deus, que eu vos mando*" (Dt 4.2). O livro de Provérbios reafirma a inteireza e a pureza da Bíblia Sagrada: "*Toda palavra de Deus é pura; escudo é para os que confiam nele. Nada acrescentes às suas palavras, para que não te repreenda, e sejas achado mentiroso*" (Pv 30.5,6). No encerramento do cânone divino, o Senhor Jesus chancela a integridade e a completude da Bíblia Sagrada: "*Porque eu testifico a todo aquele que ouvir as palavras da profecia deste livro que, se alguém lhes acrescentar alguma coisa, Deus fará vir sobre ele as pragas que estão escritas neste livro; e, se alguém tirar quaisquer palavras do livro desta profecia, Deus tirará a sua parte da árvore da vida, e da Cidade Santa, que estão escritas neste livro*" (Ap 22.18,19).

[1] "Revelação de Jesus Cristo, a qual Deus lhe deu para mostrar aos seus servos as coisas que brevemente devem acontecer; e pelo seu anjo as enviou e as notificou a João, seu servo" (Ap 1.1).

[2] "As quais também falamos, não com palavras de sabedoria humana, mas com as que o Espírito Santo ensina, comparando as coisas espirituais com as espirituais. Ora, o homem natural não compreende as coisas do Espírito de Deus, porque lhe parecem loucura; e não pode entendê-las, porque elas se discernem espiritualmente" (1 Co 2.13,14).

[3] "Invalidando, assim, a palavra de Deus pela vossa tradição, que vós ordenastes. E muitas coisas fazeis semelhantes a estas" (Mc 7.13).

[4] "À lei e ao testemunho! Se eles não falarem segundo esta palavra, nunca verão a alva" (Is 8.20).

[5] "Toda Escritura divinamente inspirada é proveitosa para ensinar, para redarguir, para corrigir, para instruir em justiça, para que o homem de Deus seja perfeito e perfeitamente instruído para toda boa obra" (2 Tm 3.16,17).

[6] "Porque as armas da nossa milícia não são carnais, mas, sim, poderosas em Deus, para destruição das fortalezas; destruindo os conselhos e toda altivez que se levanta contra o conhecimento de Deus, e levando cativo todo entendimento à obediência de Cristo" (2 Co 10.4,5).

[7] "Porque a palavra de Deus é viva, e eficaz, e mais penetrante do que qualquer espada de dois gumes, e penetra até à divisão da alma, e do espírito, e das juntas e medulas, e é apta para discernir os pensamentos e intenções do coração" (Hb 4.12).

[8] "E te humilhou, e te deixou ter fome, e te sustentou com o maná, que tu não conheceste, nem teus pais o conheceram, para te dar a entender que o homem não viverá só de pão, mas que de tudo o que sai da boca do Senhor viverá o homem" (Dt 8.3).

[9] "Não tentareis o Senhor, vosso Deus, como o tentastes em Massá" (Dt 6.16).

[10] "O Senhor, teu Deus, temerás, e a ele servirás, e pelo seu nome jurarás" (Dt 6.13); "Ao Senhor, teu Deus, temerás; a ele servirás, e a ele te chegarás, e pelo seu nome jurarás" (10.20).

[11] "E disse-lhes: São estas as palavras que vos disse estando ainda convosco: convinha que se cumprisse tudo o que de mim estava escrito na Lei de Moisés, e nos Profetas, e nos Salmos" (Lc 24.44).

[12] "Porque todos os que são guiados pelo Espírito de Deus, esses são filhos de Deus" (Rm 8.14).

CAPÍTULO II

Sobre Deus

CREMOS, professamos e ensinamos que Deus é o Supremo Ser, Criador do céu e da terra: "*Porque assim diz o SENHOR que tem criado os céus, o Deus que formou a terra e a fez; ele a estabeleceu*" (Is 45.18); que Ele é o Deus Pai de nosso Senhor Jesus Cristo: "[...] *para que creiais que Jesus é o Cristo, o Filho de Deus, e para que, crendo, tenhais vida em seu nome*" (Jo 20.31); que Ele é Espírito doador e mantenedor de toda a vida: "*O Espírito de Deus me fez; e a inspiração do Todo-poderoso me deu vida*" (Jó 33.4); que Ele é o único Deus verdadeiro:[1] "*E a vida eterna é esta: que conheçam a ti só por único Deus verdadeiro e a Jesus Cristo, a quem enviaste*" (Jo 17.3) e não há outro além dEle: "*Eu sou o SENHOR, e não há outro; fora de mim, não há deus* [...] *que fora de mim não há outro; eu sou o SENHOR, e não há outro*" (Is 45.5,6). Ele é identificado na Bíblia como Deus: "*Eu sou Deus, o Deus de teu pai*" (Gn 46.3), Deus Altíssimo[2] e Deus Todo-poderoso,[3] Jeová[4] e Senhor,[5] além de outros nomes. Deus é um ser pessoal, que possui atributos naturais, morais e de poder, qualidades e virtudes que lhe são próprias.

1. **Sobre os atributos naturais.** Deus é espírito: "*Deus é Espírito, e importa que os que o adoram o adorem em espírito e em verdade*" (Jo 4.24). Ele é eterno, nunca teve começo, princípio e nunca terá fim: "*O Deus eterno te seja por habitação, e por baixo de ti estejam os braços eternos*" (Dt 33.27), pois Ele existe por si mesmo: "*como o Pai tem a vida em si mesmo, assim deu também ao Filho ter a vida em si mesmo*" (Jo 5.26). Deus mesmo disse: "Eu Sou o Que Sou" (Êx 3.14). De eternidade a eternidade, Ele é Deus desde antes da fundação do mundo[6] e subsiste em três pessoas distintas: o Pai, o Filho e o Espírito Santo: "*Portanto, ide, ensinai todas as nações, batizando-as em nome do Pai, e do Filho, e do Espírito Santo*" (Mt 28.19). Deus é invisível. Espírito não se compõe de matéria, não tem carne nem osso,[7] pois é substância imaterial e invisível. "*O qual é imagem do Deus invisível*" (Cl 1.15). Nenhum ser humano o viu nem o pode ver.[8] Ele é imutável: "*Porque eu, o Senhor, não mudo*" (Ml 3.6); é o mesmo desde a eternidade.[9] É um ser transcendente (fora da criação) e imanente (relaciona-se com a criação),[10] além de infinito: "*Grande é o nosso Senhor e de grande poder; o seu entendimento é infinito*" (Sl 147.5). Deus é um ser pessoal. Ele tem consciência de si mesmo[11] e possui poder de autodeterminação.[12] A Bíblia mostra que em Deus há os elementos constitutivos da personalidade, como intelecto,[13] emoção[14] e vontade,[15] além dos atributos como alguém que fala: "*E disse Deus*" (Gn 1.3); vê: "*E viu Deus que era boa a luz*" (Gn 1.4); e ouve: "*e tenho ouvido o seu clamor*" (Êx 3.7).

2. Sobre os atributos morais. Deus é amor: "*Aquele que não ama não conhece a Deus, porque Deus é amor*" (1 Jo 4.8). Ele é incomparável em santidade;[16] nenhum outro atributo divino é tão solenizado nas Escrituras como esse: "*Não há santo como é o Senhor; porque não há outro fora de ti*" (1 Sm 2.2). Incomparável é, ainda, em verdade[17] e fidelidade,[18] em justiça[19] e amor,[20] em bondade,[21] benignidade,[22] misericórdia[23] e graça.[24]

*3. **Sobre os atributos de poder.*** As perfeições exclusivas de Deus, como a onipotência, a onisciência e a onipresença, são características que comprovam a sua grandeza e infinitude. Deus é onipotente; Ele é o Deus Todo-poderoso: "*Porque para Deus nada é impossível*" (Lc 1.37). O poder de Deus é ilimitado, não há coisa alguma impossível para Ele.[25] A sua vontade, porém, é determinada por sua natureza santa e justa, pois Ele não pode ver o mal e nem praticá-lo: "*Tu és tão puro de olhos, que não podes ver o mal e a vexação não podes contemplar*" (Hc 1.13); nem pode mentir: "*a qual Deus, que não pode mentir, prometeu antes dos tempos dos séculos*" (Tt 1.2). A onisciência é o conhecimento pleno de todas as coisas necessárias ou contingentes que acontecem,[26] aconteceram, acontecerão[27] e que poderiam ou não acontecer.[28] O conhecimento de Deus é perfeito e absoluto sobre todas as coisas no céu e na terra,[29] de todos os eventos e de todas as circunstâncias que devem e podem ser, que serão e que seriam por toda a eternidade passada e futura: "*que anuncio o fim desde o princípio e, desde a antiguidade, as coisas que ainda não sucederam*" (Is 46.10). Trata-se de um conhecimento infinito e imediato em que "*não há esquadrinhação*" (Is 40.28). Deus é onipresente.[30] "*Mas, na verdade, habitaria Deus na terra? Eis que os céus e até o céu dos céus te não poderiam conter, quanto menos esta casa que eu tenho edificado*" (1 Rs 8.27).

*4. **Sobre o nome "Deus".*** O Deus verdadeiro revelado nas Escrituras apresenta-se a si mesmo com diversos nomes e títulos que são inerentes à sua natureza e que revelam suas obras e seus atributos. Há três termos no Antigo Testamento hebraico para "Deus". São eles: *El*, *Eloah* e *Elohim*. O Novo Testamento grego usa o substantivo *theós* para "Deus". O nome *El* significa "ser forte, proeminente", sendo um termo semítico muito antigo para a divindade, usado para identificar o Deus de Israel: "*E levantou ali um altar e chamou-lhe Deus, o Deus* *de Israel*" (Gn 33.20). É, contudo, empregado também para deidades dos antigos povos semitas como nomes próprios e como apelativos.[31] *Eloah* é uma forma expandida de *El*, e *Elohim* é o plural de *Eloah*. O nome *Elohim* refere-se à ideia mais abstrata da deidade, de um Deus universal e Criador do mundo, indicando a transcendência da sua natureza. Deus é apresentado pela primeira vez na Bíblia com esse nome: "*No princípio, criou Deus os céus e a terra*" (Gn 1.1). É o único nome empregado para o Criador no relato da criação em Gênesis, capítulo 1.

5. Sobre outros nomes de Deus. Outros nomes são mencionados nas Escrituras, os quais também revelam a natureza e os atributos do Deus de Israel, como *Elyon*, *Shadday*, *Adonay* e *Yaweh*. O nome *Elyon* significa "Altíssimo": "*Bendito seja Abrão do Deus Altíssimo*" (Gn 14.19); *Shadday* quer dizer "Todo-poderoso": "*apareceu o Senhor a Abrão e disse-lhe: Eu sou o Deus Todo-poderoso*" (Gn 17.1); e *Adonay* indica "Senhor": "*eu vi ao Senhor assentado sobre um alto e sublime trono*" (Is 6.1). O nome *Yaweh* é conhecido por meio do Tetragrama (as quatro consoantes do nome divino YHWH), identificado também como "Jeová", cuja forma foi inventada no final da Idade Média quando as vogais do nome Adonai foram inseridas no Tetragrama. A forma híbrida "Jeová" não é bíblica, mas assim ela foi passada para a cultura ocidental; entretanto, aos poucos, esse nome vem sendo substituído pela forma Iavé ou Javé, que é a pronúncia mais próxima do original. O Tetragrama vem do verbo "ser", no hebraico, da expressão: "Eu Sou o Que Sou" (Êx 3.14). Isso revela que Deus é o que tem existência própria, ou seja, existe por si mesmo. É o imutável, o que causa todas as coisas, é autoexistente, aquEle que é, que era e que há de vir, o Eterno. O nome Javé aparece quando as características estão claras e concretas, sugerindo, assim, um Deus pessoal que se relaciona diretamente com o povo: "*E Deus disse mais a Moisés: Assim dirás aos filhos de Israel: O Senhor, o Deus* *de vossos pais, o Deus de Abraão, o Deus de Isaque e o Deus de Jacó, me enviou a vós; este é meu nome eternamente, e este é meu memorial de geração em geração"* (Êx 3.15), e nisso difere do emprego do nome *Elohim* no Antigo Testamento. A partir de 300 a.C., o nome Adonai passou gradualmente a ser mais usado que o Tetragrama, até que o nome Javé tornou-se completamente impronunciável pelos judeus.

*6. **Sobre as obras de Deus.*** A Bíblia ensina que o universo foi planejado por Deus antes de ser criado.[32] Planejamento, origem e manutenção de todas as coisas no céu e na terra envolvem governo e preservação de toda a criação. Tudo foi criado com propósito: *"Segundo o eterno propósito que fez em Cristo Jesus, nosso Senhor"* (Ef 3.11). Deus trouxe o universo à existência do nada e de maneira instantânea, pela sua soberana e livre vontade.[33] Os decretos ou conselhos divinos são o plano eterno e imutável de Deus claramente revelados nas Escrituras; dizem respeito à vontade e ao propósito de Deus, tais como a criação,[34] a encarnação do Verbo,[35] a eleição de Jesus como Salvador[36] e a eleição de Israel[37] e da Igreja.[38] Trata-se de deliberações absolutas que nasceram do desígnio e propósito do Deus Trino na eternidade e que independem da ação humana ou de qualquer outro ser no Universo.[39] Ninguém é capaz de frustrar esses desígnios de Deus: *"Bem sei que tudo podes, e nenhum dos teus pensamentos pode ser impedido"* (Jó 42.2) ou *"e nenhum dos teus planos pode ser frustrado"* (ARA). A providência divina é atividade de Deus na preservação, concorrência e governo de todas as criaturas e de tudo o que ocorre na criação até seu destino final. A preservação é o cuidado divino em conservar e manter todas as coisas criadas: *"sustentando todas as coisas pela palavra do seu poder"* (Hb 1.3). Isso inclui o homem na providência divina, bem como os demais seres viventes, sejam eles animados ou inanimados, e toda a natureza.[40] Deus cuida de todos os viventes, desde a estrutura mais simples até a mais complexa.[41] O mundo não subsistiria sem o cuidado e a vontade preservadora de Deus. É também nesse sentido que opera a concorrência.[42] Por seu turno, o governo divino não é um controle meticuloso[43] ao ponto de excluir a liberdade humana; o seu reger por direito fixa limites a essa liberdade: *"porque nele vivemos, e nos movemos, e existimos"* (At 17.28).

---

1 "Ouve, Israel, o *Senhor*, nosso Deus, é o único *Senhor*" (Dt 6.4; Mc 12.29); "Eu sou o *Senhor*, e não há outro; fora de mim, não há deus; eu te cingirei, ainda que tu me não conheças" (Is 45.5); "E a vida eterna é esta: que conheçam a ti só por único Deus verdadeiro e a Jesus Cristo, a quem enviaste" (Jo 17.3); "todavia, para nós há um só Deus, o Pai, de quem é tudo e para quem nós vivemos; e um só Senhor, Jesus Cristo, pelo qual são todas as coisas, e nós por ele" (1 Co 8.6); "Ora, o medianeiro não o é de um só, mas Deus é um" (Gl 3.20); "um só Deus e Pai de todos, o qual é sobre todos, e por todos, e em todos" (Ef 4.6); "Porque há um só Deus e um só mediador entre Deus e os homens, Jesus Cristo, homem" (1 Tm 2.5).

2 "E abençoou-o e disse: Bendito seja Abrão do Deus Altíssimo, o Possuidor dos céus e da terra" (Gn 14.19).

3 "E eu apareci a Abraão, e a Isaque, e a Jacó, como o Deus Todo-poderoso; mas pelo meu nome, o Senhor, não lhes fui perfeitamente conhecido" (Êx 6.3).

4 "Para que saibam que tu, a quem só pertence o nome de Jeová, és o Altíssimo sobre toda a terra" (Sl 83.18).

5 "No ano em que morreu o rei Uzias, eu vi ao Senhor assentado sobre um alto e sublime trono; e o seu séquito enchia o templo" (Is 6.1).

6 "Antes que os montes nascessem, ou que tu formasses a terra e o mundo, sim, de eternidade a eternidade, tu és Deus" (Sl 90.2).

7 "Vede as minhas mãos e os meus pés, que sou eu mesmo; tocai-me e vede, pois um espírito não tem carne nem ossos, como vedes que eu tenho" (Lc 24.39).

8 "Ora, ao Rei dos séculos, imortal, invisível, ao único Deus seja honra e glória para todo o sempre. Amém!" (1 Tm 1.17); "aquele que tem, ele só, a imortalidade e habita na luz inacessível; a quem nenhum dos homens viu nem pode ver; ao qual seja honra e poder sempiterno. Amém!" (1 Tm 6.16).

9 "Toda boa dádiva e todo dom perfeito vêm do alto, descendo do Pai das luzes, em quem não há mudança, nem sombra de variação" (Tg 1.17).

10 "Quem é como o Senhor, nosso Deus, que habita nas alturas; que se curva para ver o que está nos céus e na terra; que do pó levanta o pequeno e, do monturo, ergue o necessitado" (Sl 113.5-7); "Grande é o nosso Senhor e de grande poder; o seu entendimento é infinito" (Sl 147.5); "E ele é antes de todas as coisas, e todas as coisas subsistem por ele" (Cl 1.17).

11 "Eu sou o Senhor, e não há outro; fora de mim, não há deus; eu te cingirei, ainda que tu me não conheças" (Is 45.5).

12 "Mas, se ele está contra alguém, quem, então, o desviará? O que a sua alma quiser, isso fará" (Jó 23.13); "Nele, digo, em quem também fomos feitos herança, havendo sido predestinados conforme o propósito daquele que faz todas as coisas, segundo o conselho da sua vontade" (Ef 1.11).

13 "E disse o Senhor: Tenho visto atentamente a aflição do meu povo, que está no Egito, e tenho ouvido o seu clamor por causa dos seus exatores, porque conheci as suas dores" (Êx 3.7).

14 "O Senhor, teu Deus, está no meio de ti, poderoso para te salvar; ele se deleitará em ti com alegria; calar-se-á por seu amor, regozijar-se-á em ti com júbilo" (Sf 3.17).

15 "Que anuncio o fim desde o princípio e, desde a antiguidade, as coisas que ainda não sucederam; que digo: o meu conselho será firme, e farei toda a minha vontade; que chamo a ave de rapina desde o Oriente e o homem do meu conselho, desde terras remotas; porque assim o disse, e assim acontecerá; eu o determinei e também o farei" (Is 46.10, 11).

16 "Ó SENHOR, quem é como tu entre os deuses? Quem é como tu, glorificado em santidade, terrível em louvores" (Êx 15.11); "Quem te não temerá, ó Senhor, e não magnificará o teu nome? Porque só tu és santo; por isso, todas as nações virão e se prostrarão diante de ti, porque os teus juízos são manifestos" (Ap 15.4).

17 "Nas tuas mãos encomendo o meu espírito; tu me remiste, SENHOR, Deus da verdade" (Sl 31.5); "Ele é a Rocha cuja obra é perfeita, porque todos os seus caminhos juízo são; Deus é a verdade, e não há nele injustiça; justo e reto é" (Dt 32.4).

18 "Se confessarmos os nossos pecados, ele é fiel e justo para nos perdoar os pecados e nos purificar de toda injustiça" (1 Jo 1.9).

19 "Longe de ti que faças tal coisa, que mates o justo com o ímpio; que o justo seja como o ímpio, longe de ti seja. Não faria justiça o Juiz de toda a terra?" (Gn 18.25); "Ante a face do SENHOR, porque vem, porque vem a julgar a terra; julgará o mundo com justiça e os povos, com a sua verdade" (Sl 96.13).

20 "Aquele que não ama não conhece a Deus, porque Deus é amor [...]. E nós conhecemos e cremos no amor que Deus nos tem. Deus é amor e quem está em amor está em Deus, e Deus, nele" (1 Jo 4.8,16).

21 "O SENHOR é bom para todos, e as suas misericórdias são sobre todas as suas obras" (Sl 145.9); "E ele disse-lhe: Por que me chamas bom? Não há bom, senão um só que é Deus. Se queres, porém, entrar na vida, guarda os mandamentos" (Mt 19.17).

22 "Louvai ao Senhor, porque ele é bom; porque a sua benignidade é para sempre" (Sl 136.1).

23 "Misericordioso e piedoso é o SENHOR; longânimo e grande em benignidade" (Sl 103.8); "Eis que temos por bem-aventurados os que sofreram. Ouvistes qual foi a paciência de Jó e vistes o fim que o Senhor lhe deu; porque o Senhor é muito misericordioso e piedoso" (Tg 5.11).

24 "Mas Deus, que é riquíssimo em misericórdia, pelo muito amor com que nos amou, estando nós ainda mortos em nossas ofensas, nos vivificou juntamente com Cristo (pela graça sois salvos)" (Ef 2.4,5).

25 "Aquele que habita no esconderijo do Altíssimo, à sombra do Onipotente descansará" (Sl 91.1); "Jesus, porém, olhando para eles, disse: Para os homens é impossível, mas não para Deus, porque para Deus todas as coisas são possíveis" (Mc 10.27); "E ouvi como que a voz de uma grande multidão, e como que a voz de muitas águas, e como que a voz de grandes trovões, que dizia: Aleluia! Pois já o Senhor, Deus Todo-poderoso, reina" (Ap 19.6).

26 "SENHOR, tu me sondaste e me conheces. Tu conheces o meu assentar e o meu levantar; de longe entendes o meu pensamento. Cercas o meu andar e o meu deitar; e conheces todos os meus caminhos. Sem que haja uma palavra na minha língua, eis que, ó SENHOR, tudo conheces" (Sl 139.1-4).

27 "Lembrai-vos das coisas passadas desde a antiguidade: que eu sou Deus, e não há outro Deus, não há outro semelhante a mim; que anuncio o fim desde o princípio e, desde a antiguidade, as coisas que ainda não sucederam; que digo: o meu conselho será firme, e farei toda a minha vontade" (Is 46.9,10).

28 "Disse mais Davi: Entregar-me-iam os cidadãos de Queila, a mim e aos meus homens, nas mãos de Saul? E disse o Senhor: Entregariam. Então, se levantou Davi com os seus homens, uns seiscentos, e saíram de Queila e foram-se aonde puderam; e, sendo anunciado a Saul que Davi escapara de Queila, cessou de sair contra ele" (1 Sm 23.12,13); "Ai de ti, Corazim! Ai de ti, Betsaida! Porque, se em Tiro e em Sidom fossem feitos os prodígios que em vós se fizeram, há muito que se teriam arrependido com pano de saco grosseiro e com cinza" (Mt 11.21); "a qual nenhum dos príncipes deste mundo conheceu; porque, se a conhecessem, nunca crucificariam ao Senhor da glória" (1 Co 2.8).

29 "Tens tu notícia do equilíbrio das grossas nuvens e das maravilhas daquele que é perfeito nos conhecimentos?" (Jó 37.16); "SENHOR, tu me sondaste e *me* conheces. Tu conheces o meu assentar e o meu levantar; de longe entendes o meu pensamento. Cercas o meu andar e o meu deitar; e conheces todos os meus caminhos. Sem que haja uma palavra na minha língua, eis que, ó SENHOR, tudo conheces" (Sl 139.1-4).

30 "Esconder-se-ia alguém em esconderijos, de modo que eu não o veja? — diz o SENHOR. Porventura, não encho eu os céus e a terra? — diz o SENHOR" (Jr 23.24); "E não há criatura alguma encoberta diante dele; antes, todas as coisas estão nuas e patentes aos olhos daquele com quem temos de tratar" (Hb 4.13).

31 "Ó SENHOR, quem é como tu entre os deuses? Quem é como tu, glorificado em santidade, terrível em louvores, operando maravilhas?" (Êx 15.11); "Porque te não inclinarás diante de outro deus; pois o nome do SENHOR é Zeloso; Deus zeloso é ele" (Êx 34.14); "Assim, só o SENHOR o guiou; e não havia com ele deus estranho" (Dt 32.12).

[32] "E, agora, glorifica-me tu, ó Pai, junto de ti mesmo, com aquela glória que tinha contigo antes que o mundo existisse" (Jo 17.5); "Em esperança da vida eterna, a qual Deus, que não pode mentir, prometeu antes dos tempos dos séculos" (Tt 1.2); "E adoraram-na todos os que habitam sobre a terra, esses cujos nomes não estão escritos no livro da vida do Cordeiro que foi morto desde a fundação do mundo" (Ap 13.8).

[33] "Porque falou, e tudo se fez; mandou, e logo tudo apareceu" (Sl 33.9); "Pela fé, entendemos que os mundos, pela palavra de Deus, foram criados; de maneira que aquilo que se vê não foi feito do que é aparente" (Hb 11.3); "Digno és, Senhor, de receber glória, e honra, e poder, porque tu criaste todas as coisas, e por tua vontade são e foram criadas" (Ap 4.11).

[34] "Eu fiz a terra e criei nela o homem; eu o fiz; as minhas mãos estenderam os céus e a todos os seus exércitos dei as minhas ordens" (Is 45.12).

[35] "Jesus respondeu e disse-lhes: A obra de Deus é esta: que creiais naquele que ele enviou" (Jo 6.29).

[36] "Eis aqui o meu Servo, a quem sustenho, o meu Eleito, em quem se compraz a minha alma; pus o meu Espírito sobre ele; juízo produzirá entre os gentios" (Is 42.1); "E dela veio uma voz, dizendo: Este é o meu Filho, o meu eleito; a ele ouvi" (Lc 9.35 – ARA).

[37] "Porque povo santo és ao SENHOR, teu Deus; o SENHOR, teu Deus, te escolheu, para que lhe fosses o seu povo próprio, de todos os povos que sobre a terra há" (Dt 7.6).

[38] Mas vós sois a geração eleita, o sacerdócio real, a nação santa, o povo adquirido, para que anuncieis as virtudes daquele que vos chamou das trevas para a sua maravilhosa luz" (1 Pe 2.9).

[39] "Tudo que o SENHOR quis, ele o fez, nos céus e na terra, nos mares e em todos os abismos" (Sl 135.6); "Que anuncio o fim desde o princípio e, desde a antiguidade, as coisas que ainda não sucederam; que digo: o meu conselho será firme, e farei toda a minha vontade" (Is 46.10); "Nele, digo, em quem também fomos feitos herança, havendo sido predestinados conforme o propósito daquele que faz todas as coisas, segundo o conselho da sua vontade" (Ef 1.11).

[40] "Olhai para as aves do céu, que não semeiam, nem segam, nem ajuntam em celeiros; e vosso Pai celestial as alimenta. Não tendes vós muito mais valor do que elas?... E, quanto ao vestuário, porque andais solícitos? Olhai para os lírios do campo, como eles crescem; não trabalham, nem fiam. E eu vos digo que nem mesmo Salomão, em toda a sua glória, se vestiu como qualquer deles. Pois, se Deus assim veste a erva do campo, que hoje existe e amanhã é lançada no forno, não vos vestirá muito mais a vós, homens de pequena fé?" (Mt 6.26, 28-30).

[41] "Tu só *és* SENHOR, tu fizeste o céu, o céu dos céus e todo o seu exército, a terra e tudo quanto nela há, os mares e tudo quanto neles há; e tu os guardas em vida a todos, e o exército dos céus te adora" (Ne 9.6); "Abres a mão e satisfazes os desejos de todos os viventes" (Sl 145.16).

[42] "Nem tampouco é servido por mãos de homens, como que necessitando de alguma coisa; pois ele mesmo é quem dá a todos a vida, a respiração e todas as coisas" (At 17.25)

[43] "E edificaram os altos de Tofete, que está no vale do filho de Hinom, para queimarem a seus filhos e a suas filhas; o que nunca ordenei, nem me subiu ao coração" (Jr 7.31); "Sucedeu, pois, que, acabando o SENHOR de dizer a Jó aquelas palavras, o SENHOR disse a Elifaz, o temanita: A minha ira se acendeu contra ti, e contra os teus dois amigos; porque não dissestes de mim o que era reto, como o meu servo Jó" (Jó 42.7).

CAPÍTULO III

Sobre a Trindade

CREMOS, professamos e ensinamos o monoteísmo bíblico, que Deus é uno em essência ou substância, indivisível em natureza e que subsiste eternamente em três pessoas — o Pai, o Filho e o Espírito Santo, iguais em poder, glória e majestade e distintas em função, manifestação e aspecto: *"Portanto, ide, ensinai todas as nações, batizando-as em nome do Pai, e do Filho, e do Espírito Santo"* (Mt 28.19). As Escrituras Sagradas claramente revelam que a Trindade é real e verdadeira. Uma só essência, substância, em três pessoas. Cada pessoa da santíssima Trindade possui todos os atributos divinos — onipotência,[1] onisciência,[2] onipresença,[3] soberania[4] e eternidade.[5] A Bíblia chama textualmente de Deus cada uma delas;[6] as Escrituras Sagradas, no entanto, afirmam que há um só Deus e que Deus é um: *"Todavia para nós há um só Deus"* (1 Co 8.6); *"mas Deus é um"* (Gl 3.20); *"um só Deus e Pai de todos, o qual é sobre todos, e por todos, e em todos"* (Ef 4.6).

1. A unidade na trindade. A unidade de Deus não contradiz a doutrina da Trindade porque Deus não é uma unidade absoluta, e sim uma unidade composta e dinâmica. Seu relacionamento com o Filho e o Espírito Santo é desde a eternidade.[7] O nome *Elohim*, plural de *Eloah*, "Deus" em hebraico, revela os primeiros vislumbres da Trindade no Antigo Testamento. É o nome que aparece na declaração: "*No princípio, criou Deus os céus e a terra*" (Gn 1.1). O verbo "criou" está no singular, e o sujeito *Elohim*, "Deus", no plural, o que revela uma pluralidade na deidade. Além disso, o monoteísmo do Antigo Testamento não é absoluto e permite a pluralidade na unidade: "*E disse Deus: Façamos o homem à nossa imagem, conforme a nossa semelhança*" (Gn 1.26); "*Então, disse o SENHOR Deus: Eis que o homem é como um de nós*" (Gn 3.22); "*Eia, desçamos e confundamos ali a sua língua*" (Gn 11.7). Essa pluralidade na unidade é vista também no profeta Isaías: "*A quem enviarei, e quem há de ir por nós?*" (Is 6.8). Mas o Novo Testamento tornou explícito o que antes estava implícito no Antigo Testamento, mostrando clara e diretamente as três pessoas associadas em unidade e igualdade, como a fórmula batismal em Mateus 28.19 e em outras passagens: "*Ora, há diversidade de dons, mas o Espírito é o mesmo. E há diversidade de ministérios, mas o Senhor é o mesmo. E há diversidade de operações, mas é o mesmo Deus que opera tudo em todos*" (1 Co 12.4-6); e na bênção apostólica: "*A graça do Senhor Jesus Cristo, e o amor de Deus, e a comunhão do Espírito Santo sejam com vós todos. Amém!*" (2 Co 13.13). Essa unidade de natureza reaparece mais adiante: "*Há um só corpo e um só Espírito, como também fostes chamados em uma só esperança da vossa vocação; um só Senhor, uma só fé, um só batismo; um só Deus e Pai de todos, o qual é sobre todos, e por todos, e em todos*" (Ef 4.4-6); e na obra da redenção: "*Eleitos segundo a presciência de Deus Pai, em santificação do Espírito, para a obediência e aspersão do sangue de Jesus Cristo: graça e paz vos sejam multiplicadas"* (1 Pe 1.2). Assim, o que estava implícito no Antigo Testamento é revelado explicitamente no Novo Testamento e fica confirmado que a pluralidade na divindade é tríplice, como Jesus deixou claro ao ordenar o batismo *"em nome do Pai, e do Filho, e do Espírito Santo"* (Mt 28.19).

2. Negação ao unicismo, unitarismo e triteísmo. Negamos o unicismo sabelianista e moderno, ou seja, que o Pai, o Filho e o Espírito Santo sejam três modos de uma mesma pessoa divina, porque está escrito que as três pessoas são distintas.[8] Negamos também o unitarismo, pois essa doutrina afirma que somente o Pai é Deus, negando, assim, a divindade do Filho e do Espírito Santo, ao passo que as Escrituras Sagradas ensinam a divindade do Filho e do Espírito Santo.[9] Também negamos o triteísmo, ou seja, que existam três deuses separados, pois a Bíblia revela a existência de um único Deus verdadeiro: *"há um só Deus e que não há outro além dele"* (Mc 12.32); *"todavia, para nós há um só Deus"* (1 Co 8.6). Essa doutrina monoteísta tem implicação para a salvação: *"E a vida eterna é esta: que conheçam a ti só por único Deus verdadeiro e a Jesus Cristo, a quem enviaste"* (Jo 17.3). Cremos que a doutrina da santíssima Trindade é uma verdade bíblica, conforme definida no Credo de Atanásio: "A fé universal é esta: que adoremos um Deus em trindade, e trindade em unidade; não confundimos as Pessoas, nem separamos a substância". Os triteístas acreditam em mais de um Deus, os unicistas confundem as pessoas, e os unitaristas separam a substância. São crenças inadequadas que estão em desacordo com a fé cristã bíblica e histórica, razão pela qual nós as rejeitamos. Há um só Deus que subsiste em três pessoas distintas, definidas e identificadas com a mesma natureza divina.

3. A função das três Pessoas da Trindade. É possível um membro da Trindade subordinar-se voluntariamente a um ou aos dois outros membros, mas isso não significa ser inferior em essência. Há uma absoluta igualdade dentro da Trindade, e nenhuma das três Pessoas está sujeita, por natureza, à outra, como se houvesse uma hierarquia divina. Existe, sim, uma distinção de serviço. O Pai possui a mesma essência divina das demais pessoas da Trindade.[10] O Filho é gerado do Pai,[11] e o Espírito Santo procede do Pai e do Filho.[12] A paternidade é o papel da primeira pessoa da Trindade que opera por meio do Filho e por meio do Espírito Santo.[13] O Pai proclamou as palavras criadoras,[14] e o Filho executou-as.[15] O Pai planejou a redenção,[16] e o Filho, ao ser enviado ao mundo, realizou-a.[17] Quando o Filho retornou ao céu, o Espírito Santo foi enviado pelo Pai e pelo Filho para ser o Consolador e Ensinador.[18] A subordinação do Filho não compromete a sua deidade absoluta e, da mesma forma, a subordinação do Espírito Santo ao ministério do Filho e ao Pai não é sinônimo de inferioridade. Quando o Senhor Jesus disse: *"o Pai é maior do que eu"* (Jo 14.28) — pois Ele fez-se servo,[19] como consequência da encarnação — não quis dizer, com essa declaração, que se tornou, em substância, menor que o Pai, e sim que se subordinou funcionalmente à vontade do Pai: *"porque não busco a minha vontade, mas a vontade do Pai, que me enviou"* (Jo 5.30); *"Porque eu desci do céu não para fazer a minha vontade, mas a vontade daquele que me enviou"* (Jo 6.38); *"Então, disse: Eis aqui venho, para fazer, ó Deus, a tua vontade"* (Hb 10.9). A submissão do Filho foi uma condição voluntária para o seu messiado: *"também o mesmo Filho se sujeitará àquele que todas as coisas lhe sujeitou, para que Deus seja tudo em todos"* (1 Co 15.28). Isso não compromete a deidade absoluta do Filho: *"porque nele habita corporalmente toda a plenitude da divindade"* (Cl 2.9), nem a igualdade de essência e de substância das três Pessoas da Trindade.

4. O Pai é Deus. O Pai já é identificado como Deus com abundante frequência nas Escrituras: *"porque a este o Pai, Deus, o selou"* (Jo 6.27);

"e por Deus Pai [...] *da parte de Deus Pai"* (Gl 1.1,3). O Pai possui a mesma essência divina das demais pessoas da Trindade. Isso está mais do que evidente na fórmula batismal: *"em nome do Pai, e do Filho, e do Espírito Santo"* (Mt 28.19).

5. O Filho é Deus. O Senhor Jesus Cristo é, desde a eternidade, o único Filho de Deus e possui a mesma natureza do Pai, como afirmam os credos: "consubstancial com o Pai", em grego, *homooúsion to patrí*, que significa "da mesma substância com o Pai", qualifica a unidade de essência do Pai e do Filho. Jesus disse: *"Eu e o Pai somos um"* (Jo 10.30). Ele é a segunda pessoa da Trindade e que foi enviado pelo Pai ao mundo.[20] Ensinamos que o Filho se fez carne, possuindo agora duas naturezas, a divina e a humana[21], sendo verdadeiro Deus e verdadeiro homem.[22] Acreditamos em sua concepção sem pecado no ventre da virgem Maria.[23] Negamos que tenha sido criado ou passado a existir somente depois que foi gerado por obra do Espírito Santo.[24] Confessamos que o Filho é autoexistente: *"Porque, como o Pai tem a vida em si mesmo, assim deu também ao Filho ter a vida em si mesmo"* (Jo 5.26); *"Disse-lhes Jesus: Em verdade, em verdade vos digo que, antes que Abraão existisse, eu sou"* (Jo 8.58) e eterno,[25] que voluntariamente se sujeita ao Pai.[26] Que, em obediência ao plano do Pai, morreu e ressuscitou para que o mundo fosse salvo.[27] Que, vitorioso, ascendeu ao céu, assentando-se à direita de Deus Pai.[28] Que o Filho é o único mediador entre Deus e os seres humanos,[29] o propiciador,[30] o único salvador,[31] o nosso sumo sacerdote e intercessor.[32]

6. O Espírito Santo é Deus. O Espírito Santo possui a mesma essência do Deus Pai e do Deus Filho; Ele é a terceira pessoa da Trindade e foi enviado ao mundo pelo Pai e pelo Filho; Ele é *"o Espírito que provém de Deus"* (1 Co 2.12) e penetra até as profundezas de Deus.[33] Negamos que o Espírito Santo seja apenas um atributo da divindade porque Ele é Deus e Senhor.[34] A obra do Espírito Santo é dar prosseguimento ao plano de salvação idealizado por Deus Pai e executado pelo Deus Filho.[35] Ensinamos que o Espírito Santo possui o papel de regenerar, purificar e santificar o homem e a mulher[36] e que é Ele quem convence o mundo do pecado, da justiça e do juízo.[37] Quem concede a segurança da redenção[38] e capacita o salvo para o serviço cristão;[39] que guia, dirige e conduz o povo de Deus;[40] quem inspirou os profetas e apóstolos bíblicos,[41] reparte os dons espirituais[42] e produz nas pessoas as virtudes que refletem o caráter de Deus, denominado fruto do Espírito: "*amor, gozo, paz, longanimidade, benignidade, bondade, fé, mansidão, temperança*" (Gl 5.22,23).

[1] Onipotência: **o Pai** – "E qual a suprema grandeza do seu poder para com os que cremos, segundo a eficácia da força do seu poder" (Ef 1.19); **o Filho** – "Eu sou o Alfa e o Ômega, o Princípio e o Fim, diz o Senhor, que é, e que era, e que há de vir, o Todo-poderoso" (Ap 1.8); **o Espírito Santo** – "pelo poder dos sinais e prodígios, na virtude do Espírito de Deus; de maneira que, desde Jerusalém e arredores até ao Ilírico, tenho pregado o evangelho de Jesus Cristo" (Rm 15.19).

[2] Onisciência: **o Pai** – "SENHOR, tu me sondaste e me conheces. Tu conheces o meu assentar e o meu levantar; de longe entendes o meu pensamento. Cercas o meu andar e o meu deitar; e conheces todos os meus caminhos. Sem que haja uma palavra na minha língua, eis que, ó SENHOR, tudo conheces" (Sl 139.1-4); **o Filho** – "Agora, conhecemos que sabes tudo e não precisas de que alguém te interrogue. Por isso, cremos que saíste de Deus" (Jo 16.30); **o Espírito Santo** – "Mas Deus no-las revelou pelo seu Espírito; porque o Espírito penetra todas as coisas, ainda as profundezas de Deus. Porque qual dos homens sabe as coisas do homem, senão o espírito do homem, que nele está? Assim também ninguém sabe as coisas de Deus, senão o Espírito de Deus" (1 Co 2.10,11).

[3] Onipresença: **o Pai** – "E não há criatura alguma encoberta diante dele; antes, todas as coisas estão nuas e patentes aos olhos daquele com quem temos de tratar" (Hb 4.13); **o Filho** – "Porque onde estiverem dois ou três reunidos em meu nome, aí estou eu no meio deles" (Mt 18.20); **o Espírito Santo** – "Para onde me irei do teu Espírito ou para onde fugirei da tua face? Se subir ao céu, tu aí estás; se fizer no Seol a minha cama, eis que tu ali estás também; se tomar as asas da alva, se habitar nas extremidades do mar, até ali a tua mão me guiará e a tua destra me susterá" (Sl 139.7-10).

[4] Soberania: **o Pai** - "Ainda antes que houvesse dia, eu sou; e ninguém há que possa fazer escapar das minhas mãos; operando eu, quem impedirá?" (Is 43.13); **o Filho** – "acima de todo principado, e poder, e potestade, e domínio, e de todo nome que se nomeia, não só neste século, mas também no vindouro" (Ef 1.21); **o Espírito Santo** – "Ora, o Senhor é o Espírito; e, onde está o Espírito do Senhor, aí há liberdade" (2 Co 3.17 – Versão Almeida Atualizada).

[5] Eternidade: **o Pai** – "O teu trono está firme desde então; tu és desde a eternidade" (Sl 93.2); **o Filho** – "Porque um menino nos nasceu, um filho se nos deu; e o principado está sobre os seus ombros; e o seu nome será Maravilhoso Conselheiro, Deus Forte, Pai da Eternidade, Príncipe da Paz" (Is 9.6); **o Espírito Santo** – "quanto mais o sangue de Cristo, que, pelo Espírito eterno, se ofereceu a si mesmo imaculado a Deus, purificará a vossa consciência das obras mortas, para servirdes ao Deus vivo?" (Hb 9.14).

6 Deus: **o Pai** – "E a vida eterna é esta: que conheçam a ti só por único Deus verdadeiro e a Jesus Cristo, a quem enviaste" (Jo 17.3); **o Filho** – "No princípio, era o Verbo, e o Verbo estava com Deus, e o Verbo era Deus" (Jo 1.1); o Espírito Santo – "Disse, então, Pedro: Ananias, por que encheu Satanás o teu coração, para que mentisses ao Espírito Santo e retivesses parte do preço da herdade? Guardando-a, não ficava para ti? E, vendida, não estava em teu poder? Por que formaste este desígnio em teu coração? Não mentiste aos homens, mas a Deus" (At 5.3,4).

7 "E, agora, glorifica-me tu, ó Pai, junto de ti mesmo, com aquela glória que tinha contigo antes que o mundo existisse" (Jo 17.5).

8 "E, sendo Jesus batizado, saiu logo da água, e eis que se lhe abriram os céus, e viu o Espírito de Deus descendo como pomba e vindo sobre ele. E eis que uma voz dos céus dizia: Este é o meu Filho amado, em quem me comprazo" (Mt 3.16,17).

9 "No princípio, era o Verbo, e o Verbo estava com Deus, e o Verbo era Deus" (Jo 1.1); "Disse, então, Pedro: Ananias, por que encheu Satanás o teu coração, para que mentisses ao Espírito Santo e retivesses parte do preço da herdade? Guardando-a, não ficava para ti? E, vendida, não estava em teu poder? Por que formaste este desígnio em teu coração? Não mentiste aos homens, mas a Deus" (At 5.3, 4).

10 "Eu e o Pai somos um" (Jo 10.30); "Mas Deus no-las revelou pelo seu Espírito; porque o Espírito penetra todas as coisas, ainda as profundezas de Deus. Porque qual dos homens sabe as coisas do homem, senão o espírito do homem, que nele está? Assim também ninguém sabe as coisas de Deus, senão o Espírito de Deus" (1 Co 2.10,11).

11 "Assim, também Cristo não se glorificou a si mesmo, para se fazer sumo sacerdote, mas glorificou aquele que lhe disse: Tu és meu Filho, hoje te gerei" (Hb 5.5).

12 "Mas, quando vier o Consolador, que eu da parte do Pai vos hei de enviar, aquele Espírito da verdade, que procede do Pai, testificará de mim" (Jo 15.26); "E, havendo dito isso, assoprou sobre eles e disse-lhes: Recebei o Espírito Santo" (Jo 20.22).

13 "Ora, há diversidade de dons, mas o Espírito é o mesmo. E há diversidade de ministérios, mas o Senhor é o mesmo. E há diversidade de operações, mas é o mesmo Deus que opera tudo em todos" (1 Co 12.4-6); "Há um só corpo e um só Espírito, como também fostes chamados em uma só esperança da vossa vocação; um só Senhor, uma só fé, um só batismo; um só Deus e Pai de todos, o qual é sobre todos, e por todos, e em todos" (Ef 4.4-6).

14 "Porque falou, e tudo se fez; mandou, e logo tudo apareceu" (Sl 33.9); "Pela fé, entendemos que os mundos, pela palavra de Deus, foram criados; de maneira que aquilo que se vê não foi feito do que é aparente" (Hb 11.3).

15 "Todas as coisas foram feitas por ele, e sem ele nada que foi feito se fez" (Jo 1.3); "Porque nele foram criadas todas as coisas que há nos céus e na terra, visíveis e invisíveis, sejam tronos, sejam dominações, sejam principados, sejam potestades; tudo foi criado por ele e para ele" (Cl 1.16).

16 "Em esperança da vida eterna, a qual Deus, que não pode mentir, prometeu antes dos tempos dos séculos" (Tt 1.2).

17 "Eu glorifiquei-te na terra, tendo consumado a obra que me deste a fazer" (Jo 17.4); "E, sendo ele consumado, veio a ser a causa de eterna salvação para todos os que lhe obedecem" (Hb 5.9).

18 "Mas aquele Consolador, o Espírito Santo, que o Pai enviará em meu nome, vos ensinará todas as coisas e vos fará lembrar de tudo quanto vos tenho dito" (Jo 14.26).

19 "Que, sendo em forma de Deus, não teve por usurpação ser igual a Deus. Mas aniquilou-se a si mesmo, tomando a forma de servo, fazendo-se semelhante aos homens" (Fp 2.6,7).

20 "Porque Deus amou o mundo de tal maneira que deu o seu Filho unigênito, para que todo aquele que nele crê não pereça, mas tenha a vida eterna. Porque Deus enviou o seu Filho ao mundo não para que condenasse o mundo, mas para que o mundo fosse salvo por ele" (Jo 3.16,17); "Nisto se manifestou o amor de Deus para conosco: que Deus enviou seu Filho unigênito ao mundo, para que por ele vivamos" (1 Jo 4.9).

21 "Que, sendo em forma de Deus, não teve por usurpação ser igual a Deus. Mas aniquilou-se a si mesmo, tomando a forma de servo, fazendo-se semelhante aos homens; e, achado na forma de homem, humilhou-se a si mesmo, sendo obediente até à morte e morte de cruz. Pelo que também Deus o exaltou soberanamente e lhe deu um nome que é sobre todo o

nome, para que ao nome de Jesus se dobre todo joelho dos que estão nos céus, e na terra, e debaixo da terra, e toda língua confesse que Jesus Cristo é o Senhor, para glória de Deus Pai" (Fp 2.6-11).

22 "No princípio, era o Verbo, e o Verbo estava com Deus, e o Verbo era Deus [...]. E o Verbo se fez carne e habitou entre nós, e vimos a sua glória, como a glória do Unigênito do Pai, cheio de graça e de verdade" (Jo 1.1,14); "acerca de seu Filho, que nasceu da descendência de Davi segundo a carne, declarado Filho de Deus em poder, segundo o Espírito de santificação, pela ressurreição dos mortos, — Jesus Cristo, nosso Senhor" (Rm 1.3,4); "dos quais são os pais, e dos quais é Cristo, segundo a carne, o qual é sobre todos, Deus bendito eternamente. Amém!" (Rm 9.5).

23 "E, projetando ele isso, eis que, em sonho, lhe apareceu um anjo do Senhor, dizendo: José, filho de Davi, não temas receber a Maria, tua mulher, porque o que nela está gerado é do Espírito Santo" (Mt 1.20); "Quem dentre vós me convence de pecado? E, se vos digo a verdade, por que não credes?" (Jo 8.46); "O qual não cometeu pecado, nem na sua boca se achou engano" (1 Pe 2.22); "E bem sabeis que ele se manifestou para tirar os nossos pecados; e nele não há pecado" (1 Jo 3.5).

24 "Porque nele foram criadas todas as coisas que há nos céus e na terra, visíveis e invisíveis, sejam tronos, sejam dominações, sejam principados, sejam potestades; tudo foi criado por ele e para ele. E ele é antes de todas as coisas, e todas as coisas subsistem por ele" (Cl 1.16,17).

25 "Porque um menino nos nasceu, um filho se nos deu; e o principado está sobre os seus ombros; e o seu nome será Maravilhoso Conselheiro, Deus Forte, Pai da Eternidade, Príncipe da Paz" (Is 9.6); "E tu, Belém Efrata, posto que pequena entre milhares de Judá, de ti me sairá o que será Senhor em Israel, e cujas origens são desde os tempos antigos, desde os dias da eternidade" (Mq 5.2); "Jesus Cristo é o mesmo ontem, e hoje, e eternamente" (Hb 13.8).

26 "Jesus disse-lhes: A minha comida é fazer a vontade daquele que me enviou e realizar a sua obra" (Jo 4.34); "Porque eu desci do céu não para fazer a minha vontade, mas a vontade daquele que me enviou" (Jo 6.38).

27 "Porque Deus enviou o seu Filho ao mundo não para que condenasse o mundo, mas para que o mundo fosse salvo por ele" (Jo 3.17); "E ele morreu por todos, para que os que vivem não vivam mais para si, mas para aquele que por eles morreu e ressuscitou" (2 Co 5.15); "E vimos, e testificamos que o Pai enviou seu Filho para Salvador do mundo" (1 Jo 4.14).

28 "Ora, o Senhor, depois de lhes ter falado, foi recebido no céu e assentou-se à direita de Deus" (Mc 16.19); "O qual, sendo o resplendor da sua glória, e a expressa imagem da sua pessoa, e sustentando todas as coisas pela palavra do seu poder, havendo feito por si mesmo a purificação dos nossos pecados, assentou-se à destra da Majestade, nas alturas" (Hb 1.3).

29 "Porque há um só Deus e um só mediador entre Deus e os homens, Jesus Cristo, homem" (1 Tm 2.5).

30 "E ele é a propiciação pelos nossos pecados e não somente pelos nossos, mas também pelos de todo o mundo" (1 Jo 2.2).

31 "Pois, na cidade de Davi, vos nasceu hoje o Salvador, que é Cristo, o Senhor" (Lc 2.11); "E em nenhum outro há salvação, porque também debaixo do céu nenhum outro nome há, dado entre os homens, pelo qual devamos ser salvos" (At 4.12).

32 "Mas este, porque permanece eternamente, tem um sacerdócio perpétuo. Portanto, pode também salvar perfeitamente os que por ele se chegam a Deus, vivendo sempre para interceder por eles. Porque nos convinha tal sumo sacerdote, santo, inocente, imaculado, separado dos pecadores e feito mais sublime do que os céus, que não necessitasse, como os sumos sacerdotes, de oferecer cada dia sacrifícios, primeiramente, por seus próprios pecados e, depois, pelos do povo; porque isso fez ele, uma vez, oferecendo-se a si mesmo" (Hb 7.24-27).

33 "Mas Deus no-las revelou pelo seu Espírito; porque o Espírito penetra todas as coisas, ainda as profundezas de Deus. Porque qual dos homens sabe as coisas do homem, senão o espírito do homem, que nele está? Assim também ninguém sabe as coisas de Deus, senão o Espírito de Deus" (1 Co 2.10,11).

34 "Disse, então, Pedro: Ananias, por que encheu Satanás o teu coração, para que mentisses ao Espírito Santo e retivesses parte do preço da herdade? Guardando-a, não ficava para ti? E, vendida, não estava em teu poder? Por que formaste este designio em teu coração? Não mentiste aos

homens, mas a Deus" (At 5.3,4); "Ora, o Senhor é o Espírito; e, onde está o Espírito do Senhor, aí há liberdade" (2 Co 3.17 - Versão Almeida Atualizada).

[35] "E eu rogarei ao Pai, e ele vos dará outro Consolador, para que fique convosco para sempre, o Espírito da verdade, que o mundo não pode receber, porque não o vê, nem o conhece; mas vós o conheceis, porque habita convosco e estará em vós" (Jo 14.16,17).

[36] "E é o que alguns têm sido, mas haveis sido lavados, mas haveis sido santificados, mas haveis sido justificados em nome do Senhor Jesus e pelo Espírito do nosso Deus" (1 Co 6.11); "não pelas obras de justiça que houvéssemos feito, mas, segundo a sua misericórdia, nos salvou pela lavagem da regeneração e da renovação do Espírito Santo" (Tt 3.5).

[37] "Todavia, digo-vos a verdade: que vos convém que eu vá, porque, se eu não for, o Consolador não virá a vós; mas, se eu for, enviar-vo-lo-ei. E, quando ele vier, convencerá o mundo do pecado, e da justiça, e do juízo" (Jo 16.7,8).

[38] "Em quem também vós estais, depois que ouvistes a palavra da verdade, o evangelho da vossa salvação; e, tendo nele também crido, fostes selados com o Espírito Santo da promessa; o qual é o penhor da nossa herança, para redenção da possessão de Deus, para louvor da sua glória" (Ef 1.13, 14).

[39] "E eis que sobre vós envio a promessa de meu Pai; ficai, porém, na cidade de Jerusalém, até que do alto sejais revestidos de poder" (Lc 24.49).

[40] "Mas, quando vier aquele Espírito da verdade, ele vos guiará em toda a verdade, porque não falará de si mesmo, mas dirá tudo o que tiver ouvido e vos anunciará o que há de vir" (Jo 16.13).

[41] "Sabendo primeiramente isto: que nenhuma profecia da Escritura é de particular interpretação; porque a profecia nunca foi produzida por vontade de homem algum, mas os homens santos de Deus falaram inspirados pelo Espírito Santo" (2 Pe 1.20,21).

[42] "Porque a um, pelo Espírito, é dada a palavra da sabedoria; e a outro, pelo mesmo Espírito, a palavra da ciência; e a outro, pelo mesmo Espírito, a fé; e a outro, pelo mesmo Espírito, os dons de curar; e a outro, a operação de maravilhas; e a outro, a profecia; e a outro, o dom de discernir os espíritos; e a outro, a variedade de línguas; e a outro, a interpretação das línguas. Mas um só e o mesmo Espírito opera todas essas coisas, repartindo particularmente a cada um como quer" (1 Co 12.8-11).

CAPÍTULO IV

Sobre a identidade do Senhor Jesus Cristo

CREMOS, professamos e ensinamos que o Senhor Jesus Cristo é o Filho de Deus[1] e o único mediador entre Deus e os seres humanos,[2] enviado pelo Pai para ser o Salvador do mundo,[3] verdadeiro homem e verdadeiro Deus: "*e dos quais é Cristo, segundo a carne, o qual é sobre todos, Deus bendito eternamente. Amém*" (Rm 9.5). Cremos na concepção e no nascimento virginal de nosso Senhor Jesus Cristo, conforme as Escrituras Sagradas e anunciado de antemão pelo profeta Isaías,[4] e que ele foi concebido pelo Espírito Santo no ventre da virgem Maria.[5] Gerado do Espírito Santo no ventre dela,[6] nasceu e viveu sem pecado: "*como nós, em tudo foi tentado, mas sem pecado*" (Hb 4.15); que foi entregue nas mãos dos pecadores para ser crucificado pelos nossos pecados, mas ressuscitou corporalmente dentre os mortos ao terceiro dia[7] e ascendeu ao céu,[8] onde está à direita do Pai, e de onde intercede por nós[9] e voltará para buscar a sua Igreja.[10]

1. Nomes e títulos de Jesus. Há dezenas de nomes e títulos de nosso Senhor Jesus Cristo nas Escrituras Sagradas. O nome "Senhor" fala sobre a divindade de Jesus. A Septuaginta, antiga versão grega do Antigo Testamento, traduziu os nomes divinos hebraicos *Adonay* e *Yahweh* pelo nome grego *Kyrios*, que é "Senhor". Dizer que Jesus é o Senhor significa reconhecer a sua divindade: "*e ninguém pode dizer que Jesus é o Senhor, senão pelo Espírito Santo*" (1 Co 12.3). O nome Jesus vem do hebraico *Yehoshua* ou *Yeshua* — "Josué", que significa "Javé é salvação". A Septuaginta emprega *Iesous* para ambas as formas. *Iesous* é o nome do Salvador usado no Novo Testamento grego, que chegou para nossa língua como Jesus. O nome Cristo é a forma grega do hebraico *mashiach*, "ungido, messias". Assim, os nomes ou títulos "Messias" e "Cristo" são a mesma coisa: "*Achamos o Messias (que, traduzido, é o Cristo)*" (Jo 1.41). Jesus é o Salvador Ungido, o único que pode salvar os pecadores: "*e lhe porás o nome de JESUS, porque ele salvará o seu povo dos seus pecados*" (Mt 1.21).

2. A humanidade de Cristo. As Escrituras Sagradas apresentam diversas características humanas em Jesus. O relato de sua infância enfoca o seu desenvolvimento físico, intelectual e espiritual: "*E crescia Jesus em sabedoria, e em estatura, e em graça para com Deus e os homens* [...]. *E o menino crescia e se fortalecia em espírito, cheio de sabedoria; e a graça de Deus estava sobre ele*" (Lc 2.40,52). O profeta Isaías anunciou de antemão sobre Emanuel: "*manteiga e mel comerá, até que ele saiba rejeitar o mal e escolher o bem*" (Is 7.15). Ele tornou-se homem para suprir a necessidade de salvação da humanidade. O termo "Emanuel", que o próprio escritor sagrado traduziu por "DEUS CONOSCO" (Mt 1.23), mostra que Deus assumiu a forma humana e veio habitar entre os homens: "*E o Verbo se fez carne e habitou entre nós, e vimos a sua glória, como a glória do Unigênito do Pai, cheio de graça e de verdade*" (Jo 1.14). A Bíblia ensina tanto a divindade como a humanidade de Cristo: "*E todo o espírito que confessa que Jesus não veio em carne não é de Deus*" (1 Jo 4.3). A humanidade de Cristo está unida à sua divindade, pois Ele possui duas naturezas, e essa união mantém intactas as propriedades de cada natureza, o que está claramente expresso no seu nome EMANUEL. A encarnação do Senhor Jesus fez-se necessária para satisfazer a justiça de Deus: o pecado entrou no mundo por um homem, Adão,[11]; assim, tinha de ser vencido por um homem, Jesus. Em sua natureza humana, Jesus participou de nossa fraqueza física e emocional, mas não de nossa fraqueza moral e espiritual.

3. A deidade absoluta de Jesus. A Bíblia afirma com frequência que Jesus é Deus: "*No princípio, era o Verbo, e o Verbo estava com Deus, e o Verbo era Deus*" (Jo 1.1); "*Porque nele habita corporalmente toda a plenitude da divindade*" (Cl 2.9). As Escrituras Sagradas revelam os atributos divinos na pessoa de Jesus. Ele é eterno: "*Porque um menino nos nasceu, um filho se nos deu; e o principado está sobre os seus ombros; e o seu nome será Maravilhoso Conselheiro, Deus Forte, Pai da Eternidade, Príncipe da Paz*" (Is 9.6); onipotente: "*Eu sou o Alfa e o Ômega, o princípio e o fim, diz o Senhor, que é, e que era, e que há de vir, o Todo-poderoso*" (Ap 1.8); onipresente: "*Porque onde estiverem dois ou três reunidos em meu nome, aí estou eu no meio deles*" (Mt 18.20); e onisciente: "*Agora, conhecemos que sabes tudo*" (Jo 16.30). As suas obras revelam também a sua divindade. Ele é o absoluto soberano[12] e criador de todas as coisas.[13] Ele é a fonte da vida,[14] autor do novo nascimento,[15] habita nos fiéis,[16] dá a vida eterna,[17] inspirou também os profetas e apóstolos,[18] distribui os ministérios,[19] santifica os fiéis,[20] deu poder aos apóstolos,[21] perdoa pecados,[22] é adorado pelos humanos,[23] pelos anjos,[24] na terra e no céu.[25] Possui títulos divinos, como "Eu Sou",[26] o Alfa e o Ômega, o Princípio e o Fim,[27] e o Senhor dos Senhores.[28]

4. O ministério terreno de Jesus. O propósito da vinda de nosso Senhor Jesus Cristo ao mundo foi a redenção de todos os pecadores.[29] O seu ministério terreno é dividido pela trilogia: ensinar, pregar e curar.[30] Sua mensagem era exposta com simplicidade, clareza, originalidade e autoridade: "*porquanto os ensinava com autoridade e não como os escribas*" (Mt 7.29); seu método ainda hoje impressiona, pois Ele ensinava de modo que nunca houve nem antes e nem depois dEle alguém que fizesse igual: "*Nunca homem algum falou assim como este homem*" (Jo 7.46). Quanto aos milagres, Jesus preocupava-se com a integralidade das pessoas, não só salvando-lhes a alma, mas também curando suas enfermidades: "*Tem bom ânimo, filha, a tua fé te salvou; vai em paz*" (Lc 8.48). Os milagres operados por Cristo registrados no Novo Testamento revelam que Ele é o Messias de Israel, como também a extensão do domínio do seu poder, mostrando sua autoridade sobre a natureza,[31] sobre o pecado,[32] autoridade para perdoar pecados,[33] sobre a morte,[34] sobre o Diabo com seus agentes e o Inferno,[35] sobre as enfermidades,[36] e nada é impossível para Ele, o qual, a respeito de si mesmo, declarou: "*É-me dado todo o poder no céu e na terra*" (Mt 28.18).

5. O significado de "Filho". O epíteto "Filho de Deus", em relação ao Senhor Jesus Cristo, significa que Ele é Deus igual ao Pai;[37] trata-se de uma questão de substância ou essência.[38] Isso fica ainda mais claro na expressão "Filho Unigênito". O significado do termo na língua original revela a divindade de Cristo. O termo usado para "unigênito" no Novo Testamento grego é *monogenés*, composto por dois vocábulos, *monós*, "único, só, solitário", e *genós*, "raça, cepo, tipo", e não *geneá*, "geração". Entendemos que a palavra reflete a ideia de natureza, caráter, tipo. "Unigênito", pois, significa o "único da espécie", "único do tipo". Jesus é singular, o único Filho de Deus que tem a essência do Pai. O adjetivo "unigênito" transmite a ideia de consubstancialidade; Jesus é tudo quanto Deus é. Disse Jesus: "*Eu e o Pai somos um*" (Jo 10.30). A expressão "filho de Deus" com relação ao crente em Jesus designa uma filiação por adoção,[39] individual, algo íntimo, e por isso clamamos: "Aba, Pai", ou seja, "papai": "*mas recebestes o espírito de adoção de filhos, pelo qual clamamos: Aba, Pai*" (Rm 8.15); "*E, porque sois filhos, Deus enviou aos nossos corações o Espírito de seu Filho, que clama: Aba, Pai*" (Gl 4.6); trata-se da relação espiritual de Deus com os seres humanos mediante a fé em Jesus Cristo: "*Porque todos sois filhos de Deus pela fé em Cristo Jesus*" (Gl 3.26); "*Mas a todos quantos o receberam deu-lhes o poder de serem feitos filhos de Deus: aos que creem no seu nome*" (Jo 1.12).

6. Os ofícios de Cristo. O Senhor Jesus Cristo exerceu o chamado *munus triplex*, "o tríplice ofício", de profeta, sacerdote e rei. Eram os ofícios mais importantes em Israel nos tempos do Antigo Testamento. Tudo isso diz respeito às funções que falam sobre revelação, reconciliação e domínio.

a) Profeta. Os profetas existem desde o princípio do mundo,[40] mas o ministério profético em Israel é instituído com Moisés e Arão.[41] A função do profeta era falar em nome de Deus.[42] O Novo Testamento revela que o próprio Jesus considerava-se profeta, pois Ele mesmo disse: "*Importa, porém, caminhar hoje, amanhã e no dia seguinte, para que não suceda que morra um profeta fora de Jerusalém*" (Lc 13.33); e, como tal, Ele foi aclamado diversas vezes pelo povo: "*E escandalizavam-se nele. Jesus, porém, lhes disse: Não há profeta sem honra, a não ser na sua pátria e na sua casa*" (Mt 13.57); "*E a multidão dizia: Este é Jesus, o Profeta de Nazaré da Galileia*" (Mt 21.11). Todas as atividades registradas nos evangelhos revelam que Ele era verdadeiramente o Profeta.[43] Era o Deus-Homem que quis assumir o ofício de profeta no exercício de seu ministério terreno. Visto que o profeta é a boca de Deus,[44] seu porta-voz que fala em seu nome e prega com autoridade do céu, Jesus, de forma singular, como ninguém, apresentou todos esses requisitos. Ele disse: "*A palavra que ouviste não é minha, mas do Pai que me enviou*" (Jo 14.24).

b) Sacerdote. O sacerdócio araônico, com todo o sistema de sacrifício, tinha a função de promover uma mediação entre Deus e os filhos de Israel.[45] Na Nova Aliança, no entanto, Deus constituiu o Senhor Jesus o Mediador de toda a humanidade: "*por isso, é Mediador de um novo testamento*" (Hb 9.15); "*Porque há um só Deus e um só mediador entre Deus e os homens, Jesus Cristo, homem*" (1 Tm 2.5). O sacerdócio de Cristo é superior ao de Arão: "*Mas agora alcançou ele ministério tanto mais excelente, quanto é mediador de um melhor concerto*" (Hb 8.6). A santidade de Jesus como homem é única e real, absoluta e perfeita; não se trata, pois, de uma santidade cerimonial, imposta pela lei aos sacerdotes levitas: "*Porque nos convinha tal sumo sacerdote, santo, inocente, imaculado, separado dos pecadores e feito mais sublime do que os céus*" (Hb 7.26). O próprio Senhor Jesus Cristo apresentou-se[46] como sacrifício pelos pecados de toda a humanidade,[47] e, além disso, esse sacrifício foi único, perfeito e com validade eterna, resolvendo, assim, para sempre, o problema do pecador: "*mas este, havendo oferecido um único sacrifício pelos pecados, está assentado para sempre à destra de Deus*" (Hb 10.12). O sacrifício de Cristo soluciona objetivamente os efeitos do pecado na vida daquele que crê no sacrifício vicário do Calvário e responde afirmativamente à oferta da graça de Deus, Cristo, recebendo-o como seu único e suficiente Salvador.

c) Rei. O Senhor Jesus Cristo é o Rei dos reis e o Senhor dos senhores: "*E na veste e na sua coxa tem escrito este nome: REI DOS REIS E SENHOR DOS SENHORES*" (Ap 19.16). Os grandes reis e impérios da história vieram e já se foram, mas o reinado de Cristo é para sempre, pois o seu Reino não terá fim.[48] O título messiânico, "Filho de Davi", foi-lhe conferido por Deus[49] e anunciado pelos profetas do Antigo Testamento como resultado da promessa divina feita ao rei Davi,[50] de estabelecer seu trono para sempre.[51] "[...] *que nasceu da descendência de Davi, segundo a carne*" (Rm 1.3). A promessa de Deus sobre o Messias ser da linhagem de Davi era muito popular em Israel.[52] Nesse contexto, Ele foi aclamado pelo povo quando entrou em Jerusalém, montado num jumento: "*Hosana ao Filho de Davi!*" (Mt 21.9). O Senhor Jesus tinha consciência da sua filiação davídica e, em mais de uma ocasião, Ele aceitou esse título[53], o qual lhe confere o direito ao trono de Davi como seu herdeiro legítimo: "*Este será grande e será chamado Filho do Altíssimo; e o Senhor Deus lhe dará o trono de Davi, seu pai, e reinará eternamente na casa de Jacó, e o seu Reino não terá fim*" (Lc 1.32,33).

---

1 "Estes, porém, foram escritos para que creiais que Jesus é o Cristo, o Filho de Deus, e para que, crendo, tenhais vida em seu nome" (Jo 20.31).

2 "Porque há um só Deus e um só mediador entre Deus e os homens, Jesus Cristo, homem" (1 Tm 2.5); "Disse-lhe Jesus: Eu sou o caminho, e a verdade, e a vida. Ninguém vem ao Pai senão por mim" (Jo 14.6).

3 "E vimos, e testificamos que o Pai enviou seu Filho para Salvador do mundo" (1 Jo 4.14).

4 "Portanto, o mesmo Senhor vos dará um sinal: eis que uma virgem conceberá, e dará à luz um filho, e será o seu nome Emanuel" (Is 7.14); "Eis que a virgem conceberá e dará à luz um filho, e ele será chamado pelo nome de EMANUEL. (EMANUEL traduzido é: Deus conosco)" (Mt 1.23).

5 "E, projetando ele isso, eis que, em sonho, lhe apareceu um anjo do Senhor, dizendo: José, filho de Davi, não temas receber a Maria, tua mulher, porque o que nela está gerado é do Espírito Santo" (Mt 1.20); "E disse Maria ao anjo: Como se fará isso, visto que não conheço varão? E, respondendo o anjo, disse-lhe: Descerá sobre ti o Espírito Santo, e a virtude do Altíssimo te cobrirá com a sua sombra; pelo que também o Santo, que de ti há de nascer, será chamado Filho de Deus" (Lc 1.34,35).

6 "Ora, o nascimento de Jesus Cristo foi assim: Estando Maria, sua mãe, desposada com José, antes de se ajuntarem, achou-se ter concebido do Espírito Santo" (Mt 1.18).

7 "Porque primeiramente vos entreguei o que também recebi: que Cristo morreu por nossos pecados, segundo as Escrituras, e que foi sepultado, e que ressuscitou ao terceiro dia, segundo as Escrituras" (1 Co 15.3,4).

8 "E aconteceu que, abençoando-os ele, se apartou deles e foi elevado ao céu" (Lc 24.51).

9 "Quem os condenará? Pois é Cristo quem morreu ou, antes, quem ressuscitou dentre os mortos, o qual está à direita de Deus, e também intercede por nós" (Rm 8.34).

10 "E, se eu for e vos preparar lugar, virei outra vez e vos levarei para mim mesmo, para que, onde eu estiver, estejais vós também" (Jo 14.3).

11 "Pelo que, como por um homem entrou o pecado no mundo, e pelo pecado, a morte, assim também a morte passou a todos os homens, por isso que todos pecaram [...]. Pois assim como por uma só ofensa veio o juízo sobre todos os homens para condenação, assim também por um só ato de justiça veio a graça sobre todos os homens para justificação de vida. Porque, como, pela desobediência de um só homem, muitos foram feitos pecadores, assim, pela obediência de um, muitos serão feitos justos" (Rm 5.12,18,19).

[12] "Acima de todo principado, e poder, e potestade, e domínio, e de todo nome que se nomeia, não só neste século, mas também no vindouro" (Ef 1.21).

[13] "Todas as coisas foram feitas por ele, e sem ele nada do que foi feito se fez" (Jo 1.3); "porque nele foram criadas todas as coisas que há nos céus e na terra, visíveis e invisíveis, sejam tronos, sejam dominações, sejam principados, sejam potestades; tudo foi criado por ele e para ele" (Cl 1.16); "a quem constituiu herdeiro de tudo, por quem fez também o mundo" (Hb 1.2).

[14] "Nele, estava a vida e a vida era a luz dos homens" (Jo 1.4); "Porque, como o Pai tem a vida em si mesmo, assim deu também ao Filho ter a vida em si mesmo" (Jo 5.26); "Disse-lhe Jesus: Eu sou a ressurreição e a vida; quem crê em mim, ainda que esteja morto, viverá" (Jo 11.25).

[15] "Se sabeis que ele é justo, sabeis que todo aquele que pratica a justiça é nascido dele" (1 Jo 2.29).

[16] "Para que Cristo habite, pela fé, no vosso coração; a fim de, estando arraigados e fundados em amor" (Ef 3.17); "Jesus respondeu e disse-lhe: Se alguém me ama, guardará a minha palavra, e meu Pai o amará, e viremos para ele e faremos nele morada (Jo 14.23).

[17] "E dou-lhes a vida eterna, e nunca hão de perecer, e ninguém as arrebatará das minhas mãos" (Jo 10.28).

[18] "Indagando que tempo ou que ocasião de tempo o Espírito de Cristo, que estava neles, indicava, anteriormente testificando os sofrimentos que a Cristo haviam de vir e a glória que se lhes havia de seguir" (1 Pe 1.11); "visto que buscais uma prova de Cristo que fala em mim, o qual não é fraco para convosco; antes, é poderoso entre vós" (2 Co 13.3).

[19] "E há diversidade de ministérios, mas o Senhor é o mesmo" (1 Co 12.5); E ele mesmo deu uns para apóstolos, e outros para profetas, e outros para evangelistas, e outros para pastores e doutores, querendo o aperfeiçoamento dos santos, para a obra do ministério, para edificação do corpo de Cristo (Ef 4.11,12).

[20] "À igreja de Deus que está em Corinto, aos santificados em Cristo Jesus, chamados santos, com todos os que em todo lugar invocam o nome de nosso Senhor Jesus Cristo, Senhor deles e nosso" (1 Co 1.2).

[21] "Enquanto estendes a mão para curar, e para que se façam sinais e prodígios pelo nome do teu santo Filho Jesus" (At 4.30); "E isto fez ela por muitos dias. Mas Paulo, perturbado, voltou-se e disse ao espírito: Em nome de Jesus Cristo, te mando que saias dela. E, na mesma hora, saiu" (At 16.18).

[22] "E Jesus, vendo a fé deles, disse ao paralítico: Filho, tem bom ânimo; perdoados te são os teus pecados" (Mt 9.2).

[23] "Dizendo-lhes ele essas coisas, eis que chegou um chefe e o adorou, dizendo: Minha filha faleceu agora mesmo; mas vem, impõe-lhe a tua mão, e ela viverá" (Mt 9.18).

[24] "E, quando outra vez introduz no mundo o Primogênito, diz: E todos os anjos de Deus o adorem" (Hb 1.6).

[25] "E olhei e ouvi a voz de muitos anjos ao redor do trono, e dos animais, e dos anciãos; e era o número deles milhões de milhões e milhares de milhares, que com grande voz diziam: Digno é o Cordeiro, que foi morto, de receber o poder, e riquezas, e sabedoria, e força, e honra, e glória, e ações de graças. E ouvi a toda criatura que está no céu, e na terra, e debaixo da terra, e que está no mar, e a todas as coisas que neles há, dizer: Ao que está assentado sobre o trono e ao Cordeiro sejam dadas ações de graças, e honra, e glória, e poder para todo o sempre. E os quatro animais diziam: Amém! E os vinte e quatro anciãos prostraram-se e adoraram ao que vive para todo o sempre" (Ap 5.11-14).

[26] "Disse-lhes Jesus: Em verdade, em verdade vos digo que, antes que Abraão existisse, eu sou" (Jo 8.58).

[27] "E disse-me mais: Está cumprido; Eu sou o Alfa e o Ômega, o Princípio e o Fim. A quem quer que tiver sede, de graça lhe darei da fonte da água da vida" (Ap 21.6).

[28] "E na veste e na sua coxa tem escrito este nome: REI DOS REIS E SENHOR DOS SENHORES" (Ap 19.16).

[29] "Esta é uma palavra fiel e digna de toda aceitação: que Cristo Jesus veio ao mundo, para salvar os pecadores, dos quais eu sou o principal" (1 Tm 1.15).

[30] "E percorria Jesus toda a Galileia, ensinando nas suas sinagogas, e pregando o evangelho do Reino, e curando todas as enfermidades e moléstias entre o povo" (Mt 4.23).

[31] "E ele, despertando, repreendeu o vento e disse ao mar: Cala-te, aquieta-te. E o vento se aquietou, e houve grande bonança" (Mc 4.39).

32 "O qual não cometeu pecado, nem na sua boca se achou engano" (1 Pe 2.22).

33 "Ora, para que saibais que o Filho do Homem tem na terra autoridade para perdoar pecados — disse então ao paralítico: Levanta-te, toma a tua cama e vai para tua casa" (Mt 9.6).

34 "Disse-lhe Jesus: Eu sou a ressurreição e a vida; quem crê em mim, ainda que esteja morto, viverá" (Jo 11.25).

35 "E, quando viu Jesus ao longe, correu e adorou-o. E, clamando com grande voz, disse: Que tenho eu contigo, Jesus, Filho do Deus Altíssimo? Conjuro-te por Deus que não me atormentes. (Porque lhe dizia: Sai deste homem, espírito imundo.)" (Mc 5.6-8).

36 "E, ao pôr-do-sol, todos os que tinham enfermos de várias doenças lhos traziam; e, impondo as mãos sobre cada um deles, os curava. E também de muitos saíam demônios, clamando e dizendo: Tu és o Cristo, o Filho de Deus. E ele, repreendendo-os, não os deixava falar, pois sabiam que ele era o Cristo" (Lc 4.40,41).

37 "E Jesus lhes respondeu: Meu Pai trabalha até agora, e eu trabalho também. Por isso, pois, os judeus ainda mais procuravam matá-lo, porque não só quebrantava o sábado, mas também dizia que Deus era seu próprio Pai, fazendo-se igual a Deus" (Jo 5.17,18).

38 "E Jesus lhes respondeu: Meu Pai trabalha até agora, e eu trabalho também. Por isso, pois, os judeus ainda mais procuravam matá-lo, porque não só quebrantava o sábado, mas também dizia que Deus era seu próprio Pai, fazendo-se igual a Deus. [...] Para que todos honrem o Filho, como honram o Pai. Quem não honra o Filho não honra o Pai, que o enviou. [...] Porque, como o Pai tem a vida em si mesmo, assim deu também ao Filho ter a vida em si mesmo" (Jo 5.17,18,23,26).

39 "Para remir os que estavam debaixo da lei, a fim de recebermos a adoção de filhos" (Gl 4.5).

40 "Como falou pela boca dos seus santos profetas, desde o princípio do mundo" (Lc 1.70); "para que desta geração seja requerido o sangue de todos os profetas que, desde a fundação do mundo, foi derramado" (Lc 11.50).

41 "Então, o SENHOR desceu na nuvem e lhe falou; e, tirando do Espírito que estava sobre ele, opôs sobre aqueles setenta anciãos; e aconteceu que, quando o Espírito repousou sobre eles,profetizaram; mas, depois, nunca mais. Porém no arraial ficaram dois homens; o nome de um era Eldade, e o nome do outro, Medade; e repousou sobre eles o Espírito (porquanto estavam entre os inscritos, ainda que não saíram à tenda), e profetizavam no arraial" (Nm 11.25,26).

42 "Então, disse o SENHOR a Moisés: Eis que te tenho posto por Deus sobre Faraó; e Arão, teu irmão, será o teu profeta. Tu falarás tudo o que eu te mandar; e Arão, teu irmão, falará a Faraó que deixe ir os filhos de Israel da sua terra" (Êx 7.1).

43 "Porque Moisés disse: O Senhor, vosso Deus, levantará dentre vossos irmãos um profeta semelhante a mim; a ele ouvireis em tudo quanto vos disser" (At 3.22).

44 "Vai, pois, agora, e eu serei com a tua boca e te ensinarei o que hás de falar" (Êx 4.12).

45 "E santificarei a tenda da congregação e o altar; também santificarei a Arão e seus filhos, para que me administrem o sacerdócio. E habitarei no meio dos filhos de Israel e lhes serei por Deus" (Êx 29.44,45); "Porque todo sumo sacerdote, tomado dentre os homens, é constituído a favor dos homens nas coisas concernentes a Deus, para que ofereça dons e sacrifícios pelos pecados" (Hb 5.1).

46 "Então disse: Eis aqui venho; no rolo do livro está escrito de mim: Deleito-me em fazer a tua vontade, ó Deus meu; sim, a tua lei está dentro do meu coração" (Sl 40.7,8); "Então, disse: Eis aqui venho (no princípio do livro está escrito de mim), para fazer, ó Deus, a tua vontade. Como acima diz: Sacrifício, e oferta, e holocaustos, e oblações pelo pecado não quiseste, nem te agradaram (os quais se oferecem segundo a lei). Então, disse: Eis aqui venho, para fazer, ó Deus, a tua vontade. Tira o primeiro, para estabelecer o Segundo" (Hb 10.7-9).

47 "E ele é a propiciação pelos nossos pecados e não somente pelos nossos, mas também pelos de todo o mundo" (1 Jo 2.2).

48 "E reinará eternamente na casa de Jacó, e o seu Reino não terá fim" (Lc 1.32,33).

49 "Quando teus dias forem completos, e vieres a dormir com teus pais, então, farei levantar depois de ti a tua semente, que procederá de ti, e estabelecerei o seu reino. Este edificará uma casa ao meu nome, e confirmarei o trono do seu reino para sempre. [...] Porém a tua casa e o teu reino serão firmados para sempre diante de ti; teu trono será firme para sempre" (2 Sm 7.12,13,16).

[50] "Fiz um concerto com o meu escolhido; jurei ao meu servo Davi: a tua descendência estabelecerei para sempre e edificarei o teu trono de geração em geração [...]. A sua descendência durará para sempre, e o seu trono será como o sol perante mim; será estabelecido para sempre como a lua; e a testemunha no céu é fiel" (Sl 89.3,4. 36-37); "Do incremento deste principado e da paz, não haverá fim, sobre o trono de Davi e no seu reino, para o firmar e o fortificar em juízo e em justiça, desde agora e para sempre; o zelo do Senhor dos Exércitos fará isto" (Is 9.7); "Eis que vêm dias, diz o Senhor, em que levantarei a Davi um Renovo justo; *sendo* rei, reinará, e prosperará, e praticará o juízo e a justiça na terra. Nos seus dias, Judá será salvo, e Israel habitará seguro; e este será o nome com que o nomearão: O Senhor, Justiça Nossa" (Jr 23.5,6).

[51] "E foi-lhe dado o domínio, e a honra, e o reino, para que todos os povos, nações e línguas o servissem; o seu domínio é um domínio eterno, que não passará, e o seu reino, o único que não será destruído" (Dn 7.14).

[52] "Não diz a Escritura que o Cristo vem da descendência de Davi e de Belém, da aldeia de onde era Davi? Assim, entre o povo havia dissensão por causa dele" (Jo 7.42,43).

[53] "E eis que uma mulher cananeia, que saíra daquelas cercanias, clamou, dizendo: Senhor, Filho de Davi, tem misericórdia de mim, que minha filha está miseravelmente endemoninhada" (Mt 15.22); "E a multidão os repreendia, para que se calassem; eles, porém, cada vez clamavam mais, dizendo: Senhor, Filho de Davi, tem misericórdia de nós" (Mt 20.31); "Que pensais vós do Cristo? De quem é filho? Eles disseram-lhe: De Davi" (Mt 22.42).

CAPÍTULO V

Sobre as *obras de Cristo*

CREMOS, professamos e ensinamos que a morte e a ressurreição corporal de Cristo são a viga mestra e o pilar da fé cristã.[1] Esses eventos distinguem o cristianismo de todas as religiões do mundo, pois o seu fundador continua vivo e vive para sempre: "*Não temas; eu sou o Primeiro e o Último e o que vive; fui morto, mas eis aqui estou vivo para todo o sempre*" (Ap 1.17,18). Sem a sua morte, não haveria redenção: "*E, sendo ele consumado, veio a ser a causa de eterna salvação para todos os que lhe obedecem*" (Hb 5.9). Sem a ressurreição, não haveria esperança para a humanidade: "*E, se Cristo não ressuscitou, é vã a vossa fé, e ainda permaneceis nos vossos pecados. E também os que dormiram em Cristo estão perdidos*" (1 Co 15.17,18). As obras de Cristo são amplas, mas aqui focamos em sua morte, ressurreição, ascensão ao céu e também nas implicações teológicas de sua morte expiatória e vicária em favor de todos os pecadores.

1. A morte de Jesus. Não se trata somente da morte de um justo, mas também de um sacrifício como oblação pelos nossos pecados, que Deus propôs e recebeu como propiciação pelas nossas ofensas.[2] O aspecto histórico está nos evangelhos; o doutrinário, em Atos, nas epístolas e em Apocalipse. O primeiro anúncio da vinda do Messias já previa a sua morte: "*esta te ferirá a cabeça, e tu lhe ferirás o calcanhar*" (Gn 3.15). Isso fala sobre seu sofrimento e, também, sobre sua glória. Os detalhes são revelados progressivamente no transcorrer do tempo. O sofrimento e a morte de Jesus foram anunciados de antemão no Antigo Testamento por figuras e tipos, a começar pelo ritual do tabernáculo[3] e, de maneira direta, pelos profetas.[4] O Novo Testamento ressalta o cumprimento dessas profecias.[5]

2. A morte vicária. Morte vicária significa morte substitutiva. Todo o sistema sacrificial do Antigo Testamento fundamenta-se na ideia de substituição, e essa transferência da culpa do pecador para a vítima é simbolizada pela imposição de mãos sobre a cabeça do animal: "*E porá a sua mão sobre a cabeça do holocausto, para que seja aceito por ele, para a sua expiação*" (Lv 1.4). A descrição do cordeiro da Páscoa, desde o êxodo do Egito, aponta para Cristo e o seu sacrifício: "*não levarás daquela carne fora da casa, nem dela quebrareis osso*" (Êx 12.46). Isso foi cumprido no Calvário.[6] O cordeiro pascoal foi sacrificado no Egito para a redenção de Israel, em lugar dos primogênitos.[7] Deus feriu os egípcios e livrou os filhos de Israel.[8] Da mesma forma, o Senhor Jesus morreu pelos nossos pecados;[9] Ele é o nosso Cordeiro Pascoal: "*Porque Cristo, nossa páscoa, foi sacrificado por nós*" (1 Co 5.7). O caráter da morte substitutiva de Cristo é anunciado de maneira direta desde o Antigo Testamento: "*Todos nós andamos desgarrados como ovelhas; cada um se desviava pelo seu caminho, mas o* SENHOR *fez cair sobre ele a iniquidade de nós todos*" (Is 53.6). A palavra profética continua mais adiante dizendo: "*porquanto derramou a sua alma na morte e foi contado com os transgressores; mas ele levou sobre si o pecado de muitos e pelos transgressores intercedeu"* (Is 53.12). Jesus via a si mesmo nessa profecia de Isaías.[10] As iniquidades de todos os pecadores foram transferidas para o Servo Sofredor mencionado nesse oráculo de Isaías. Sua morte foi em nosso lugar,[11] Ele morreu por todos,[12] pelos pecados do mundo inteiro.[13] O Senhor Jesus Cristo morreu em favor dos pecadores: *"que Cristo morreu por nossos pecados, segundo as Escrituras"* (1 Co 15.3). Ao utilizar a expressão "segundo as Escrituras", Paulo assevera que o sacrifício de Jesus representa a convergência do pensamento exarado no Antigo Testamento.[14] O Senhor Jesus ofereceu-se como sacrifício voluntário, e isso agradou o Pai.[15]

3. A expiação. Cremos que Deus aceitou a morte de seu Filho Jesus Cristo como expiação pelos nossos pecados: *"mas este, havendo oferecido um único sacrifício pelos pecados, está assentado para sempre à destra de Deus"* (Hb 10.12); *"levando ele mesmo em seu corpo os nossos pecados sobre o madeiro, para que, mortos para os pecados, pudéssemos viver para a justiça; e pelas suas feridas fostes sarados"* (1 Pe 2.24). O termo "expiação" ou o verbo "expiar" refere-se a sacrifício para purificação e perdão dos pecados, mas o significado primário dessa palavra é "cobrir", cuja ideia é de cobrir com sangue: *"porquanto é o sangue que fará expiação pela alma"* (Lv 17.11). Esse ritual está no sistema mosaico: *"assim, o sacerdote por ela fará expiação dos seus pecados, que pecou, e lhe será perdoado o pecado"* (Lv 4.35). Enquanto princípio, é reafirmado no Novo Testamento: *"sem derramamento de sangue, não há remissão"* (Hb 9.22). Isso é chamado propiciação — o ato que apazigua a ira divina e satisfaz a santidade e a justiça de Deus — resultando no perdão dos pecados.[16] Deus propôs Cristo Jesus para propiciação por meio da fé no seu sangue.[17] Jesus é a propiciação pelos pecados do mundo inteiro.[18] A ira divina é a reação da santidade de Deus ante a pecaminosidade humana.[19] A expiação é o meio para aplacar essa ira. A propiciação é resultado do amor de Deus. Esse amor foi a causa do envio do Filho para propiciação: "*Nisto está o amor: não em que nós tenhamos amado a Deus, mas em que ele nos amou e enviou seu Filho para propiciação pelos nossos pecados*" (1 Jo 4.10).

*4. **Ressurreição e ascensão de Cristo.*** Cremos e ensinamos que o Senhor Jesus ressuscitou dentre os mortos ao terceiro dia, "*segundo as Escrituras*" (1 Co 15.4), e apresentou-se vivo, com muitas e infalíveis provas aos seus discípulos por espaço de 40 dias.[20] A ressurreição de Jesus foi corporal, conforme profetizado no Antigo Testamento,[21] anunciado de antemão pelo próprio Senhor Jesus Cristo,[22] testemunhado pelos apóstolos: "*Deus ressuscitou a este Jesus, do que todos nós somos testemunhas*" (At 2.32). Essa promessa divina cumpriu-se, como testificou o apóstolo Pedro no dia de Pentecostes.[23] Além dos apóstolos, Jesus apareceu a Saulo de Tarso e a Tiago e ainda a mais de 500 pessoas.[24] A expressão "segundo as Escrituras" significa que esses acontecimentos estavam no cronograma divino e foram registrados de antemão no Antigo Testamento. A morte e a ressurreição de Jesus são os principais elementos que distinguem o cristianismo de todas as religiões da terra, pois Jesus, o seu fundador, vive para sempre: "*havendo Cristo ressuscitado dos mortos, já não morre; a morte não mais terá domínio sobre ele*" (Rm 6.9). A sua morte vicária seria destituída de significado teológico se ele tivesse permanecido na sepultura.[25] Aquele corpo que foi crucificado não pôde ficar na sepultura.[26] Essa ressurreição significa a glorificação e exaltação de Jesus,[27] a vitória esmagadora sobre Satanás, sobre o pecado, sobre a morte e sobre o Inferno.[28] A morte e a ressurreição de Jesus são o centro da pregação do evangelho.[29] A ascensão vitoriosa de Cristo ao céu é a coroação de seu ministério. Após sua morte e ressurreição, foi elevado ao céu: "*e aconteceu que, abençoando-os ele, se apartou* *deles e foi elevado ao céu"* (Lc 24.51); e assentou-se à direita de Deus,[30] onde se encontra até hoje.[31]

5. O valor do sacrifício de Jesus. O Senhor Jesus ofereceu um sacrifício perfeito. A vítima do sacrifício foi Ele mesmo: *"o Cordeiro de Deus, que tira o pecado do mundo"* (Jo 1.29); e não um animal, pois o sangue de animais não era suficiente para pagar tão alto preço. Por isso, Jesus submeteu-se a si mesmo como sacrifício fazendo expiação com o seu próprio sangue[32] por todos os seres humanos: *"para que, pela graça de Deus, provasse a morte por todo homem"* (Hb 2.9 – ARA). O Senhor Jesus Cristo é o verdadeiro homem e o verdadeiro Deus.[33] Como homem, Ele viveu e sentiu as necessidades humanas. Nasceu de uma mulher, embora tivesse sido gerado pela ação sobrenatural do Espírito Santo. Seu nascimento virginal foi natural como o de qualquer ser humano,[34] e Ele cresceu em estatura e em sabedoria,[35] sentiu sono,[36] fome,[37] sede[38] e cansaço.[39] Ele sofreu,[40] chorou,[41] sentiu tristeza e angústia.[42] Jesus teve mãe humana, além de irmãos e irmãs[43] co-uterinos,[44] dando provas materiais de ter corpo humano,[45] sendo feito semelhante aos homens, mas sem pecado.[46] O valor de sua morte é suficiente para salvar todos e cada um dos pecadores. Assim, Ele pôde expiar o pecado do povo: *"Pelo que convinha que, em tudo, fosse semelhante aos irmãos, para ser misericordioso e fiel sumo sacerdote naquilo que é de Deus, para expiar os pecados do povo"* (Hb 2.17); *"Deus enviou seu Filho, nascido de mulher, nascido sob a lei, para remir os que estavam debaixo da lei"* (Gl 4.4, 5). Sendo Deus e homem, [47]Jesus não conheceu o pecado, mas fez-se pecado por nós.[48]Assim sendo, o sacrifício de Jesus é de um valor infinito e ilimitado: sua morte pode expiar os pecados da humanidade inteira. A morte de Jesus pôs fim à inimizade entre Deus e a humanidade, e isso é chamado reconciliação. Fomos reconciliados com Deus pela morte de seu Filho.[49]

[1] "E, se Cristo não ressuscitou, é vã a vossa fé, e ainda permaneceis nos vossos pecados. E também os que dormiram em Cristo estão perdidos. Se esperamos em Cristo só nesta vida, somos os mais miseráveis de todos os homens. Mas, agora, Cristo ressuscitou dos mortos e foi feito as primícias dos que dormem" (1 Co 15.17-20).

[2] "Ao qual Deus propôs para propiciação pela fé no seu sangue, para demonstrar a sua justiça pela remissão dos pecados dantes cometidos, sob a paciência de Deus" (Rm 3.25); "Porque também Cristo padeceu uma vez pelos pecados, o justo pelos injustos, para levar-nos a Deus; mortificado, na verdade, na carne, mas vivificado pelo Espírito" (1 Pe 3.18); "Meus filhinhos, estas coisas vos escrevo para que não pequeis; e, se alguém pecar, temos um Advogado para com o Pai, Jesus Cristo, o Justo. E ele é a propiciação pelos nossos pecados e não somente pelos nossos, mas também pelos de todo o mundo" (1 Jo 2.1,2).

[3] "E semelhantemente aspergiu com sangue o tabernáculo e todos os vasos do ministério. E quase todas as coisas, segundo a lei, se purificam com sangue; e sem derramamento de sangue não há remissão. De sorte que era bem necessário que as figuras das coisas que estão no céu assim se purificassem; mas as próprias coisas celestiais, com sacrifícios melhores do que estes" (Hb 9.21-23).

[4] "Deus meu, Deus meu, por que me desamparaste?" (Sl 22.1); "Repartem entre si as minhas vestes e lançam sortes sobre a minha túnica" (Sl 22.18); "Verdadeiramente, ele tomou sobre si as nossas enfermidades e as nossas dores levou sobre si; e nós o reputamos por aflito, ferido de Deus e oprimido. Mas ele foi ferido pelas nossas transgressões e moído pelas nossas iniquidades; o castigo que nos traz a paz estava sobre ele, e, pelas suas pisaduras, fomos sarados. Todos nós andamos desgarrados como ovelhas; cada um se desviava pelo seu caminho, mas o SENHOR fez cair sobre ele a iniquidade de nós todos. Ele foi oprimido, mas não abriu a boca; como um cordeiro, foi levado ao matadouro e, como a ovelha muda perante os seus tosquiadores, ele não abriu a boca" (Is 53.4-7).

[5] "E, havendo-o crucificado, repartiram as suas vestes, lançando sortes, para que se cumprisse o que foi dito pelo profeta: Repartiram entre si as minhas vestes, e sobre a minha túnica lançaram sortes" (Mt 27.35); "E, perto da hora nona, exclamou Jesus em alta voz, dizendo: Eli, Eli, lemá sabactâni, isto é, Deus meu, Deus meu, por que me desamparaste?" (Mt 27.46); "E o lugar da Escritura que lia era este: Foi levado como a ovelha para o matadouro; e, como está mudo o cordeiro diante do que o tosquia, assim não abriu a sua boca. Na sua humilhação, foi tirado o seu julgamento; e quem contará a sua geração? Porque a sua vida é tirada da terra" (At 8.32, 33).

[6] "Mas, vindo a Jesus e vendo-o já morto, não lhe quebraram as pernas. [...] Porque isso aconteceu para que se cumprisse a Escritura, que diz: Nenhum dos seus ossos será quebrado" (Jo 19.33,36).

[7] "Chamou, pois, Moisés a todos os anciãos de Israel e disse-lhes: Escolhei, e tomai vós cordeiros para vossas famílias, e sacrificai a Páscoa" (Êx 12.21).

[8] "Então, direis: Este é o sacrifício da Páscoa ao SENHOR, que passou as casas dos filhos de Israel no Egito, quando feriu aos egípcios e livrou as nossas casas. Então, o povo inclinou-se e adorou" (Êx 12.27).

[9] "Porque primeiramente vos entreguei o que também recebi: que Cristo morreu por nossos pecados, segundo as Escrituras" (1 Co 15.3).

[10] "Porquanto vos digo que importa que em mim se cumpra aquilo que está escrito: E com os malfeitores foi contado. Porque o que está escrito de mim terá cumprimento" (Lc 22.37).

[11] "Mas Deus prova o seu amor para conosco em que Cristo morreu por nós, sendo nós ainda pecadores" (Rm 5.8).

[12] "Porque o amor de Cristo nos constrange, julgando nós assim: que, se um morreu por todos, logo, todos morreram" (2 Co 5.14); "que quer que todos os homens se salvem e venham ao conhecimento da verdade; o qual se deu a si mesmo em preço de redenção por todos, para servir de testemunho a seu tempo" (1 Tm 2.4,6); "Porque para isto trabalhamos e lutamos, pois esperamos no Deus vivo, que é o Salvador de todos os homens, principalmente dos fiéis" (1 Tm 4.10); "Porque a graça de Deus se há manifestado, trazendo salvação a todos os homens" (Tt 2.11); "vemos, porém, coroado de glória e de honra aquele Jesus que fora feito um pouco menor do que os anjos, por causa da paixão da morte, para que, pela graça de Deus, provasse a morte por todos" (Hb 2.9).

13 "Isto é, Deus estava em Cristo reconciliando consigo o mundo, não lhes imputando os seus pecados, e pôs em nós a palavra da reconciliação" (2 Co 5.19); "E ele é a propiciação pelos nossos pecados e não somente pelos nossos, mas também pelos de todo o mundo" (1 João 2.2); "e vimos, e testificamos que o Pai enviou seu Filho para Salvador do mundo" (1 João 4.14).

14 "E quase todas as coisas, segundo a lei, se purificam com sangue; e sem derramamento de sangue não há remissão" (Hb 9.22).

15 "Por isso, o Pai me ama, porque dou a minha vida para tornar a tomá-la. Ninguém ma tira de mim, mas eu de mim mesmo a dou; tenho poder para a dar e poder para tornar a tomá-la. Esse mandamento recebi de meu Pai" (Jo 10.17,18).

16 "Aos quais também, depois de ter padecido, se apresentou vivo, com muitas e infalíveis provas, sendo visto por eles por espaço de quarenta dias e falando do que respeita ao Reino de Deus" (At 1.3).

17 "Tenho posto o Senhor continuamente diante de mim; por isso que ele está à minha mão direita, nunca vacilarei. Portanto, está alegre o meu coração e se regozija a minha glória; também a minha carne repousará segura. Pois não deixarás a minha alma no inferno, nem permitirás que o teu Santo veja corrupção" (Sl 16.8-10).

18 "Disseram, pois, os judeus: Em quarenta e seis anos, foi edificado este templo, e tu o levantarás em três dias? Mas ele falava do templo do seu corpo. Quando, pois, ressuscitou dos mortos, os seus discípulos lembraram-se de que lhes dissera isso; e creram na Escritura e na palavra que Jesus tinha dito" (Jo 2.20-22).

19 "Pois não deixarás a minha alma no Hades, nem permitirás que o teu Santo veja a corrupção" (At 2.27).

20 "E apareceu a Cefas e, depois, aos doze. Depois, foi visto por mais de quinhentos irmãos de uma só vez, dos quais a maioria sobrevive até agora; porém alguns já dormem. Depois, foi visto por Tiago, mais tarde, por todos os apóstolos e, afinal, depois de todos, foi visto também por mim, como por um nascido fora de tempo" (1 Co 15.5-8 – ARA).

21 "O qual por nossos pecados foi entregue e ressuscitou para nossa justificação" (Rm 4.25).

22 "Vede as minhas mãos e os meus pés, que sou eu mesmo; tocai-me e vede, pois um espírito não tem carne nem ossos, como vedes que eu tenho" (Lc 24.39); "Ao qual Deus ressuscitou, soltas as ânsias da morte, pois não era possível que fosse retido por ela" (At 2.24).

23 "De sorte que, exaltado pela destra de Deus e tendo recebido do Pai a promessa do Espírito Santo, derramou isto que vós agora vedes e ouvis" (At 2.33); "E isso disse ele do Espírito, que haviam de receber os que nele cressem; porque o Espírito Santo ainda não fora dado, por ainda Jesus não ter sido glorificado" (Jo 7.39).

24 "E o que vive; fui morto, mas eis aqui estou vivo para todo o sempre. Amém! E tenho as chaves da morte e do inferno" (Ap 1.18).

25 "E disse-lhes: Assim está escrito, e assim convinha que o Cristo padecesse e, ao terceiro dia, ressuscitasse dos mortos; e, em seu nome, se pregasse o arrependimento e a remissão dos pecados, em todas as nações, começando por Jerusalém" (Lc 24.46,47).

26 "Ora, o Senhor, depois de lhes ter falado, foi recebido no céu e assentou-se à direita de Deus" (Mc 16.19); "que manifestou em Cristo, ressuscitando-o dos mortos e pondo-o à sua direita nos céus" (Ef 1.20).

27 "Mas este, havendo oferecido um único sacrifício pelos pecados, está assentado para sempre à destra de Deus" (Hb 10.12).

28 "E aconteceu que, no dia seguinte, Moisés disse ao povo: Vós pecastes grande pecado; agora, porém, subirei ao Senhor; porventura, farei propiciação por vosso pecado" (Êx 32.30).

29 "Ao qual Deus propôs para propiciação pela fé no seu sangue, para demonstrar a sua justiça pela remissão dos pecados dantes cometidos, sob a paciência de Deus" (Rm 3.25).

30 "E ele é a propiciação pelos nossos pecados e não somente pelos nossos, mas também pelos de todo o mundo" (1 Jo 2.2).

31 "Porque do céu se manifesta a ira de Deus sobre toda impiedade e injustiça dos homens que detêm a verdade em injustiça" (Rm 1.18).

[32] "Mas, vindo Cristo, o sumo sacerdote dos bens futuros, por um maior e mais perfeito tabernáculo, não feito por mãos, isto é, não desta criação, nem por sangue de bodes e bezerros, mas por seu próprio sangue, entrou uma vez no santuário, havendo efetuado uma eterna redenção. Porque, se o sangue dos touros e bodes e a cinza de uma novilha, esparzida sobre os imundos, os santificam, quanto à purificação da carne, quanto mais o sangue de Cristo, que, pelo Espírito eterno, se ofereceu a si mesmo imaculado a Deus, purificará a vossa consciência das obras mortas, para servirdes ao Deus vivo?" (Hb 9.11-14).

[33] "Dos quais são os pais, e dos quais é Cristo, segundo a carne, o qual é sobre todos, Deus bendito eternamente. Amém!" (Rm 9.5).

[34] "E aconteceu que, estando eles ali, se cumpriram os dias em que ela havia de dar à luz. E deu à luz o seu filho primogênito, e envolveu-o em panos, e deitou-o numa manjedoura, porque não havia lugar para eles na estalagem" (Lc 2.6,7).

[35] "E crescia Jesus em sabedoria, e em estatura, e em graça para com Deus e os homens" (Lc 2.52).

[36] "E eis que, no mar, se levantou uma tempestade tão grande, que o barco era coberto pelas ondas; ele, porém, estava dormindo" (Mt 8.24).

[37] "E, tendo jejuado quarenta dias e quarenta noites, depois teve fome" (Mt 4.2).

[38] "Depois, sabendo Jesus que já todas as coisas estavam terminadas, para que a Escritura se cumprisse, disse: Tenho sede" (João 19.28).

[39] "E estava ali a fonte de Jacó. Jesus, pois, cansado do caminho, assentou-se assim junto da fonte. Era isso quase à hora sexta" (Jo 4.6).

[40] "E, por isso, também Jesus, para santificar o povo pelo seu próprio sangue, padeceu fora da porta" (Hb 13.12).

[41] "E, quando ia chegando, vendo a cidade, chorou sobre ela" (Lc 19.41); "Jesus chorou" (Jo 11.35).

[42] "E, levando consigo Pedro e os dois filhos de Zebedeu, começou a entristecer-se e a angustiar-se muito. Então, lhes disse: A minha alma está cheia de tristeza até à morte; ficai aqui e vigiai comigo" (Mt 26.37,38).

[43] "E disse-lhe alguém: Eis que estão ali fora tua mãe e teus irmãos, que querem falar-te" (Mt 12.47); "Não é este o filho do carpinteiro? E não se chama sua mãe Maria, e seus irmãos, Tiago, e José, e Simão, e Judas? E não estão entre nós todas as suas irmãs? Donde lhe veio, pois, tudo isso?" (Mt 13.55,56).

[44] "E José, despertando do sonho, fez como o anjo do Senhor lhe ordenara, e recebeu a sua mulher, e não a conheceu até que deu à luz seu filho, o primogênito; e pôs-lhe o nome de JESUS" (Mt 1.24,25).

[45] "O que era desde o princípio, o que vimos com os nossos olhos, o que temos contemplado, e as nossas mãos tocaram da Palavra da vida" (1 Jo 1.1); "Vede as minhas mãos e os meus pés, que sou eu mesmo; tocai-me e vede, pois um espírito não tem carne nem ossos, como vedes que eu tenho. E, dizendo isso, mostrou-lhes as mãos e os pés" (Lc 24.39, 40).

[46] "Porque não temos um sumo sacerdote que não possa compadecer-se das nossas fraquezas; porém um que, como nós, em tudo foi tentado, mas sem pecado" (Hb 4.15).

[47] "Que, sendo em forma de Deus, não teve por usurpação ser igual a Deus. Mas aniquilou-se a si mesmo, tomando a forma de servo, fazendo-se semelhante aos homens; e, achado na forma de homem, humilhou-se a si mesmo, sendo obediente até à morte e morte de cruz" (Fp 2.6-8).

[48] "Àquele que não conheceu pecado, o fez pecado por nós; para que; nele, fôssemos feitos justiça de Deus" (2 Co 5.21).

[49] "E tudo isso provém de Deus, que nos reconciliou consigo mesmo por Jesus Cristo e nos deu o ministério da reconciliação, isto é, Deus estava em Cristo reconciliando consigo o mundo, não lhes imputando os seus pecados, e pôs em nós a palavra da reconciliação" (2 Co 5.18,19).

CAPÍTULO VI

Sobre o Espírito Santo

CREMOS, professamos e ensinamos que o Espírito Santo é a terceira Pessoa da Santíssima Trindade, Deus igual ao Pai e ao Filho: "*Portanto, ide, ensinai todas as nações, batizando-as em nome do Pai, e do Filho, e do Espírito Santo*" (Mt 28.19). O Espírito Santo é da mesma substância, da mesma espécie, de mesmo poder e glória do Pai e do Filho, pois é chamado de outro Consolador: "*E eu rogarei ao Pai, e ele vos dará outro Consolador, para que fique convosco para sempre*" (Jo 14.16). O Espírito Santo não é uma parte da Divindade, mas, sim, Deus em toda a sua plenitude e, por isso mesmo, é incriado, autoexistente e absolutamente autônomo: "*o Espírito que provém de Deus*" (1 Co 2.12), como havia declarado o Credo de Atanásio: "Tal como é o Pai, tal é o Filho e tal é o Espírito Santo. O Pai é incriado, o Filho incriado, e o Espírito Santo incriado... não há três incriados,... mas um só incriado". Ele é o Espírito eterno e existe por si mesmo.[1] Ele pertence à mesma essência e substância indivisível e eterna do Pai e do Filho.[2] Os homens e os anjos foram criados[3] e dependem do

Criador,[4] mas Ele, o Espírito Santo, não depende de nada, pois Ele é o Senhor: *"o Senhor é o Espírito"* (2 Co 3.17 – ARA).

1. Seus nomes e títulos. O título geral que identifica a terceira Pessoa da Trindade é *Espírito Santo*, e esse título é um entre tantos concedidos a Ele, tais como Espírito de Deus,[5] Espírito do Senhor,[6] Espírito de Jesus,[7] Espírito de Cristo,[8] Espírito da Graça,[9] Espírito da Glória,[10] Espírito de Vida,[11] Consolador e Espírito da Verdade.[12] Essa diversidade de nomes e títulos não anula a sua singularidade e unicidade.[13] Pelo fato de o Espírito não se manifestar por um único nome, tem na pluralidade de nomes e títulos dados a Ele a diversidade de suas obras no universo: *"Pelo seu Espírito ornou os céus"* (Jó 26.13); e na criação: *"Envias o teu Espírito, e são criados, e assim renovas a face da terra"* (Sl 104.30); e isso não o torna uma emanação ou influência impessoal. Sua personalidade tem um caráter moral e espiritual que se manifesta por meio do falar,[14] do sentir[15] e do realizar alguma coisa.[16]

2. A deidade do Espírito Santo. Declaramos e ensinamos a deidade absoluta do Espírito Santo, pois "Espírito Santo" e "Deus" aparecem como nomes intercambiáveis nas Escrituras Sagradas. Isso mostra clara e inconfundivelmente a divindade absoluta do Espírito Santo, pois ambos são da mesma natureza e de uma só substância: *"O Espírito do Senhor falou por mim, e a sua palavra esteve em minha boca. Disse o Deus de Israel"* (2 Sm 23.2,3); *"Ananias, por que encheu Satanás o teu coração, para que mentisses ao Espírito Santo e retivesses parte do preço da herdade?... Por que formaste este desígnio em teu coração? Não mentiste aos homens, mas a Deus"* (At 5.3,4); *"Não sabeis vós que sois o templo de Deus e que o Espírito de Deus habita em vós?"* (1 Co 3.16). Não se trata de uma doutrina isolada, pois a Bíblia, além de afirmar a deidade do Espírito Santo, também revela os mesmos atributos que são exclusivos de Deus, assim como as mesmas obras de Deus.

3. O Espírito Santo possui os atributos da divindade e realiza as obras de Deus. Os atributos do Espírito Santo não foram agregados nem conferidos, mas pertencem a Ele naturalmente: "*porque o Espírito penetra todas as coisas, ainda as profundezas de Deus. Porque qual dos homens sabe as coisas do homem, senão o espírito do homem, que nele está? Assim também ninguém sabe as coisas de Deus, senão o Espírito de Deus*" (1 Co 2.10,11). O Espírito Santo é Deus onipotente,[17] onisciente,[18] onipresente,[19] eterno[20] e criador.[21] São atributos intransferíveis e absolutos. Ele é o Senhor: "*Ora, o Senhor é o Espírito; e, onde está o Espírito do Senhor, aí há liberdade*" (2 Co 3.17 – ARA). Outra evidência bíblica que prova a deidade do Espírito Santo são as suas obras, as quais são exclusividades de Deus. Jesus foi concebido no ventre de Maria pelo Espírito Santo: "*Estando Maria, sua mãe, desposada com José, antes de se ajuntarem, achou-se ter concebido do Espírito Santo*" (Mt 1.18); "*apareceu um anjo do Senhor, dizendo: José, filho de Davi, não temas receber a Maria, tua mulher, porque o que nela está gerado é do Espírito Santo*" (Mt 1.20). Jesus foi concebido pelo Espírito Santo, mas Ele é chamado de Filho de Deus: "*E, respondendo o anjo, disse-lhe: Descerá sobre ti o Espírito Santo, e a virtude do Altíssimo te cobrirá com a sua sombra; pelo que também o Santo, que de ti há de nascer, será chamado Filho de Deus*" (Lc 1.35). O Filho foi gerado pelo Espírito Santo; no entanto, está também escrito que o Filho foi gerado pelo Pai.[22] O Espírito Santo ressuscitou a Jesus;[23] Ele é o autor do novo nascimento,[24] habita nos fiéis,[25] dá a vida eterna,[26] falou pelos profetas e apóstolos,[27] inspirou os santos homens de Deus que escreveram as Escrituras,[28] guia o seu povo,[29] santifica os fiéis[30] e deu missão aos profetas e apóstolos da Bíblia.[31]

4. O Consolador. O Senhor Jesus chama o Espírito Santo de o "Consolador": "*Mas aquele Consolador, o Espírito Santo, que o Pai enviará em meu nome, vos ensinará todas as coisas e vos fará lembrar de tudo quanto vos tenho dito* [...]. *Mas, quando vier o Consolador, que eu da parte do Pai vos hei de enviar, aquele Espírito da verdade, que procede do Pai, testificará de mim* [...]. *Todavia, digo-vos a verdade: que vos convém que eu vá, porque, se eu não for, o Consolador não virá a vós; mas, se eu for, enviar-vo-lo-ei*" (Jo 14.26; 15.26; 16.7). O termo grego para "Consolador" usado aqui é *parákl tos*, que significa "defensor, advogado, intercessor, auxiliador". Aparece como "advogado" quando aplicado ao Senhor Jesus: "*Meus filhinhos, estas coisas vos escrevo para que não pequeis; e, se alguém pecar, temos um Advogado para com o Pai, Jesus Cristo, o Justo*" (1 Jo 2.1). Essa palavra era usada nas cortes de justiça para denotar um assistente legal, um defensor, um advogado. O Senhor Jesus chamou o Espírito Santo de Paracleto; logo, não pode ser Ele uma força impessoal. O Consolador é enviado pelo Pai em nome de Jesus para ensinar os discípulos e fazê-los lembrar de tudo o que o Filho ensinou e para dEle testificar.[32] Jesus disse aos seus discípulos que estava voltando para o Pai, mas que continuaria cuidando da Igreja, pelo seu Espírito Santo, o Paracleto, um como Ele, que teria o mesmo poder para preservar o seu povo: "*E eu rogarei ao Pai, e ele vos dará outro Consolador, para que fique convosco para sempre*" (Jo 14.16). A palavra "outro" indica aqui alguém da mesma natureza, da mesma espécie e da mesma qualidade. O Espírito Santo, portanto, é alguém como Jesus, de mesma substância, glória e poder, como declara o Credo Niceno-Constantinopolitano, do ano 381: "Cremos no ESPÍRITO SANTO, o Senhor[33] e Vivificador,[34] o que procede do Pai e do Filho,[35] o que juntamente com o Pai e o Filho é adorado e glorificado,[36] o que falou por meio dos profetas".[37]

5. A personalidade do Espírito Santo. Cremos e ensinamos que o Espírito Santo é uma pessoa. Sua personalidade está presente em toda a Bíblia de maneira abundante e inconfundível e tem sido crença da Igreja desde o princípio. A Bíblia revela todos os elementos constitutivos da personalidade do Espírito Santo, como intelecto[38], emoção[39] e vontade.[40] Outra prova da pessoalidade do Espírito Santo é que Ele reage a certos atos praticados pelos seres humanos. Pedro obedeceu ao Espírito Santo.[41] Ananias mentiu ao Espírito Santo: "*para que mentisses ao Espírito Santo e retivesses parte do preço da herdade?*" (At 5.3); Estêvão disse que os judeus sempre resistiram ao Espírito Santo: "*vós sempre resistis ao Espírito Santo*" (At 7.51); os fariseus blasfemaram contra o Espírito Santo: "*a blasfêmia contra o Espírito não será perdoada aos homens*" (Mt 12.31); e os cristãos são batizados também em seu nome: "*batizando-as em nome do Pai, e do Filho, e do Espírito Santo*" (Mt 28.19). O Espírito Santo relaciona-se com os crentes de maneira pessoal, pois somente uma pessoa poderia agir como mestre, consolador, santificador e guia. Cremos e declaramos que o Espírito Santo ensina,[42] fala,[43] guia em toda a verdade,[44] julga,[45] ama,[46] contende,[47] convida[48] e intercede.[49] Ele é Deus, Ele é pessoal.

6. Os símbolos do Espírito Santo. Entendemos que os símbolos do Espírito Santo são reflexos das suas múltiplas operações, mas, de maneira alguma, comprometem a sua personalidade e divindade. Os principais símbolos são fogo, água, vento, óleo e pomba. Sua ilustração como fogo mostra o seu papel similar, pois o fogo aquece, ilumina e espalha-se purificando: "*este vos batizará com o Espírito Santo e com fogo*" (Lc 3.16). Ao ser simbolizado como fogo, não significa que Ele seja desprovido de personalidade; trata-se de uma linguagem figurada. A Bíblia atribui essa mesma figura a Deus-Pai: "*porque o nosso Deus é um fogo consumidor*" (Hb 12.29). A água é indispensável à vida.

Ela lava, refresca e refrigera, e é isso que o Espírito Santo realiza na vida do crente. Jesus disse: "*Quem crê em mim, como diz a Escritura, rios de água viva correrão do seu ventre. E isso disse ele do Espírito*" (Jo 7.37-39). A ação do vento é comparada à do Espírito Santo: "*O vento assopra onde quer, e ouves a sua voz, mas não sabes donde vem, nem para onde vai; assim é todo aquele que é nascido do Espírito*" (Jo 3.8). O vento é invisível aos olhos humanos, assim como é um mistério a obra regeneradora do Espírito Santo.[50] O óleo ou azeite era usado para a luz, a unção e o incensário,[51] elementos apropriados para tipificar o Espírito Santo: "*O Espírito do Senhor é sobre mim, pois que me ungiu*" (Lc 4.17); "*como Deus ungiu a Jesus de Nazaré com o Espírito Santo e com virtude*" (At 10.38). Finalmente, temos a pomba como um dos símbolos do Espírito Santo. João Batista disse: "*e o Espírito Santo desceu sobre ele em forma corpórea, como uma pomba*" (Lc 3.22). A pomba representa mansidão, brandura, simplicidade, pureza, amor, paz, longanimidade.[52] A expressão "em forma" revela que Ele desceu sobre Jesus numa aparência ou na figura de uma pomba, e não que Ele seja uma pomba.

---

[1] "Quanto mais o sangue de Cristo, que, pelo Espírito eterno, se ofereceu a si mesmo imaculado a Deus, purificará a vossa consciência das obras mortas, para servirdes ao Deus vivo?" (Hb 9.14).

[2] "Mas, quando vier o Consolador, que eu da parte do Pai vos hei de enviar, aquele Espírito da verdade, que procede do Pai, testificará de mim" (Jo 15.26); "Mas Deus no-las revelou pelo seu Espírito; porque o Espírito penetra todas as coisas, ainda as profundezas de Deus. Porque qual dos homens sabe as coisas do homem, senão o espírito do homem, que nele está? Assim também ninguém sabe as coisas de Deus, senão o Espírito de Deus" (1 Co 2.10,11).

[3] "Porque nele foram criadas todas as coisas que há nos céus e na terra, visíveis e invisíveis, sejam tronos, sejam dominações, sejam principados, sejam potestades; tudo foi criado por ele e para ele" (Cl 1.16).

[4] "Todos esperam de ti que lhes dês o seu sustento em tempo oportuno. Dando-lho tu, eles o recolhem; abres a tua mão, e enchem-se de bens. Escondes o teu rosto, e ficam perturbados; se lhes tiras a respiração, morrem e voltam ao próprio pó" (Sl 104.27-29).

[5] "E a terra era sem forma e vazia; e havia trevas sobre a face do abismo; e o Espírito de Deus se movia sobre a face das águas" (Gn 1.2).

[6] "Então, o Espírito do Senhor revestiu a Gideão, o qual tocou a buzina, e os abiezritas se ajuntaram após ele" (Jz 6.34).

[7] "E, quando chegaram a Mísia, intentavam ir para Bitínia, mas o Espírito de Jesus não lho permitiu" (At 16.7).

8 "Indagando que tempo ou que ocasião de tempo o Espírito de Cristo, que estava neles, indicava, anteriormente testificando os sofrimentos que a Cristo haviam de vir e a glória que se lhes havia de seguir" (1 Pe 1.11).

9 "E sobre a casa de Davi e sobre os habitantes de Jerusalém derramarei o Espírito de graça e de súplicas; e olharão para mim, a quem traspassaram; e o prantearão como quem pranteia por um unigênito; e chorarão amargamente por ele, como se chora amargamente pelo primogênito" (Zc 12.10); "De quanto maior castigo cuidais vós será julgado merecedor aquele que pisar o Filho de Deus, e tiver por profano o sangue do testamento, com que foi santificado, e fizer agravo ao Espírito da graça?" (Hb 10.29).

10 "Se, pelo nome de Cristo, sois vituperados, bem-aventurados sois, porque sobre vós repousa o Espírito da glória de Deus" (1 Pe 4.14).

11 "Porque a lei do Espírito de vida, em Cristo Jesus, me livrou da lei do pecado e da morte" (Rm 8.2).

12 "E eu rogarei ao Pai, e ele vos dará outro Consolador, para que fique convosco para sempre, o Espírito da verdade, que o mundo não pode receber, porque não o vê, nem o conhece; mas vós o conheceis, porque habita convosco e estará em vós" (Jo 14.16,17).

13 "Há um só corpo e um só Espírito, como também fostes chamados em uma só esperança da vossa vocação" (Ef 4.4).

14 "E disse o Espírito a Filipe: Chega-te e ajunta-te a esse carro" (At 8.29).

15 "Mas eles foram rebeldes e contristaram o seu Espírito Santo; pelo que se lhes tornou em inimigo e ele mesmo pelejou contra eles" (Is 63.10).

16 "E, servindo eles ao Senhor e jejuando, disse o Espírito Santo: Apartai-me a Barnabé e a Saulo para a obra a que os tenho chamado [...]. E assim estes, enviados pelo Espírito Santo, desceram a Selêucia e dali navegaram para Chipre" (At 13.2,4).

17 "E, respondendo o anjo, disse-lhe: Descerá sobre ti o Espírito Santo, e a virtude do Altíssimo te cobrirá com a sua sombra; pelo que também o Santo, que de ti há de nascer, será chamado Filho de Deus" (Lc 1.15); "Pelo poder dos sinais e prodígios, na virtude do Espírito de Deus; de maneira que, desde Jerusalém e arredores até ao Ilírico, tenho pregado o evangelho de Jesus Cristo" (Rm 15.19).

18 "Caiu, pois, sobre mim o Espírito do Senhor e disse-me: Fala: Assim diz o Senhor: Assim tendes dito, ó casa de Israel; porque, quanto às coisas que vos sobem ao espírito, eu as conheço" (Ez 11.5); "Mas Deus no-las revelou pelo seu Espírito; porque o Espírito penetra todas as coisas, ainda as profundezas de Deus. Porque qual dos homens sabe as coisas do homem, senão o espírito do homem, que nele está? Assim também ninguém sabe as coisas de Deus, senão o Espírito de Deus" (1 Co 2.10,11).

19 "Para onde me irei do teu Espírito ou para onde fugirei da tua face? Se subir ao céu, tu aí estás; se fizer no Seol a minha cama, eis que tu ali estás também; se tomar as asas da alva, se habitar nas extremidades do mar, até ali a tua mão me guiará e a tua destra me susterá" (Sl 139.7-10).

20 "E a terra era sem forma e vazia; e havia trevas sobre a face do abismo; e o Espírito de Deus se movia sobre a face das águas" (Gn 1.2); "quanto mais o sangue de Cristo, que, pelo Espírito eterno, se ofereceu a si mesmo imaculado a Deus, purificará a vossa consciência das obras mortas, para servirdes ao Deus vivo?" (Hb 9.14).

21 "O Espírito de Deus me fez; e a inspiração do Todo-poderoso me deu vida" (Jó 33.4); "Envias o teu Espírito, e são criados, e assim renovas a face da terra" (Sl 104.30).

22 "Porque a qual dos anjos disse jamais: Tu és meu Filho, hoje te gerei? E outra vez: Eu lhe serei por Pai, e ele me será por Filho?" (Hb 1.5).

23 "Porque também Cristo padeceu uma vez pelos pecados, o justo pelos injustos, para levar-nos a Deus; mortificado, na verdade, na carne, mas vivificado pelo Espírito" (1 Pe 3.18).

24 "Jesus respondeu: Na verdade, na verdade te digo que aquele que não nascer da água e do Espírito não pode entrar no Reino de Deus. O que é nascido da carne é carne, e o que é nascido do Espírito é espírito" (Jo 3.5,6).

25 "E, se o Espírito daquele que dos mortos ressuscitou a Jesus habita em vós, aquele que dos mortos ressuscitou a Cristo também vivificará o vosso corpo mortal, pelo seu Espírito que em vós habita" (Rm 8.11).

[26] "Porque o que semeia na sua carne da carne ceifará a corrupção; mas o que semeia no Espírito do Espírito ceifará a vida eterna" (Gl 6.8).

[27] "O Espírito do SENHOR falou por mim, e a sua palavra esteve em minha boca" (2 Sm 23.2); "Porque não sois vós quem falará, mas o Espírito de vosso Pai é que fala em vós" (Mt 10.20).

[28] "Porque a profecia nunca foi produzida por vontade de homem algum, mas os homens santos de Deus falaram inspirados pelo Espírito Santo" (2 Pe 1.21).

[29] "Ensina-me a fazer a tua vontade, pois és o meu Deus; guie-me o teu bom Espírito por terra plana" (Sl 143.10); "Mas, se sois guiados pelo Espírito, não estais debaixo da lei" (Gl 5.18).

[30] "E é o que alguns têm sido, mas haveis sido lavados, mas haveis sido santificados, mas haveis sido justificados em nome do Senhor Jesus e pelo Espírito do nosso Deus" (1 Co 6.11).

[31] "Chegai-vos a mim e ouvi isto: Não falei em segredo desde o princípio; desde o tempo em que aquilo se fez, eu estava ali; e, agora, o Senhor JEOVÁ me enviou o seu Espírito" (Is 48.16); "E, servindo eles ao Senhor e jejuando, disse o Espírito Santo: Apartai-me a Barnabé e a Saulo para a obra a que os tenho chamado... E assim estes, enviados pelo Espírito Santo, desceram a Selêucia e dali navegaram para Chipre" (Atos 13.2, 4).

[32] "Porque na mesma hora vos ensinará o Espírito Santo o que vos convenha falar" (Lc 12.12).

[33] "Ora, o Senhor é o Espírito; e, onde está o Espírito do Senhor, aí há liberdade" (2 Co 3.17 – ARA).

[34] "O qual nos fez também capazes de ser ministros dum Novo Testamento, não da letra, mas do Espírito; porque a letra mata, e o Espírito vivifica" (2 Co 3.6); "Porque a lei do Espírito de vida, em Cristo Jesus, me livrou da lei do pecado e da morte" (Rm 8.2).

[35] "Mas, quando vier o Consolador, que eu da parte do Pai vos hei de enviar, aquele Espírito da verdade, que procede do Pai, testificará de mim" (Jo 15.26); "E, havendo dito isso, assoprou sobre eles e disse-lhes: Recebei o Espírito Santo" (Jo 20.22).

[36] "Porque nós é que somos a circuncisão, nós que adoramos a Deus no Espírito, e nos gloriamos em Cristo Jesus, e não confiamos na carne" (Fp 3.3).

[37] "Porque a profecia nunca foi produzida por vontade de homem algum, mas os homens santos de Deus falaram inspirados pelo Espírito Santo" (2 Pe 1.21).

[38] "E aquele que examina os corações sabe qual é a intenção do Espírito; e é ele que segundo Deus intercede pelos santos" (Rm 8.27); "Mas Deus no-las revelou pelo seu Espírito; porque o Espírito penetra todas as coisas, ainda as profundezas de Deus. Porque qual dos homens sabe as coisas do homem, senão o espírito do homem, que nele está? Assim também ninguém sabe as coisas de Deus, senão o Espírito de Deus" (1 Co 2.10,11).

[39] "E não entristeçais o Espírito Santo de Deus, no qual estais selados para o Dia da redenção" (Ef 4.30).

[40] "E, passando pela Frígia e pela província da Galácia, foram impedidos pelo Espírito Santo de anunciar a palavra na Ásia. E, quando chegaram a Mísia, intentavam ir para Bitínia, mas o Espírito de Jesus não lho permitiu" (At 16.6, 7); "Mas um só e o mesmo Espírito opera todas essas coisas, repartindo particularmente a cada um como quer" (1 Co 12.11).

[41] "E, pensando Pedro naquela visão, disse-lhe o Espírito: Eis que três varões te buscam. Levanta-te, pois, e desce, e vai com eles, não duvidando; porque eu os enviei. E, descendo Pedro para junto dos varões que lhe foram enviados por Cornélio, disse: Sou eu a quem procurais; qual é a causa por que estais aqui?" (At 10.19-21).

[42] "Mas aquele Consolador, o Espírito Santo, que o Pai enviará em meu nome, vos ensinará todas as coisas e vos fará lembrar de tudo quanto vos tenho dito" (Jo 14.26).

[43] "E, servindo eles ao Senhor e jejuando, disse o Espírito Santo: Apartai-me a Barnabé e a Saulo para a obra a que os tenho chamado" (At 13.2).

[44] "Mas, quando vier aquele Espírito da verdade, ele vos guiará em toda a verdade, porque não falará de si mesmo, mas dirá tudo o que tiver ouvido e vos anunciará o que há de vir" (Jo 16.13).

[45] "Na verdade, pareceu bem ao Espírito Santo e a nós não vos impor mais encargo algum, senão estas *coisas* necessárias" (At 15.28).

[46] "E rogo-vos, irmãos, por nosso Senhor Jesus Cristo e pelo amor do Espírito, que combatais comigo nas vossas orações por mim a Deus" (Rm 15.30).

[47] "Então, disse o SENHOR: Não contenderá o meu Espírito para sempre com o homem, porque ele também *é* carne; porém os seus dias serão cento e vinte anos" (Gn 6.3).

48 "E o Espírito e a esposa dizem: Vem! E quem ouve diga: Vem! E quem tem sede venha; e quem quiser tome de graça da água da vida" (Ap 22.17).

49 "E da mesma maneira também o Espírito ajuda as nossas fraquezas; porque não sabemos o que havemos de pedir como convém, mas o mesmo Espírito intercede por nós com gemidos inexprimíveis" (Rm 8.26).

50 "Não pelas obras de justiça que houvéssemos feito, mas, segundo a sua misericórdia, nos salvou pela lavagem da regeneração e da renovação do Espírito Santo" (Tito 3.5).

51 "E azeite para a luz, e especiarias para o óleo da unção, e especiarias para o incenso" (Êx 25.6).

52 "Mas o fruto do Espírito é: caridade, gozo, paz, longanimidade, benignidade, bondade, fé, mansidão, temperança" (Gl 5.22).

CAPÍTULO VII

Sobre o *homem*

CREMOS, professamos e ensinamos que o homem é uma criação de Deus: *"E formou o* SENHOR *Deus o homem do pó da terra e soprou em seus narizes o fôlego da vida; e o homem foi feito alma vivente"* (Gn 2.7). A palavra "homem" no relato da criação em Gênesis 1 e 2 é *adam*, que aparece depois como nome próprio do primeiro homem. O ser humano foi criado macho e fêmea: *"E criou Deus o homem à sua imagem; à imagem de Deus o criou; macho e fêmea os criou"* (Gn 1.27). Trata-se de um ser inteligente e que foi capaz de dar nome aos animais;[1] feito à semelhança de Deus: *"os homens, feitos à semelhança de Deus"* (Tg 3.9); um pouco menor do que os anjos; coroado de honra e de glória[2] e dotado por Deus de livre-arbítrio, ou seja, com liberdade de escolher entre o bem e o mal.[3] Mediante a graça, essa escolha continua mesmo depois da queda no Éden: *"Se alguém quiser fazer a vontade dele, pela mesma doutrina, conhecerá se ela é de Deus ou se eu falo de mim mesmo"* (Jo 7.17). Mais de uma vez, Israel teve a liberdade de escolha quando foi chamado por

Deus.[4] Podemos afirmar que nenhuma outra criatura foi feita como o homem, que é considerado a coroa da criação.[5] Adão é o primeiro homem,[6] e dele e Eva veio toda a geração dos seres humanos que vivem sobre o planeta terra.[7]

1. A constituição humana. Entendemos que o ser humano é constituído de três substâncias, uma física, corpo, e duas imateriais, alma e espírito. Exemplo dessa constituição nós temos no próprio Jesus.[8] Essa doutrina é chamada tricotomia. Cristo é apresentado nas Escrituras com essas três características distintas e essenciais: "*todo o vosso espírito, e alma, e corpo sejam plenamente conservados irrepreensíveis* [...]" (1 Ts 5.23); "[...] *e mais penetrante do que qualquer espada de dois gumes, e penetra até à divisão da alma, e do espírito, e das juntas e medulas*" (Hb 4.12). Em 1 Coríntios 2.14-16; 3.1-4, o apóstolo Paulo mostra o homem "natural",[9] termo que literalmente quer dizer "pertencente à alma",[10] o homem carnal e o homem "espiritual".[11] Por essas passagens do Novo Testamento, a natureza humana consiste numa parte externa, o corpo ou a carne,[12] chamada "homem exterior" e uma parte interna, denominada "homem interior", composta do espírito e da alma.[13]

2. O corpo. O corpo é o invólucro do espírito e da alma.[14] É a parte física, o homem exterior, que se corrompe, ou seja, envelhece e é mortal. O homem é carne como criatura perecível: "*porque toda a carne é como erva*" (1 Pe 1.24). Rejeitamos a ideia de ser o corpo a prisão da alma e do espírito ou de ser inerentemente mau e insignificante, pois ele é templo do Espírito Santo e templo de Deus, uma vez que o Espírito Santo habita em nós.[15] O corpo é importante, pois Deus o ressuscitará: "*Assim também a ressurreição dos mortos. Semeia-se o corpo em corrupção, ressuscitará em incorrupção*" (1 Co 15.42).

3. O homem interior. Praticamente tudo o que a Bíblia diz a respeito da alma fala também do espírito, pois ambos deixam o corpo por ocasião da morte e sobrevivem a ela.[16] Às vezes, o ser humano é tido como "corpo e alma"[17] e, outras vezes, "corpo e espírito".[18] Deus é revelado como espírito[19] e alma.[20] Essa interligação, às vezes, confunde os termos alma e espírito.[21] Entretanto, eles são distintos entre si. O Espírito Santo opera por meio do espírito humano: "*O mesmo Espírito testifica com o nosso espírito que somos filhos de Deus*" (Rm 8.16); mas isso nunca se diz com respeito à alma humana. A Bíblia fala sobre o homem perder a sua alma: "*Pois que aproveita ao homem ganhar o mundo inteiro, se perder a sua alma? Ou que dará o homem em recompensa da sua alma?*" (Mt 16.26); essa linguagem, todavia, nunca é usada a respeito do espírito. A alma e o espírito são substâncias espirituais incorpóreas e invisíveis. Apesar dessas características comuns, são entidades distintas, porém inseparáveis; são os dois lados da substância não física do ser humano, o "*homem interior*" (Ef 3.16). A Bíblia apresenta vários termos para indicar a parte espiritual do ser humano, além de alma e espírito, tais como mente, vontade[22] e o uso metafórico de coração e rins.[23]

4. O espírito humano. Ensinamos que o espírito, como parte integrante do ser humano, é distinto da alma, que, às vezes, é confundido com ela porque os dois elementos são inseparáveis e de substância imaterial. O espírito foi colocado por Deus no interior de Adão quando este foi criado;[24] o espírito humano está em todos os seres humanos.[25] O espírito está dentro do corpo.[26] É por meio dele que se adora a Deus[27] e que ele se torna também o centro da devoção a Deus[28] quando passa a ser morada do Espírito Santo: "*O mesmo Espírito testifica com o nosso espírito que somos filhos de Deus*" (Rm 8.16). Do espírito humano, provém o desejo de buscar as coisas espirituais.[29]

5. A alma humana. A palavra "alma" tem vários significados na Bíblia, a saber, o próprio indivíduo: *"a alma que pecar, essa morrerá"* (Ez 18.4), a pessoa[30] e a vida.[31] A alma é a sede do apetite físico,[32] das emoções,[33] dos desejos tanto bons como ruins,[34] das paixões[35] e do intelecto.[36] É o centro afetivo,[37] volitivo[38] e moral[39] da vida humana. A alma comunica-se com o mundo exterior por meio do corpo. É a partir dela que o homem sente, alegra-se e sofre através dos órgãos sensoriais. Como um dos elementos da natureza essencial do ser humano, a alma é uma substância incorpórea e invisível, inseparável do espírito, embora distinta dele, formada por Deus dentro do homem, sendo também consciente mesmo depois da morte física: *"vi debaixo do altar as almas dos que foram mortos por amor da palavra de Deus e por amor do testemunho que deram. E clamavam com grande voz, dizendo: Até quando, ó verdadeiro e santo Dominador, não julgas e vingas o nosso sangue dos que habitam sobre a terra?"* (Ap 6.9,10).

6. O fôlego de vida nos animais. Os animais foram criados por Deus *"conforme a sua espécie"* (Gn 1.21,24,25), mas o ser humano foi criado "à sua imagem; à imagem de Deus o criou; macho e fêmea os criou" (Gn 1.27). A natureza física do ser humano é o que há de comum com os animais e as plantas, sendo que a nossa estrutura física é mais complexa. Essa diferença é, portanto, de grau. As Escrituras chamam de "alma vivente" tanto o ser humano como os animais;[40] há, porém, diferença no tipo de alma que o homem possui, pois os animais têm uma alma rudimentar. O termo "sangue" é, às vezes, usado para designar a vida dos animais.[41] Assim como *"nem toda carne é uma mesma carne"* (1 Co 15.39), da mesma forma nem toda alma é uma mesma alma, pois Deus soprou nos narizes de Adão "o fôlego de vida". Assim sendo, a alma humana foi animada pelo espírito que veio direto de Deus na criação de Adão.[42] A alma dos animais irracionais é extinta na morte deles, mas não é isso que acontece com os seres humanos. A declaração de Eclesiastes 3.19-21 não faz menção da palavra "alma", o que revela a morte física comum tanto aos humanos como aos animais irracionais.[43]

7. Os dois destinos. Ensinamos que, na morte física do ser humano, alma e espírito são separados do corpo[44] e que os cristãos que partiram desse mundo são chamados de "*espíritos dos justos aperfeiçoados*" (Hb 12.23), e os demais, de "*espíritos em prisão*" (1 Pe 3.19). Mas esses espíritos não ficam vagando no espaço e nem se comunicam com os vivos.[45] Rejeitamos a crença da comunicação dos mortos com os vivos e a doutrina da reencarnação: "*aos homens está ordenado morrerem uma vez, vindo, depois disso, o juízo*" (Hb 9.27); "*porque se lembrou de que eram carne, um vento que passa e não volta*" (Sl 78.39). Morte significa "separação".[46] Há apenas dois destinos para os seres humanos, o Céu ou o Inferno.[47] Deus tem um lugar preparado para os salvos na sua morte, que é identificado de diversas maneiras: "*uma casa não feita por mãos, eterna, nos céus* [...] *nossa habitação, que é do céu*" (2 Co 5.1,2); "*habitar com o Senhor*" (2 Co 5.8); "*estar com Cristo*" (Fp 1.23). Os mártires da Grande Tribulação aparecem debaixo do altar de Deus, no Céu.[48]

---

[1] "Havendo, pois, o SENHOR Deus formado da terra todo animal do campo e toda ave dos céus, os trouxe a Adão, para este ver como lhes chamaria; e tudo o que Adão chamou a toda a alma vivente, isso foi o seu nome. E Adão pôs os nomes a todo o gado, e às aves dos céus, e a todo animal do campo; mas para o homem não se achava adjutora que estivesse como diante dele" (Gn 2.19, 20).

[2] "Que é o homem mortal para que te lembres dele? E o filho do homem, para que o visites? Contudo, pouco menor o fizeste do que os anjos e de glória e de honra o coroaste" (Sl 8.4, 5).

[3] "E ordenou o SENHOR Deus ao homem, dizendo: De toda árvore do jardim comerás livremente, mas da árvore da ciência do bem e do mal, dela não comerás; porque, no dia em que dela comeres, certamente morrerás" (Gn 2.16,17).

[4] "Os céus e a terra tomo, hoje, por testemunhas contra ti, que te tenho proposto a vida e a morte, a bênção e a maldição; escolhe, pois, a vida, para que vivas, tu e a tua semente" (Dt 30.19); "Porém, se vos parece mal aos vossos olhos servir ao SENHOR, escolhei hoje a quem sirvais: se os deuses a quem serviram vossos pais, que estavam dalém do rio, ou os deuses dos amorreus, em cuja terra habitais; porém eu e a minha casa serviremos ao SENHOR" (Js 24.15).

5 "E disse Deus: Façamos o homem à nossa imagem, conforme a nossa semelhança; e domine sobre os peixes do mar, e sobre as aves dos céus, e sobre o gado, e sobre toda a terra, e sobre todo réptil que se move sobre a terra" (Gn 1.26).

6 "Assim está também escrito: O primeiro homem, Adão, foi feito em alma vivente; o último Adão, em espírito vivificante" (1 Co 15.45).

7 "E de um só fez toda a geração dos homens para habitar sobre toda a face da terra, determinando os tempos já dantes ordenados e os limites da sua habitação" (At 17.26).

8 "Vede as minhas mãos e os meus pés, que sou eu mesmo; tocai-me e vede, pois um espírito não tem carne nem ossos, como vedes que eu tenho" (Lc 24.39); "Agora, a minha alma está perturbada; e que direi eu? Pai, salva-me desta hora; mas para isso vim a esta hora" (Jo 12.27); "E, clamando Jesus com grande voz, disse: Pai, nas tuas mãos entrego o meu espírito. E, havendo dito isso, expirou" (Lc 23.46).

9 "E eu, irmãos, não vos pude falar como a espirituais, mas como a carnais, como a meninos em Cristo... porque ainda sois carnais, pois, havendo entre vós inveja, contendas e dissensões, não sois, porventura, carnais e não andais segundo os homens? Porque, dizendo um: Eu sou de Paulo; e outro: Eu, de Apolo; porventura, não sois carnais?" (1 Co 3.1,3,4).

10 "Ora, o homem natural não compreende as coisas do Espírito de Deus, porque lhe parecem loucura; e não pode entendê-las, porque elas se discernem espiritualmente" (1 Co 2.14).

11 "Mas o que é espiritual discerne bem tudo, e ele de ninguém é discernido" (1 Co 2.15).

12 "Então, disse o Senhor: Não contenderá o meu Espírito para sempre com o homem, porque ele também é carne; porém os seus dias serão cento e vinte anos" (Gn 6.3); "Porque se lembrou de que eram carne, um vento que passa e não volta" (Sl 78.39).

13 "Por isso, não desfalecemos; mas, ainda que o nosso homem exterior se corrompa, o interior, contudo, se renova de dia em dia" (2 Co 4.16).

14 "Quanto a mim, Daniel, o meu espírito foi abatido dentro do corpo, e as visões da minha cabeça me espantavam" (Dn 7.15); "E aconteceu que, saindo-se-lhe a alma (porque morreu), chamou o seu nome Benoni; mas seu pai o chamou Benjamim" (Gn 35.18).

15 "Não sabeis vós que sois o templo de Deus e que o Espírito de Deus habita em vós? Se alguém destruir o templo de Deus, Deus o destruirá; porque o templo de Deus, que sois vós, é santo" (1 Co 3.16,17); "Ou não sabeis que o nosso corpo é o templo do Espírito Santo, que habita em vós, proveniente de Deus, e que não sois de vós mesmos?" (1 Co 6.19).

16 "E o pó volte à terra, como o era, e o espírito volte a Deus, que o deu" (Ec 12.7); "E, havendo aberto o quinto selo, vi debaixo do altar as almas dos que foram mortos por amor da palavra de Deus e por amor do testemunho que deram" (Ap 6.9).

17 "E não temais os que matam o corpo e não podem matar a alma; temei, antes, aquele que pode fazer perecer no inferno a alma e o corpo" (Mt 10.28).

18 "Porque, assim como o corpo sem o espírito está morto, assim também a fé sem obras é morta" (Tg 2.26).

19 "Deus é Espírito, e importa que os que o adoram o adorem em espírito e em verdade" (Jo 4.24).

20 "Eis aqui o meu Servo, a quem sustenho, o meu Eleito, em quem se compraz a minha alma; pus o meu Espírito sobre ele; juízo produzirá entre os gentios" (Is 42.1).

21 "Disse, então, Maria: A minha alma engrandece ao Senhor, e o meu espírito se alegra em Deus, meu Salvador" (Lc 1.46,47).

22 "Amarás, pois, ao Senhor, teu Deus, de todo o teu coração, e de toda a tua alma, e de todo o teu entendimento, e de todas as tuas forças; este é o primeiro mandamento" (Mc 12.30).

23 "E ferirei de morte a seus filhos, e todas as igrejas saberão que eu sou aquele que sonda as mentes e os corações. E darei a cada um de vós segundo as vossas obras" (Ap 2.23).

24 "E formou o Senhor Deus o homem do pó da terra e soprou em seus narizes o fôlego da vida; e o homem foi feito alma vivente" (Gn 2.7).

25 "Peso da palavra do Senhor sobre Israel. Fala o Senhor, o que estende o céu, e que funda a terra, e que forma o espírito do homem dentro dele" (Zc 12.1).

26 "Com minha alma te desejei de noite e, com o meu espírito, que está dentro de mim, madrugarei a buscar-te; porque, havendo os teus juízos na terra, os moradores do mundo aprendem justiça" (Is 26.9); "Quanto a mim, Daniel, o meu espírito foi abatido dentro do corpo, e as visões da minha cabeça me espantavam" (Dn 7.15).

[27] "Mas a hora vem, e agora é, em que os verdadeiros adoradores adorarão o Pai em espírito e em verdade, porque o Pai procura a tais que assim o adorem. Deus é Espírito, e importa que os que o adoram o adorem em espírito e em verdade" (Jo 4.23, 24).

[28] "Que farei, pois? Orarei com o espírito, mas também orarei com o entendimento; cantarei com o espírito, mas também cantarei com o entendimento" (1 Co 14.15).

[29] "Porque a graça de Deus se há manifestado, trazendo salvação a todos os homens" (Tt 2.11).

[30] "Todas as almas, pois, que descenderam de Jacó foram setenta almas; José, porém, estava no Egito" (Êx 1.5); "Toda alma esteja sujeita às autoridades superiores; porque não há autoridade que não venha de Deus; e as autoridades que há foram ordenadas por Deus" (Rm 13.1).

[31] "Que está na sua mão a alma de tudo quanto vive, e o espírito de toda carne humana?" (Jó 12.10); "Quem achar a sua vida perdê-la-á; e quem perder a sua vida por amor de mim achá-la-á" (Mt 10.39).

[32] "E o povo falou contra Deus e contra Moisés: Por que nos fizestes subir do Egito, para que morrêssemos neste deserto? Pois, aqui, nem pão nem água há; e a nossa alma tem fastio deste pão tão vil" (Nm 21.5); "Quando o SENHOR, teu Deus, dilatar os teus termos como te disse, e disseres: Comerei carne, porquanto a tua alma tem desejo de comer carne; conforme todo desejo da tua alma, comerás carne" (Dt 12.20).

[33] "Alegra a alma do teu servo, pois a ti, Senhor, levanto a minha alma" (Sl 86.4).

[34] "Um homem a quem Deus deu riquezas, fazenda e honra, e nada lhe falta de tudo quanto a sua alma deseja, mas Deus não lhe dá poder para daí comer; antes, o estranho lho come; também isso é vaidade e má enfermidade" (Ec 6.2); "A alma do ímpio deseja o mal; o seu próximo não agrada aos seus olhos" (Pv 21.10).

[35] "Porventura, não chorei sobre aquele que estava aflito, ou não se angustiou a minha alma pelo necessitado?" (Jó 30.25).

[36] "Eu te louvarei, porque de um modo terrível e tão maravilhoso fui formado; maravilhosas são as tuas obras, e a minha alma o sabe muito bem" (Sl 139.14).

[37] "Dize-me, ó tu, a quem ama a minha alma: onde apascentas o teu rebanho, onde o recolhes pelo meio-dia, pois por que razão seria eu como a que erra ao pé dos rebanhos de teus companheiros?" (Ct 1.7).

[38] "Pelo que a minha alma escolheria, antes, a estrangulação; e, antes, a morte do que estes meus ossos" (Jó 7.15).

[39] "No seu secreto conselho, não entre minha alma; com a sua congregação, minha glória não se ajunte; porque, no seu furor, mataram varões e, na sua teima, arrebataram bois" (Gn 49.6).

[40] "E Deus criou as grandes baleias, e todo réptil de alma vivente que as águas abundantemente produziram conforme as suas espécies, e toda ave de asas conforme a sua espécie. E viu Deus que era bom" (Gn 1.21); "E formou o SENHOR Deus o homem do pó da terra e soprou em seus narizes o fôlego da vida; e o homem foi feito alma vivente" (Gn 2.7).

[41] "Porquanto é a alma de toda a carne; o seu sangue é pela sua alma; por isso, tenho dito aos filhos de Israel: Não comereis o sangue de nenhuma carne, porque a alma de toda a carne é o seu sangue; qualquer que o comer será extirpado" (Lv 17.14).

[42] "E formou o SENHOR Deus o homem do pó da terra e soprou em seus narizes o fôlego da vida; e o homem foi feito alma vivente" (Gn 2.7); "O Espírito de Deus me fez; e a inspiração do Todo-poderoso me deu vida" (Jó 33.4).

[43] "Porque o que sucede aos filhos dos homens, isso mesmo também sucede aos animais; a mesma coisa lhes sucede: como morre um, assim morre o outro, todos têm o mesmo fôlego; e a vantagem dos homens sobre os animais não é nenhuma, porque todos são vaidade. Todos vão para um lugar; todos são pó e todos ao pó tornarão. Quem adverte que o fôlego dos filhos dos homens sobe para cima e que o fôlego dos animais desce para baixo da terra?" (Ec 3.19-21).

[44] "E aconteceu que, saindo-se-lhe a alma (porque morreu), chamou o seu nome Benoni; mas seu pai o chamou Benjamim" (Gn 35.18); "Porque, assim como o corpo sem o espírito está morto, assim também a fé sem obras é morta" (Tg 2.23).

[45] "E disse ele: Rogo-te, pois, ó pai, que o mandes à casa de meu pai, pois tenho cinco irmãos, para que lhes dê testemunho, a fim de que não venham também para este lugar de tormento. Disse-lhe Abraão: Eles têm Moisés e os Profetas; ouçam-nos" (Lc 16.27-29).

[46] "Na verdade, na verdade vos digo que quem ouve a minha palavra e crê naquele que me enviou tem a vida eterna e não entrará em condenação, mas passou da morte para a vida" (Jo 5.24); "E vos vivificou, estando vós mortos em ofensas e pecados" (Ef 2.1).

[47] "E irão estes para o tormento eterno, mas os justos, para a vida eterna" (Mt 25.46); "E os que fizeram o bem sairão para a ressurreição da vida; e os que fizeram o mal, para a ressurreição da condenação" (Jo 5.29).

[48] "E, havendo aberto o quinto selo, vi debaixo do altar as almas dos que foram mortos por amor da palavra de Deus e por amor do testemunho que deram. E clamavam com grande voz, dizendo: Até quando, ó verdadeiro e santo Dominador, não julgas e vingas o nosso sangue dos que habitam sobre a terra? E a cada um foi dada uma comprida veste branca e foi-lhes dito que repousassem ainda um pouco de tempo, até que também se completasse o número de seus conservos e seus irmãos que haviam de ser mortos como eles foram" (Ap 6.9-11).

CAPÍTULO VIII

Sobre as *criaturas espirituais*

CREMOS, professamos e ensinamos que os anjos são uma ordem sobrenatural de seres celestiais criados[1] por Deus antes da fundação do mundo.[2] Que eles são seres espirituais: "*Não são, porventura, todos eles espíritos ministradores, enviados para servir a favor daqueles que hão de herdar a salvação?*" (Hb 1.14). O termo "anjo" significa "mensageiro"; nas línguas originais, hebraico e grego, era usado para designar seres celestiais, seres terrestres, como os humanos[3] e também para designar os anjos maus.[4] Os anjos são organizados em milícias espirituais que povoam os céus: "*E, no mesmo instante, apareceu com o anjo uma multidão dos exércitos celestiais, louvando a Deus e dizendo*" (Lc 2.13). Eles não são meras figuras de retórica, nem emanações cósmicas, mas são reais e habitam os céus. Jesus disse: "*os seus anjos nos céus sempre veem a face de meu Pai que está nos céus*" (Mt 18.10). De todas as criaturas, os anjos e os homens possuem uma natureza racional e espiritual que os torna superiores às demais criaturas irracionais.

1. Seus nomes. No Antigo Testamento, os anjos são chamados de "santos": *"resplandeceu desde o monte Parã e veio com dez milhares de santos; à sua direita havia para eles o fogo da lei"* (Dt 33.2); vigia ou vigilante: *"e eis que um vigia, um santo, descia do céu"* (Dn 4.13); exército ou exércitos: *"Louvai-o, todos os seus anjos; louvai-o, todos os seus exércitos"* (Sl 148.2); anjos, tronos, dominações, principados, potestades: *"todas as coisas que há nos céus e na terra, visíveis e invisíveis, sejam tronos, sejam dominações, sejam principados, sejam potestades"* (Cl 1.16). Entendemos que esses seres espirituais podem ser bons ou maus.[5] O Anjo do SENHOR no Antigo Testamento é, muitas vezes, identificado com o próprio Deus,[6] pois Deus manifesta-se também na forma angelical. Às vezes, porém, é distinto dele, pois Deus fala com o anjo do Senhor,[7] e o anjo do Senhor fala com Deus.[8] Esse anjo do Senhor também aparece no Antigo Testamento como uma manifestação pré-encarnada de Jesus.[9]

2. Sua natureza. Os anjos são criaturas espirituais com poderes extraordinários: *"Bendizei ao SENHOR, anjos seus, magníficos em poder"* (Sl 103.20); estão acima dos seres humanos: *"Enquanto os anjos, sendo maiores em força e poder"* (2 Pe 2.11); tem *status* superior aos humanos[10], além de mais conhecimento.[11] Todavia, não são ilimitados, pois são criaturas e não conheciam os planos eternos de Deus.[12] Eles não são oniscientes.[13] Eles recusam adoração;[14] antes, adoram a Deus e a Cristo.[15] Os anjos são seres espirituais e invisíveis aos olhos humanos,[16] mas podem manifestar-se de forma visível de acordo com a vontade de Deus.[17] Eles não possuem corpo físico ou material, porém são apresentados como seres pessoais e morais.[18] Suas aparições em forma humana[19] são aparências assumidas ocasionalmente em forma angelofânica.[20] Existem grandes multidões de anjos no céu,[21] mas apenas Gabriel[22] e Miguel[23] são identificados por nome na Bíblia. Os anjos não estão sujeitos à morte e jamais deixarão de existir,[24] mas também não se reproduzem.[25]

*3. **Seus ofícios.*** Os anjos são obedientes a Deus: "*anjos seus, magníficos em poder, que cumpris as suas ordens, obedecendo à voz da sua palavra*" (Sl 103.20). Eles louvam e glorificam a Deus tanto no céu[26] como na terra, assim como aconteceu por ocasião do nascimento de Jesus.[27] Eles intermediaram a entrega da Lei no Monte Sinai.[28] Estão presentes nos cultos[29] e observam a nossa vida.[30] Esses seres angelicais executam as obras de Deus tanto no julgamento dos inimigos do povo de Deus[31] como também dos crentes quando estes desobedecem a Deus.[32]Eles revelam e comunicam a mensagem de Deus aos seres humanos. Há inúmeros fatos dessa natureza nas Escrituras, como o anúncio a Zacarias sobre o nascimento de João Batista[33] e a Maria, sobre o nascimento do Senhor Jesus.[34] Esses mensageiros celestiais assistiram os apóstolos Pedro[35] e Paulo[36] e o próprio Senhor Jesus Cristo.[37] Foram eles que anunciaram às mulheres a ressurreição de Jesus[38] e estiveram presentes na sua ascensão.[39] Os anjos estão associados à vinda de Cristo,[40] pois eles acompanharão o Senhor Jesus na sua volta,[41] que enviará os seus anjos para separar o trigo do joio[42] e para ajuntar os escolhidos no fim dos tempos: "*E ele enviará os seus anjos com rijo clamor de trombeta, os quais ajuntarão os seus escolhidos desde os quatro ventos, de uma à outra extremidade dos céus*" (Mt 24.31). Eles trabalham a favor dos que temem a Deus:[43] um anjo livrou os apóstolos da prisão;[44] disse a Filipe para ir ao deserto[45] e levou uma mensagem de Deus para Cornélio.[46] A Bíblia mostra diversas vezes os anjos socorrendo os servos e as servas de Deus em suas lutas e dificuldades.[47] São eles que transportam os salvos ao seu destino final na sua morte.[48]

4. O anjo da guarda. A ideia de que todas as pessoas possuem um anjo da guarda designado para acompanhá-las durante toda a sua vida não tem sustentação bíblica. Tal pensamento vem da tradição judaica antiga; e não é somente isso. Segundo essa tradição, o suposto anjo da guarda assume a semelhança da pessoa que a acompanha. Note que a menina Rode conheceu "*a voz de Pedro*" (At 12.14); os discípulos, no entanto, interpretaram como o "*seu anjo*" (At 12.15). Outra passagem bíblica que parece fundamentar a ideia de anjo da guarda é: "*Vede, não desprezeis algum destes pequeninos, porque eu vos digo que os seus anjos nos céus sempre veem a face de meu Pai que está nos céus*" (Mt 18.10). Aqui, porém, temos a informação de que os anjos estão na presença de Deus, adorando e louvando ao Pai, e não que cuidam individualmente das pessoas neste mundo.

5. A organização angelical. Os anjos acham-se organizados de forma hierárquica através de graduações que revelam níveis de autoridade. Essas graduações são percebidas pelo tipo de atividade que os anjos exercem no universo e na presença de Deus. Os arcanjos são maiorais dos anjos, como o prefixo "arc" sugere. Isso indica um ser angelical que exerce um papel de maioral, de príncipe, como um "primeiro-ministro" em governos terrenos. Miguel é um deles,[49] o guardião do povo de Israel.[50] A declaração bíblica "*e eis que Miguel, um dos primeiros príncipes*" em Daniel 10.13 mostra que existe uma ordem de arcanjos. Os querubins fazem parte de uma ordem angelical e, no livro do profeta Ezequiel, eles aparecem como criaturas simbólicas na aparência, com características humanas e animais.[51] O termo "querubim", plural de *kerub*, na Bíblia Hebraica, vem de um verbo que quer dizer: "bendizer, louvar, adorar". Eles aparecem pela primeira vez na Bíblia como guardiões do jardim do Éden.[52] Eles, porém, representam a presença, a grandeza e a majestade de Deus.[53] A Bíblia ensina que Deus habita entre os querubins.[54] Os serafins são outra ordem elevada de anjos parecida com os querubins. O termo "serafim" significa "flamejantes, ardentes, brilhantes, refulgentes". Eles estão diretamente ligados ao serviço de adoração e louvor a Deus.[55]

*6. **Os anjos decaídos.*** São os que se rebelaram contra Deus.[56] Eles foram criados por Deus e eram originalmente bons e, assim como o ser humano, dotados de livre-arbítrio; porém, sob a direção de Satanás, eles pecaram e rebelaram-se contra Deus, tornando-se maus.[57] São identificados como "espíritos imundos"[58] "espíritos malignos",[59] "demônios".[60] Eles são espíritos maus desprovidos de corpos, capazes de possuir corpos humanos[61] e de animais:[62] Satanás, o maioral deles, entrou em Judas Iscariotes;[63] Maria Madalena estava possessa por sete demônios.[64] São as chamadas possessões demoníacas.[65] Os efeitos dessas possessões são evidenciados por loucura com manifestação de força maligna incomum para a autodestruição. Quem está sob influência de um demônio não é senhor de si mesmo, e o espírito imundo leva a pessoa aonde quer[66] e fala pelos seus lábios[67] ou os emudece.[68] Há outras evidências dessas possessões, como mudez e surdez,[69] cegueira e surdez,[70] além de convulsões.[71] Quando a Bíblia fala sobre "espírito de enfermidade", não está fazendo referência a um tipo de demônio, e sim a uma ação demoníaca que pode provocar uma enfermidade e aprisionar as pessoas.[72] As enfermidades nem sempre são possessão maligna; às vezes, trata-se de um problema de ordem física. Jesus disse: "*eis que eu expulso demônios, e efetuo curas, hoje e amanhã*" (Lc 13.32). Há, aqui, distinção entre doença e possessão demoníaca. Apesar de seus poderes sobrenaturais, os demônios nada podem fazer diante do poder de Jesus de Nazaré[73] e nem dos crentes fiéis em Jesus: "*Sabemos que todo aquele que é nascido de Deus não vive pecando; mas o que de Deus é gerado conserva-se a si mesmo, e o maligno não* *lhe toca"* (1 Jo 5.18). Além disso, nós recebemos autoridade para expulsá-los em nome de Jesus.[74]

*7. **O maioral dos demônios.*** Trata-se do inimigo de Deus e dos seres humanos, que a Bíblia chama de Satanás, opositor,[75] Diabo,[76] Inimigo,[77] Belzebu, príncipe dos demônios,[78] Tentador,[79] Grande Dragão, a Antiga Serpente,[80] Pai da mentira,[81] entre outros. Ele foi criado perfeito[82] e era *"o selo da simetria e a perfeição da sabedoria e da formosura"* (Ez 28.12 – TB), mas o seu orgulho levou-o a considerar-se igual a Deus: *"Subirei acima das mais altas nuvens e serei semelhante ao Altíssimo"* (Is 14.14). E assim, ele foi expulso do céu: *"Como caíste do céu, ó estrela da manhã, filha da alva!"* (Is 14.12). A Vulgata Latina emprega "Lúcifer", termo latino que significa "portador de luz", para "filho da alva". Ele foi expulso do céu com a legião de anjos que se rebelou junto com ele.[83] O *modus operandi* dos demônios e do seu maioral é a mentira, o erro[84] e o engano.[85] A mentira é uma das características da natureza satânica. Jesus disse que o Diabo é o pai da mentira: "[...] *ele foi homicida desde o princípio e não se firmou na verdade, porque não há verdade nele; quando ele profere mentira, fala do que lhe é próprio, porque é mentiroso e pai da mentira"* (Jo 8.44). Com o engano, ele começou as suas atividades contra o ser humano.[86] É com essa arma que ele e seus agentes seduzem as pessoas: *"E foi precipitado o grande dragão, a antiga serpente, chamada o diabo e Satanás, que engana todo o mundo; ele foi precipitado na terra, e os seus anjos foram lançados com ele"* (Ap 12.9). O poder de Deus sobre Satanás e seus demônios é total e absoluto.[87] Jesus venceu o Diabo logo no início do seu ministério terreno,[88] e o Reino de Deus foi manifestado também pela expulsão de demônios.[89] Os demônios sabem quem é Jesus[90] e reconhecem que Ele é o Filho de Deus;[91] entretanto, milhões de homens e mulheres ainda não descobriram essa verdade. Esses espíritos imundos conhecem a grandeza do poder de Jesus a ponto de nem mesmo o maioral deles poder confrontá-lo. Jesus disse que Satanás já está julgado: *"e do juízo, porque já o príncipe deste mundo está julgado"* (Jo 16.11), aguardando o dia do tormento eterno no lago de fogo, tão temido pelos demônios.[92]

---

1 "Tu só és SENHOR, tu fizeste o céu, o céu dos céus e todo o seu exército, a terra e tudo quanto nela há, os mares e tudo quanto neles há; e tu os guardas em vida a todos, e o exército dos céus te adora" (Ne 9.6); "Louvai-o, todos os seus anjos; louvai-o, todos os seus exércitos [...]. Que louvem o nome do SENHOR, pois mandou, e logo foram criados" (Sl 148.2,5).

2 "Sobre que estão fundadas as suas bases, ou quem assentou a sua pedra de esquina, quando as estrelas da alva juntas alegremente cantavam, e todos os filhos de Deus rejubilavam?" (Jó 38.6,7).

3 "Como está escrito no profeta Isaías: Eis que eu envio o meu anjo ante a tua face, o qual preparará o teu caminho diante de ti" (Mc 1.2).

4 "Porque, se Deus não perdoou aos anjos que pecaram, mas, havendo-os lançado no inferno, os entregou às cadeias da escuridão, ficando reservados para o Juízo" (2 Pe 2.4).

5 "Porque estou certo de que nem a morte, nem a vida, nem os anjos, nem os principados, nem as potestades, nem o presente, nem o porvir" (Rm 8.38); "Porque não temos que lutar contra carne e sangue, mas, sim, contra os principados, contra as potestades, contra os príncipes das trevas deste século, contra as hostes espirituais da maldade, nos lugares celestiais" (Ef 6.12).

6 "E apareceu-lhe o Anjo do SENHOR em uma chama de fogo, no meio de uma sarça; e olhou, e eis que a sarça ardia no fogo, e a sarça não se consumia. E Moisés disse: Agora me virarei para lá e verei esta grande visão, porque a sarça se não queima. E, vendo o SENHOR que se virava para lá a ver, bradou Deus a ele do meio da sarça e disse: Moisés! Moisés! E ele disse: Eis-me aqui" (Êx 3.2-4).

7 "Estendendo, pois, o Anjo a sua mão sobre Jerusalém, para a destruir, o SENHOR se arrependeu daquele mal; e disse ao Anjo que fazia a destruição entre o povo: Basta, agora retira a tua mão. E o Anjo do SENHOR estava junto à eira de Araúna, o jebuseu" (2 Sm 24.16).

8 "Então, o anjo do SENHOR respondeu e disse: Ó SENHOR dos Exércitos, até quando não terás compaixão de Jerusalém e das cidades de Judá, contra as quais estiveste irado estes setenta anos?" (Zc 1.12).

9 "Mas o Anjo do SENHOR lhe bradou desde os céus e disse: Abraão, Abraão! E ele disse: Eis-me aqui. Então, disse: Não estendas a tua mão sobre o moço e não lhe faças nada; porquanto agora sei que temes a Deus e não me negaste o teu filho, o teu único" (Gn 22.11,12); "Abraão, vosso pai, exultou por ver o meu dia, e viu-o, e alegrou-se" (Jo 8.56).

10 "Que é o homem mortal para que te lembres dele? E o filho do homem, para que o visites? Contudo, pouco menor o fizeste do que os anjos e de glória e de honra o coroaste" (Sl 8.4,5).

11 "Para que eu virasse a forma deste negócio, Joabe, teu servo, fez isso; porém sábio é meu senhor, conforme a sabedoria de um anjo de Deus, para entender tudo o que há na terra" (2 Sm 14.20).

12 "E demonstrar a todos qual seja a dispensação do mistério, que, desde os séculos, esteve oculto em Deus, que tudo criou" (Ef 3.9).

13 "A eles foi revelado que, não para si mesmos, mas para vós outros, ministravam as coisas que, agora, vos foram anunciadas por aqueles que, pelo Espírito Santo enviado do céu, vos pregaram o evangelho, coisas essas que anjos anelam perscrutar" (1 Pe 1.12 – Versão Almeida Atualizada).

14 "E eu lancei-me a seus pés para o adorar, mas ele disse-me: Olha, não faças tal; sou teu conservo e de teus irmãos que têm o testemunho de Jesus; adora a Deus; porque o testemunho de Jesus é o espírito de profecia" (Ap 19.10); "E eu, João, sou aquele que vi e ouvi estas coisas. E, havendo-as ouvido e visto, prostrei-me aos pés do anjo que mas mostrava para o adorar. E disse-me: Olha, não faças tal, porque eu sou conservo teu e de teus irmãos, os profetas, e dos que guardam as palavras deste livro. Adora a Deus" (Ap 22.8,9).

15 "E todos os anjos estavam ao redor do trono, e dos anciãos, e dos quatro animais; e prostraram-se diante do trono sobre seu rosto e adoraram a Deus" (Ap 7.11); "E, quando outra vez introduz no mundo o Primogênito, diz: E todos os anjos de Deus o adorem" (Hb 1.6). "E olhei e ouvi a voz de muitos anjos ao redor do trono, e dos animais, e dos anciãos; e era o número deles milhões de milhões e milhares de milhares, que com grande voz diziam: Digno é o Cordeiro, que foi morto, de receber o poder, e riquezas, e sabedoria, e força, e honra, e glória, e ações de graças" (Ap 5.11,12).

16 "O anjo do Senhor acampa-se ao redor dos que o temem, e os livra" (Sl 34.7).

17 "Então, um anjo do Senhor lhe apareceu, posto em pé, à direita do altar do incenso [...]. E, respondendo o anjo, disse-lhe: Eu sou Gabriel, que assisto diante de Deus, e fui enviado a falar-te e dar-te estas alegres novas" (Lc 1.11,19).

18 "Não são, porventura, todos eles espíritos ministradores, enviados para servir a favor daqueles que hão de herdar a salvação?" (Hb 1.14).

19 "E vieram os dois anjos a Sodoma à tarde, e estava Ló assentado à porta de Sodoma; e, vendo-os Ló, levantou-se ao seu encontro e inclinou-se com o rosto à terra. E disse: Eis agora, meus senhores, entrai, peço-vos, em casa de vosso servo, e passai nela a noite, e lavai os vossos pés; e de madrugada vos levantareis e ireis vosso caminho. E eles disseram: Não! Antes, na rua passaremos a noite. E porfiou com eles muito, e vieram com ele e entraram em sua casa; e fez-lhes banquete e cozeu bolos sem levedura, e comeram" (Gn 19.1-3); "Não vos esqueçais da hospitalidade, porque, por ela, alguns, não o sabendo, hospedaram anjos" (Hb 13.2).

20 "Então, a mulher entrou e falou a seu marido, dizendo: Um homem de Deus veio a mim, cuja vista era semelhante à vista de um anjo de Deus, terribilíssima; e não lhe perguntei de onde era, nem ele me disse o seu nome" (Jz 13.6).

21 "Mas chegastes ao monte Sião, e à cidade do Deus vivo, à Jerusalém celestial, e aos muitos milhares de anjos" (Hb 12.22); "E olhei e ouvi a voz de muitos anjos ao redor do trono, e dos animais, e dos anciãos; e era o número deles milhões de milhões e milhares de milhares" (Ap 5.11).

22 "E, no sexto mês, foi o anjo Gabriel enviado por Deus a uma cidade da Galileia, chamada Nazaré" (Lc 1.26).

23 "Mas o arcanjo Miguel, quando contendia com o diabo e disputava a respeito do corpo de Moisés, não ousou pronunciar juízo de maldição contra ele; mas disse: O Senhor te repreenda" (Jd 9).

24 "Porque já não podem mais morrer, pois são iguais aos anjos e são filhos de Deus, sendo filhos da ressurreição" (Lc 20.36).

25 "Porquanto, quando ressuscitarem dos mortos, nem casarão, nem se darão em casamento, mas serão como os anjos nos céus" (Mc 12.25).

26 "Louvai-o, todos os seus anjos; louvai-o, todos os seus exércitos" (Sl 148.2); "E todos os anjos estavam ao redor do trono, e dos anciãos, e dos quatro animais; e prostraram-se diante do trono sobre seu rosto e adoraram a Deus, dizendo: Amém! Louvor, e glória, e sabedoria, e ações de graças, e honra, e poder, e força ao nosso Deus, para todo o sempre. Amém!" (Ap 7.11,12).

27 "E, no mesmo instante, apareceu com o anjo uma multidão dos exércitos celestiais, louvando a Deus e dizendo: Glória a Deus nas alturas, paz na terra, boa vontade para com os homens!" (Lc 2.13,14).

28 "Vós que recebestes a lei por ordenação dos anjos e não a guardastes" (At 7.53); "Logo, para que é a lei? Foi ordenada por causa das transgressões, até que viesse a posteridade a quem a promessa tinha sido feita, e foi posta pelos anjos na mão de um medianeiro" (Gl 3.19).

29 "Portanto, a mulher deve ter sobre a cabeça sinal de poderio, por causa dos anjos" (1 Co 11.10).

30 "Porque tenho para mim que Deus a nós, apóstolos, nos pôs por últimos, como condenados à morte; pois somos feitos espetáculo ao mundo, aos anjos e aos homens" (1 Co 4.9); "Conjuro-te, diante de Deus, e do Senhor Jesus Cristo, e dos anjos eleitos, que, sem prevenção, guardes estas coisas, nada fazendo por parcialidade" (1 Tm 5.21).

31 "Sucedeu, pois, que naquela mesma noite, saiu o anjo do Senhor e feriu no arraial dos assírios a cento e oitenta e cinco mil deles; e, levantando-se pela manhã cedo, eis que todos eram corpos mortos" (2 Rs 19.35); "No mesmo instante, feriu-o o anjo do Senhor, porque não deu glória a Deus; e, comido de bichos, expirou" (At 12.23).

32 "E, levantando Davi os seus olhos, viu o anjo do SENHOR, que estava entre a terra e o céu, com a espada desembainhada na sua mão estendida contra Jerusalém; então, Davi e os anciãos, cobertos de panos de saco, se prostraram sobre os seus rostos" (1 Cr 21.16).

33 "Mas o anjo lhe disse: Zacarias, não temas, porque a tua oração foi ouvida, e Isabel, tua mulher, dará à luz um filho, e lhe porás o nome de João" (Lc 1.13).

34 "E, no sexto mês, foi o anjo Gabriel enviado por Deus a uma cidade da Galileia, chamada Nazaré, a uma virgem desposada com um varão cujo nome era José, da casa de Davi; e o nome da virgem era Maria" (Lc 1.26,27).

35 "E eis que sobreveio o anjo do Senhor, e resplandeceu uma luz na prisão; e, tocando a Pedro no lado, o despertou, dizendo: Levanta-te depressa! E caíram-lhe das mãos as cadeias. E disse-lhe o anjo: Cinge-te e ata as tuas sandálias. E ele o fez assim. Disse-lhe mais: Lança às costas a tua capa e segue-me" (At 12.7,8).

36 "Porque, esta mesma noite, o anjo de Deus, de quem eu sou e a quem sirvo, esteve comigo" (At 27.23).

37 "E ali esteve no deserto quarenta dias, tentado por Satanás. E vivia entre as feras, e os anjos o serviam" (Mc 1.13); "E apareceu-lhe um anjo do céu, que o confortava" (Lc 22.43).

38 "Mas o anjo, respondendo, disse às mulheres: Não tenhais medo; pois eu sei que buscai a Jesus, que foi crucificado. Ele não está aqui, porque já ressuscitou, como tinha dito. Vinde e vede o lugar onde o Senhor jazia" (Mc 28.5,6).

39 "E, estando com os olhos fitos no céu, enquanto ele subia, eis que junto deles se puseram dois varões vestidos de branco, os quais lhes disseram: Varões galileus, por que estais olhando para o céu? Esse Jesus, que dentre vós foi recebido em cima no céu, há de vir assim como para o céu o vistes ir" (At 1.10,11).

40 "Porque o mesmo Senhor descerá do céu com alarido, e com voz de arcanjo, e com a trombeta de Deus; e os que morreram em Cristo ressuscitarão primeiro" (1 Ts 4.16).

41 "E, quando o Filho do Homem vier em sua glória, e todos os santos anjos, com ele, então, se assentará no trono da sua glória" (Mt 25.31).

42 "O inimigo que o semeou é o diabo; e a ceifa é o fim do mundo; e os ceifeiros são os anjos. Assim como o joio é colhido e queimado no fogo, assim será na consumação deste mundo. Mandará o Filho do Homem os seus anjos, e eles colherão do seu Reino tudo o que causa escândalo e os que cometem iniquidade" (Mt 13.39-41).

43 "O anjo do SENHOR acampa-se ao redor dos que o temem, e os livra" (Sl 34.7); "Porque aos seus anjos dará ordem a teu respeito, para te guardarem em todos os teus caminhos. Eles te sustentarão nas suas mãos, para que não tropeces com o teu pé em pedra" (Sl 91.11,12).

44 "Mas, de noite, um anjo do Senhor abriu as portas da prisão e, tirando-os para fora, disse" (At 5.19). "E Pedro, tornando a si, disse: Agora, sei, verdadeiramente, que o Senhor enviou o seu anjo e me livrou da mão de Herodes e de tudo o que o povo dos judeus esperava" (At 12.11).

45 "E o anjo do Senhor falou a Filipe, dizendo: Levanta-te e vai para a banda do Sul, ao caminho que desce de Jerusalém para Gaza, que está deserto" (At 8.26).

46 "Este, quase à hora nona do dia, viu claramente numa visão um anjo de Deus, que se dirigia para ele e dizia: Cornélio!" (At 10.3); "E contou-nos como vira em pé um anjo em sua casa, e lhe dissera: Envia varões a Jope e manda chamar a Simão, que tem por sobrenome Pedro" (At 11.13).

47 "Não são, porventura, todos eles espíritos ministradores, enviados para servir a favor daqueles que hão de herdar a salvação?" (Hb 1.14).

48 "E aconteceu que o mendigo morreu e foi levado pelos anjos para o seio de Abraão; e morreu também o rico e foi sepultado" (Lc 16.22).

49 "Mas o arcanjo Miguel, quando contendia com o diabo e disputava a respeito do corpo de Moisés, não ousou pronunciar juízo de maldição contra ele; mas disse: O Senhor te repreenda" (Jd 9).

50 "E, naquele tempo, se levantará Miguel, o grande príncipe, que se levanta pelos filhos do teu povo, e haverá um tempo de angústia, qual nunca houve, desde que houve nação até àquele tempo; mas, naquele tempo, livrar-se-á o teu povo, todo aquele que se achar escrito no livro" (Dn 12.1).

51 "E, do meio dela, saía a semelhança de quatro animais; e esta era a sua aparência: tinham a semelhança de um homem. E cada um tinha quatro rostos, como também cada um deles, quatro asas" (Ez 1.5,6); "E cada um tinha quatro rostos: o rosto do primeiro era rosto de querubim, e o

rosto do segundo era rosto de homem, e do terceiro era rosto de leão, e do quarto, rosto de águia. E os querubins se elevaram ao alto; estes são os mesmos animais que vi junto ao rio Quebar" (Ez 10.14,15).

52 "E, havendo lançado fora o homem, pôs querubins ao oriente do jardim do Éden e uma espada inflamada que andava ao redor, para guardar o caminho da árvore da vida" (Gn 3.24).

53 "Então, os querubins elevaram as suas asas, e as rodas as acompanhavam; e a glória do Deus de Israel estava no alto, sobre eles" (Ez 11.22).

54 "E, então, Davi, com todo o Israel, subiu a Baalá e dali a Quiriate-Jearim, que está em Judá, para fazer subir dali a arca de Deus, o SENHOR que habita entre os querubins, sobre a qual é invocado o seu nome" (1 Cr 13.6).

55 "Os serafins estavam acima dele; cada um tinha seis asas: com duas cobriam o rosto, e com duas cobriam os pés, e com duas voavam. E clamavam uns para os outros, dizendo: Santo, Santo, Santo é o SENHOR dos Exércitos; toda a terra está cheia da sua glória" (Is 6.2,3).

56 "Porque, se Deus não perdoou aos anjos que pecaram, mas, havendo-os lançado no inferno, os entregou às cadeias da escuridão, ficando reservados para o Juízo" (2 Pe 2.4); "e aos anjos que não guardaram o seu principado, mas deixaram a sua própria habitação, reservou na escuridão e em prisões eternas até ao juízo daquele grande Dia" (Jd 6).

57 "E foi precipitado o grande dragão, a antiga serpente, chamada o diabo e Satanás, que engana todo o mundo; ele foi precipitado na terra, e os seus anjos foram lançados com ele" (Ap 12.9).

58 "Pois que os espíritos imundos saíam de muitos que os tinham, clamando em alta voz; e muitos paralíticos e coxos eram curados" (At 8.7).

59 "De sorte que até os lenços e aventais se levavam do seu corpo aos enfermos, e as enfermidades fugiam deles, e os espíritos malignos saíam" (At 19.12).

60 "E, convocando os seus doze discípulos, deu-lhes virtude e poder sobre todos os demônios e para curarem enfermidades" (Lc 9.1).

61 "Quando o espírito imundo tem saído do homem, anda por lugares secos, buscando repouso; e, não o achando, diz: Tornarei para minha casa, de onde saí. E, chegando, acha-a varrida e adornada. Então, vai e leva consigo outros sete espíritos piores do que ele; e, entrando, habitam ali; e o último estado desse homem é pior do que o primeiro" (Lc 11.24-26).

62 "E todos aqueles demônios lhe rogaram, dizendo: Manda-nos para aqueles porcos, para que entremos neles. E Jesus logo lho permitiu. E, saindo aqueles espíritos imundos, entraram nos porcos; e a manada se precipitou por um despenhadeiro no mar (eram quase dois mil) e afogou-se no mar" (Mc 5.12-13).

63 "Entrou, porém, Satanás em Judas, que tinha por sobrenome Iscariotes, o qual era do número dos doze" (Lc 22.3).

64 "E também algumas mulheres que haviam sido curadas de espíritos malignos e de enfermidades: Maria, chamada Madalena, da qual saíram sete demônios" (Lc 8.2).

65 "E, quando desceu para terra, saiu-lhe ao encontro, vindo da cidade, um homem que, desde muito tempo, estava possesso de demônios e não andava vestido nem habitava em qualquer casa, mas nos sepulcros" (Lc 8.27).

66 "E, saindo ele do barco, lhe saiu logo ao seu encontro, dos sepulcros, um homem com espírito imundo, o qual tinha a sua morada nos sepulcros, e nem ainda com cadeias o podia alguém prender. Porque, tendo sido muitas vezes preso com grilhões e cadeias, as cadeias foram por ele feitas em pedaços, e os grilhões, em migalhas, e ninguém o podia amansar. E andava sempre, de dia e de noite, clamando pelos montes e pelos sepulcros e ferindo-se com pedras" (Mc 5.2-5).

67 "E estava na sinagoga deles um homem com um espírito imundo, o qual exclamou, dizendo: Ah! Que temos contigo, Jesus Nazareno? Vieste destruir-nos? Bem sei quem és: o Santo de Deus. E repreendeu-o Jesus, dizendo: Cala-te e sai dele" (Mc 1.23-25).

68 "E um da multidão, respondendo, disse: Mestre, trouxe-te o meu filho, que tem um espírito mudo" (Mc 9.17).

69 "E Jesus, vendo que a multidão concorria, repreendeu o espírito imundo, dizendo-lhe: Espírito mudo e surdo, eu te ordeno: sai dele e não entres mais nele" (Mc 9.25).

70 "Trouxeram-lhe, então, um endemoninhado cego e mudo; e, de tal modo o curou, que o cego e mudo falava e via" (Mt 12.22).

71 "E, quando vinha chegando, o demônio o derribou e convulsionou; porém Jesus repreendeu o espírito imundo, e curou o menino, e o entregou a seu pai" (Lc 9.42).

72 "E eis que estava ali uma mulher que tinha um espírito de enfermidade havia já dezoito anos; e andava curvada e não podia de modo algum endireitar-se" (Lc 13.11).

73 "E repreendeu-o Jesus, dizendo: Cala-te e sai dele. Então, o espírito imundo, agitando-o e clamando com grande voz, saiu dele" (Mc 1.25,26); "E, quando viu a Jesus, prostrou-se diante dele, exclamando e dizendo com alta voz: Que tenho eu contigo Jesus, Filho do Deus Altíssimo? Peço-te que não me atormentes" (Lc 8.28).

74 "Curai os enfermos, limpai os leprosos, ressuscitai os mortos, expulsai os demônios; de graça recebestes, de graça dai" (Mt 10.8); "E estes sinais seguirão aos que crerem: em meu nome, expulsarão demônios; falarão novas línguas" (Mc 16.17).

75 "E me mostrou o sumo sacerdote Josué, o qual estava diante do anjo do SENHOR, e Satanás estava à sua mão direita, para se lhe opor" (Zc 3.1).

76 "Então, foi conduzido Jesus pelo Espírito ao deserto, para ser tentado pelo diabo" (Mc 4.1).

77 "O inimigo que o semeou é o diabo; e a ceifa é o fim do mundo; e os ceifeiros são os anjos" (Mt 13.39).

78 "Mas os fariseus, ouvindo isso, diziam: Este não expulsa os demônios senão por Belzebu, príncipe dos demônios" (Mt 12.24).

79 "E, chegando-se a ele o tentador, disse: Se tu és o Filho de Deus, manda que estas pedras se tornem em pães" (Mt 4.3).

80 "E foi precipitado o grande dragão, a antiga serpente, chamada o diabo e Satanás, que engana todo o mundo; ele foi precipitado na terra, e os seus anjos foram lançados com ele" (Ap 12.9).

81 "Vós tendes por pai ao diabo e quereis satisfazer os desejos de vosso pai; ele foi homicida desde o princípio e não se firmou na verdade, porque não há verdade nele; quando ele profere mentira, fala do que lhe é próprio, porque é mentiroso e pai da mentira" (Jo 8.44).

82 "Perfeito eras nos teus caminhos, desde o dia em que foste criado, até que se achou iniquidade em ti" (Ez 28.15).

83 "E houve batalha no céu: Miguel e os seus anjos batalhavam contra o dragão; e batalhavam o dragão e os seus anjos, mas não prevaleceram; nem mais o seu lugar se achou nos céus. E foi precipitado o grande dragão, a antiga serpente, chamada o diabo e Satanás, que engana todo o mundo; ele foi precipitado na terra, e os seus anjos foram lançados com ele" (Ap12.7-9).

84 "E, por isso, Deus lhes enviará a operação do erro, para que creiam a mentira" (2 Ts 2.11); "Nós somos de Deus; aquele que conhece a Deus ouve-nos; aquele que não é de Deus não nos ouve. Nisto conhecemos nós o espírito da verdade e o espírito do erro" (1 Jo 4.6).

85 "Mas, se ainda o nosso evangelho está encoberto, para os que se perdem está encoberto, nos quais o deus deste século cegou os entendimentos dos incrédulos, para que não lhes resplandeça a luz do evangelho da glória de Cristo, que é a imagem de Deus" (2 Co 4.3,4).

86 "E disse o SENHOR Deus à mulher: Por que fizeste isso? E disse a mulher: A serpente me enganou, e eu comi" (Gn 3.13); "Mas temo que, assim como a serpente enganou Eva com a sua astúcia, assim também sejam de alguma sorte corrompidos os vossos sentidos e se apartem da simplicidade que há em Cristo" (2 Co 11.3).

87 "E disse o SENHOR a Satanás: Eis que tudo quanto tem está na tua mão; somente contra ele não estendas a tua mão. E Satanás saiu da presença do SENHOR" (Jó 1.12); "E disse o SENHOR a Satanás: Eis que ele está na tua mão; poupa, porém, a sua vida" (Jó 2.6).

88 "Então, disse-lhe Jesus: Vai-te, Satanás, porque está escrito: Ao Senhor, teu Deus, adorarás e só a ele servirás. Então, o diabo o deixou; e, eis que chegaram os anjos e o serviram" (Mt 4.10,11); "Quem pratica o pecado é do diabo, porque o diabo vive pecando desde o princípio. Para isto o Filho de Deus se manifestou: para desfazer as obras do diabo" (1 Jo 3.8).

89 "E a sua fama correu por toda a Síria; e traziam-lhe todos os que padeciam acometidos de várias enfermidades e tormentos, os endemoninhados, os lunáticos e os paralíticos, e ele os curava" (Mt 4.24); "Mas, se eu expulso os demônios pelo Espírito de Deus, é conseguintemente chegado a vós o Reino de Deus" (Mt 12.28).

90 "Respondendo, porém, o espírito maligno, disse: Conheço a Jesus e bem sei quem é Paulo; mas vós, quem sois?" (At 19.15).

91 "E eis que clamaram, dizendo: Que temos nós contigo, Jesus, Filho de Deus? Vieste aqui atormentar-nos antes do tempo?" (Mt 8.29).

92 "Então, dirá também aos que estiverem à sua esquerda: Apartai-vos de mim, malditos, para o fogo eterno, preparado para o diabo e seus anjos" (Mt 25.41).

CAPÍTULO XIX

Sobre o *pecado* e suas *consequências*

CREMOS, professamos e ensinamos que o pecado é a transgressão da Lei de Deus: "*porque o pecado é a transgressão da lei*" (1 Jo 3.4 – ARA), ou seja, a quebra do relacionamento do ser humano com Deus. Há diversos conceitos bíblicos tanto para designar o pecado, tais como rebelião e desobediência,[1]como suas consequências, quais sejam: incapacidade espiritual, falta de conformidade com a vontade de Deus em estado, disposição ou conduta e corrupção inata dos seres humanos: "*não há homem justo sobre a terra, que faça bem e nunca peque*" (Ec 7.20); "*Porque todos pecaram e destituídos estão da glória de Deus*" (Rm 3.23). Atanásio, um dos pais da Igreja, dizia que o pecado é a introdução dentro da criação de um elemento desintegrador que conduz à destruição e que somente pode ser expelido por meio de uma nova criação. Daí, a necessidade do novo nascimento.[2] A universalidade do pecado é confirmada em toda a Bíblia[3] e comprovada pela própria experiência humana.

1. Nomes. São dois os termos genéricos para "pecado". Um deles aparece em hebraico no Antigo Testamento; é o substantivo *chatá*, *"o pecado jaz à porta"* (Gn 4.7), cuja ideia básica é "errar o alvo", do qual deriva o verbo: *"todos atiravam com a funda uma pedra a um cabelo e não erravam"* (Jz 20.16); *"E erra o alvo quem é precipitado"* (Pv 19.2 – TB). O segundo termo é o seu correspondente grego *hamartia*, que, embora sem conotação moral no grego clássico secular, aparece com tal sentido na Septuaginta e no Novo Testamento: *"todo pecado e blasfêmia se perdoará aos homens"* (Mt 12.31). O pecador erra o alvo ou o objetivo da vida que Deus coloca diante dele. Há, ainda, inúmeras outras palavras que expressam o pecado, como transgressão,[4] impiedade,[5] maldade,[6] perversidade,[7] engano,[8] sedução,[9] iniquidade,[10] injustiça[11] e incredulidade.[12]

2. Sua origem. O pecado já existia mesmo antes da criação de Adão e Eva. Originou-se no coração de um querubim ungido,[13] que, juntamente com um grupo de anjos,[14] rebelou-se contra Deus, razão pela qual os insurgentes foram expulsos do céu.[15] O querubim ungido tornou-se Satanás, que quer dizer "inimigo", sendo, também, denominado Diabo, nome que significa "caluniador". Quanto aos anjos que se rebelaram, tornaram-se demônios. Entendemos que a primeira manifestação do pecado aconteceu na esfera angelical. O pecado não é causado por Deus: *"Ninguém, ao ser tentado, diga: Sou tentado por Deus; porque Deus não pode ser tentado pelo mal e ele mesmo a ninguém tenta"* (Tg 1.13). Deus está longe de toda impiedade e injustiça: *"Longe de Deus a impiedade, e do Todo-poderoso, a perversidade!"* (Jó 34.10); *"e não há nele injustiça"* (Dt 32.4; Sl 92.15). As pessoas são tentadas quando atraídas e enganadas pela própria cobiça. Quando a cobiça é concebida, dá à luz o pecado.[16] Eva foi seduzida e enganada.

A tentação envolve indução externa e mais os desejos da carne pelas coisas proibidas por Deus.

3. A Queda no Éden. A "queda do homem" é uma expressão teológica para designar o momento em que o pecado entrou no mundo por meio do primeiro casal, Adão e Eva: "*Pelo que, como por um homem entrou o pecado no mundo*" (Rm 5.12). Os dois foram criados em total inocência e não conheciam o mal antes de desobedecerem a Deus.[17] Foi dada a Adão a ordem de não comer da árvore do conhecimento do bem e do mal: "*porque, no dia em que dela comeres, certamente morrerás*" (Gn 2.17); ele, contudo, podia comer livremente de toda a árvore do jardim.[18] O casal desobedeceu a Deus, pois a serpente, identificada em Apocalipse como diabo e Satanás,[19] entrou em cena e enganou Eva.[20] E foi assim que a humanidade conheceu experimentalmente o mal: "*Então, disse o Senhor Deus: Eis que o homem é como um de nós, sabendo o bem e o mal; ora, pois, para que não estenda a sua mão, e tome também da árvore da vida, e coma, e viva eternamente*" (Gn 3.22).

4. O pecado original. Adão não foi criado impecável, nem pecaminoso, mas, sim, perfeito: "*Deus fez ao homem reto, mas ele buscou muitas invenções*" (Ec 7.29). Deus dotou Adão do livre-arbítrio, com o qual ele era capaz tanto de obedecer quanto de desobedecer ao Criador.[21] Ele escolheu desobedecer a Deus, e a sua queda arruinou toda a humanidade, distanciando-a de Deus: "*Porque todos pecaram e destituídos estão da glória de Deus*" (Rm 3.23). A iniquidade de Adão, a qual nós chamamos de pecado original, contaminou toda a raça humana; em consequência disso, a humanidade tornou-se universal e totalmente degenerada, pois todos os seus descendentes nascem em pecado;[22] todos nascemos em transgressão.[23] Deus, entretanto, prometeu o Redentor ainda no jardim do Éden, quando anunciou a vinda da "semente da mulher" para esmagar a cabeça da serpente.[24] Apesar de corrompida pelo pecado, a natureza humana pode ser eficazmente regenerada por Cristo: "*se alguém está em Cristo, nova criatura é: as coisas velhas já passaram; eis que tudo se fez novo*" (2 Co 5.17); "*Porque somos feitura sua, criados em Cristo Jesus para as boas obras, as quais Deus preparou para que andássemos nelas*" (Ef 2.10); o nosso corpo pode ser o templo do Espírito Santo.[25]

5. Consequências da Queda. O relato bíblico revela que o senso de culpa foi instantâneo. Adão e Eva morreram espiritualmente no mesmo momento em que comeram o fruto proibido, pois a comunhão com Deus foi interrompida de imediato. Morte significa separação, e o pecado separou os seres humanos de Deus: "*Mas as vossas iniquidades fazem divisão entre vós e o vosso Deus, e os vossos pecados encobrem o seu rosto de vós, para que vos não ouça*" (Is 59.2). Os olhos do casal foram abertos, e logo ambos perceberam que estavam nus; tendo conhecido pessoalmente o mal, procuraram esconder-se da presença de Deus porque sentiram medo.[26] O juízo divino veio sobre a serpente,[27] sobre a mulher[28] e sobre o homem.[29] Toda a raça humana e a própria natureza[30] sofrem as consequências funestas do primeiro pecado humano seguido do justo juízo pronunciado por Deus, pois um Deus santo tinha de julgar a desobediência de suas criaturas.

6. A corrupção total do gênero humano. A Queda no Éden arruinou toda a humanidade tão profundamente que transmitiu a todos os seres humanos a tendência ou inclinação para o pecado. Não somente isso, contaminou toda a humanidade: "*não há um justo sequer*" (Rm 3.10); "*todos pecaram e destituídos estão da glória de Deus*" (Rm 3.23). A natureza moral foi corrompida,[31] e o coração humano tornou-se enganoso e perverso.[32] Todas as pessoas estão mortas em ofensas e pecados;[33] são inimigas de Deus[34] e escravas do pecado.[35] A corrupção do gênero humano atingiu o homem em toda a sua composição — corpo,[36] alma[37] e espírito[38], conforme lemos em Isaías: "*Toda a cabeça está enferma, e todo o coração, fraco. Desde a planta do pé até à cabeça não há nele coisa sã*" (1.5,6). Isso prejudicou todas as suas faculdades, quais sejam: intelecto,[39] emoção,[40] vontade,[41] consciência,[42] razão[43] e liberdade.[44] Portanto, o homem por si mesmo não consegue voltar-se para Deus sem o auxílio da graça divina.[45] Apesar de tudo, a imagem de Deus no homem não foi aniquilada;[46] foi, no entanto, desfigurada a tal ponto que a sua restauração só é possível em Cristo.[47] Jesus reconheceu algumas qualidades no moço rico[48] e até mesmo nos fariseus.[49] Todos nós conhecemos descrentes que são pessoas de bem, honestas e de bom caráter e religiosas, como o centurião de Cafarnaum,[50] ainda que o bem social que elas praticam leve a marca da contaminação do pecado.[51]

7. A situação dos recém-nascidos e das crianças. Até os bebês recém-nascidos e as demais crianças[52] que ainda não conheceram experimentalmente o pecado já possuem uma natureza pecaminosa.[53] O Senhor Jesus, porém, quando se referiu à situação das crianças, afirmou que das tais é o Reino de Deus: "*Deixai os pequeninos e não os estorveis de vir a mim, porque dos tais é o Reino dos céus*" (Mt 19.14). Em relação à responsabilidade pessoal, considerando que algumas crianças desenvolvem-se no aspecto moral mais cedo que outras, e que a Bíblia não define, para isso, uma idade, não é possível atribuir-lhes culpa até que elas façam bem ou mal conscientemente.[54] Entendemos que a obra da redenção realizada pelo Senhor Jesus em favor de todas as pessoas[55] proveu salvação aos que vierem a falecer em tenra idade: "*porque* *dos tais é o Reino de Deus"* (Mc 10.14). Entendemos, com base nessas palavras, que as crianças não serão condenadas e nem estarão perdidas caso morram antes de terem condições morais e intelectuais de poderem responder conscientemente ao *"dom gratuito de Deus"* (Rm 6.23). O Senhor Jesus apresentou as crianças como exemplo de quem herda o Reino de Deus.[56]

8. A relação do pecado de Adão com a pecaminosidade humana. O pecado original, no sentido estrito da palavra, diz respeito à primeira transgressão do ser humano à Lei de Deus. É, no entanto, usado geralmente para designar a pecaminosidade universal e hereditária do gênero humano desde a queda de Adão. O pecado de Adão afetou toda a raça humana: *"Pelo que, como por um homem entrou o pecado no mundo, e pelo pecado, a morte, assim também a morte passou a todos os homens, por isso que todos pecaram"* (Rm 5.12). O ensino paulino fundamenta-se nas Escrituras do Antigo Testamento[57] que descreve a corrupção geral da humanidade.[58] O apóstolo Paulo, por revelação divina, desenvolveu esse pensamento tornando tal doutrina mais clara. Seu ensino é de que a morte originou-se na raça humana por causa do pecado de Adão: *"no dia em que dela comeres, certamente morrerás"* (Gn 2.17); *"até que te tornes à terra; porque dela foste tomado, porquanto és pó e em pó te tornarás"* (Gn 3.19). Isso esclarece a razão pela qual *"o salário do pecado é a morte"* (Rm 6.23). Como a morte é universal, aí está a evidência incontestável da universalidade do pecado. E assim temos a triste realidade: *"todos pecaram e destituídos estão da glória de Deus"* (Rm 3.23). Quando, porém, somos advertidos de que a morte é consequência do pecado, o apóstolo imediatamente apresenta a tranquilizadora mensagem: *"mas o dom gratuito de Deus é a vida eterna, por Cristo Jesus, nosso Senhor"* (Rm 6.23).

9. A morte. A morte é uma das consequências primárias do pecado, sua punição e castigo. Por essa razão, o mundo inteiro tem de experimentar esse terrível golpe: "*Aos homens está ordenado morrerem uma vez, vindo, depois disso, o juízo*" (Hb 9.27). Esse é o resultado do pecado original de Adão.[59] O ser humano não foi destinado para a morte, mas para a vida; Adão não teria morrido se tivesse vencido a tentação.[60] A morte espiritual é o atual estado do pecador sem Cristo: "*E vos vivificou, estando vós mortos em ofensas e pecados*" (Ef 2.1). Quem recebe a Jesus como seu salvador pessoal passa da morte para a vida: "*quem ouve a minha palavra e crê naquele que me enviou tem a vida eterna e não entrará em condenação, mas passou da morte para a vida*" (Jo 5.24). A morte eterna é uma extensão da morte espiritual para os que rejeitarem a vida eterna em Jesus. Ela é chamada de segunda morte.[61] A morte foi vencida no Calvário por Cristo,[62] que trouxe a vida aos "*que recebem a abundância da graça e do dom da justiça reinarão em vida por um só, Jesus Cristo*" (Rm 5.17). Assim como a morte e o pecado passaram a todos os seres humanos por causa do pecado de um só (Adão), a salvação e a vida eterna, da mesma maneira, são concedidas a todo aquele que nEle crê, pela justiça de um só homem, o Senhor Jesus Cristo: "*Porque, assim como a morte veio por um homem, também a ressurreição dos mortos veio por um homem. Porque, assim como todos morrem em Adão, assim também todos serão vivificados em Cristo*" (1 Co 15.21,22).

---

1 "Porque, como, pela desobediência de um só homem, muitos foram feitos pecadores, assim, pela obediência de um, muitos serão feitos justos" (Rm 5.19).

2 "Jesus respondeu e disse-lhe: Na verdade, na verdade te digo que aquele que não nascer de novo não pode ver o Reino de Deus [...]. Jesus respondeu: Na verdade, na verdade te digo que aquele que não nascer da água e do Espírito não pode entrar no Reino de Deus [...]. Não te maravilhes de te ter dito: Necessário vos é nascer de novo" (Jo 3.3,5,7).

3 "Na verdade, não há homem justo sobre a terra, que faça bem e nunca peque" (Ec 7.20); "como está escrito: Não há um justo, nem um sequer. Não há ninguém que entenda; não há ninguém que busque a Deus. Todos se extraviaram e juntamente se fizeram inúteis. Não há quem faça o bem, não há nem um só" (Rm 3.10-12).

[4] "Então, irou-se Jacó e contendeu com Labão. E respondeu Jacó e disse a Labão: Qual é a minha transgressão? Qual é o meu pecado, que tão furiosamente me tens perseguido?" (Gn 31.36).

[5] "Porque do céu se manifesta a ira de Deus sobre toda impiedade e injustiça dos homens que detêm a verdade em injustiça" (Rm 1.18).

[6] "Falo como homem, pela fraqueza da vossa carne; pois que, assim como apresentastes os vossos membros para servirem à imundícia e à maldade para a maldade, assim apresentai agora os vossos membros para servirem à justiça para a santificação" (Rm 6.19).

[7] "Porque as vossas mãos estão contaminadas de sangue, e os vossos dedos, de iniquidade; os vossos lábios falam falsamente, e a vossa língua pronuncia perversidade" (Is 59.3).

[8] "Ó filho do diabo, cheio de todo o engano e de toda a malícia, inimigo de toda a justiça, não cessarás de perturbar os retos caminhos do Senhor?" (At 13.10).

[9] "Seduziu-o com a multidão das suas palavras, com as lisonjas dos seus lábios o persuadiu" (Pv 7.21); "e o que foi semeado entre espinhos é o que ouve a palavra, mas os cuidados deste mundo e a sedução das riquezas sufocam a palavra, e fica infrutífera" (Mt 13.22).

[10] "Que guarda a beneficência em milhares; que perdoa a iniquidade, e a transgressão, e o pecado; que ao culpado não tem por inocente; que visita a iniquidade dos pais sobre os filhos e sobre os filhos dos filhos até à terceira e quarta geração" (Êx 34.7).

[11] "Se confessarmos os nossos pecados, ele é fiel e justo para nos perdoar os pecados e nos purificar de toda injustiça" (1 Jo 1.9).

[12] "a mim, que, dantes, fui blasfemo, e perseguidor, e opressor; mas alcancei misericórdia, porque o fiz ignorantemente, na incredulidade" (1 Tm 1.13); "E vemos que não puderam entrar por causa da sua incredulidade" (Hb 3.19).

[13] "Tu eras querubim ungido para proteger, e te estabeleci; no monte santo de Deus estavas, no meio das pedras afogueadas andavas. Perfeito eras nos teus caminhos, desde o dia em que foste criado, até que se achou iniquidade em ti" (Ez 28.14,15).

[14] "E houve batalha no céu: Miguel e os seus anjos batalhavam contra o dragão; e batalhavam o dragão e os seus anjos, mas não prevaleceram; nem mais o seu lugar se achou nos céus. E foi precipitado o grande dragão, a antiga serpente, chamada o diabo e Satanás, que engana todo o mundo; ele foi precipitado na terra, e os seus anjos foram lançados com ele" (Ap 12.7-9).

[15] "Como caíste do céu, ó estrela da manhã, filha da alva! Como foste lançado por terra, tu que debilitavas as nações! E tu dizias no teu coração: Eu subirei ao céu, e, acima das estrelas de Deus, exaltarei o meu trono, e, no monte da congregação, me assentarei, da banda dos lados do Norte. Subirei acima das mais altas nuvens e serei semelhante ao Altíssimo" (Is 14.12-14); "E disse-lhes: Eu via Satanás, como raio, cair do céu" (Lc 10.18).

[16] "Mas cada um é tentado, quando atraído e engodado pela sua própria concupiscência. Depois, havendo a concupiscência concebido, dá à luz o pecado; e o pecado, sendo consumado, gera a morte" (Tg 1.14,15).

[17] "Porque Deus sabe que, no dia em que dele comerdes, se abrirão os vossos olhos, e sereis como Deus, sabendo o bem e o mal" (Gn 3.5).

[18] "E ordenou o SENHOR Deus ao homem, dizendo: De toda árvore do jardim comerás livremente" (Gn 2.16).

[19] "E foi precipitado o grande dragão, a antiga serpente, chamada o diabo e Satanás, que engana todo o mundo; ele foi precipitado na terra, e os seus anjos foram lançados com ele" (Ap 12.9).

[20] "Mas temo que, assim como a serpente enganou Eva com a sua astúcia, assim também sejam de alguma sorte corrompidos os vossos sentidos e se apartem da simplicidade que há em Cristo" (2 Co 11.3); "E Adão não foi enganado, mas a mulher, sendo enganada, caiu em transgressão" (1 Tm 2.14).

[21] "E ordenou o SENHOR Deus ao homem, dizendo: De toda árvore do jardim comerás livremente, mas da árvore da ciência do bem e do mal, dela não comerás; porque, no dia em que dela comeres, certamente morrerás" (Gn 2.16,17).

[22] "Pelo que, como por um homem entrou o pecado no mundo, e pelo pecado, a morte, assim também a morte passou a todos os homens, por isso que todos pecaram" (Rm 5.12).

23 "Eis que em iniquidade fui formado, e em pecado me concebeu minha mãe" (Salmos 51.5).

24 "E porei inimizade entre ti e a mulher e entre a tua semente e a sua semente; esta te ferirá a cabeça, e tu lhe ferirás o calcanhar" (Gn 3.15).

25 "Ou não sabeis que o nosso corpo é o templo do Espírito Santo, que habita em vós, proveniente de Deus, e que não sois de vós mesmos?" (1 Co 6.19).

26 "Então, foram abertos os olhos de ambos, e conheceram que estavam nus; e coseram folhas de figueira, e fizeram para si aventais. E ouviram a voz do SENHOR Deus, que passeava no jardim pela viração do dia; e escondeu-se Adão e sua mulher da presença do SENHOR Deus, entre as árvores do jardim. E chamou o SENHOR Deus a Adão e disse-lhe: Onde estás? E ele disse: Ouvi a tua voz soar no jardim, e temi, porque estava nu, e escondi-me" (Gn 3.7-10).

27 "Então, o SENHOR Deus disse à serpente: Porquanto fizeste isso, maldita serás mais que toda besta e mais que todos os animais do campo; sobre o teu ventre andarás e pó comerás todos os dias da tua vida. E porei inimizade entre ti e a mulher e entre a tua semente e a sua semente; esta te ferirá a cabeça, e tu lhe ferirás o calcanhar" (Gn 3.14,15); "E o Deus de paz esmagará em breve Satanás debaixo dos vossos pés. A graça de nosso Senhor Jesus Cristo seja convosco. Amém!" (Rm 16.20).

28 "E à mulher disse: Multiplicarei grandemente a tua dor e a tua conceição; com dor terás filhos; e o teu desejo será para o teu marido, e ele te dominará" (Gn 3.16).

29 "E a Adão disse: Porquanto deste ouvidos à voz de tua mulher e comeste da árvore de que te ordenei, dizendo: Não comerás dela, maldita é a terra por causa de ti; com dor comerás dela todos os dias da tua vida. Espinhos e cardos também te produzirá; e comerás a erva do campo. No suor do teu rosto, comerás o teu pão, até que te tornes à terra; porque dela foste tomado, porquanto és pó e em pó te tornarás" (Gn 3.17-19).

30 "Porque sabemos que toda a criação geme e está juntamente com dores de parto até agora" (Rm 8.22).

31 "E viu o SENHOR que a maldade do homem se multiplicara sobre a terra e que toda imaginação dos pensamentos de seu coração era só má continuamente [...]. E viu Deus a terra, e eis que estava corrompida; porque toda carne havia corrompido o seu caminho sobre a terra" (Gn 6.5,12).

32 "Enganoso é o coração, mais do que todas as coisas, e perverso; quem o conhecerá?" (Jr 17.9).

33 "E vos vivificou, estando vós mortos em ofensas e pecados [...]. estando nós ainda mortos em nossas ofensas, nos vivificou juntamente com Cristo (pela graça sois salvos)" (Ef 2.1,).

34 "Porquanto a inclinação da carne é inimizade contra Deus, pois não é sujeita à lei de Deus, nem, em verdade, o pode ser" (Rm 8.7).

35 "Mas graças a Deus que, tendo sido servos do pecado, obedecestes de coração à forma de doutrina a que fostes entregues" (Rm 6.17); "Porque, quando estávamos na carne, as paixões dos pecados, que são pela lei, operavam em nossos membros para darem fruto para a morte" (Rm 7.5).

36 "E, se Cristo está em vós, o corpo, na verdade, está morto por causa do pecado, mas o espírito vive por causa da justiça" (Rm 8.10).

37 "tribulação e angústia sobre toda alma do homem que faz o mal, primeiramente do judeu e também do grego" (Rm 2.9).

38 "Ora, amados, pois que temos tais promessas, purifiquemo-nos de toda imundícia da carne e do espírito, aperfeiçoando a santificação no temor de Deus" (2 Co 7.1).

39 "O boi conhece o seu possuidor, e o jumento, a manjedoura do seu dono, mas Israel não tem conhecimento, o meu povo não entende" (Is 1.3).

40 "Enganoso é o coração, mais do que todas as coisas, e perverso; quem o conhecerá?" (Jr 17.9).

41 "Entenebrecidos no entendimento, separados da vida de Deus, pela ignorância que há neles, pela dureza do seu coração" (Ef 4.18)

42 "Pela hipocrisia de homens que falam mentiras, tendo cauterizada a sua própria consciência" (1 Tm 4.2); "Mas nem em todos há conhecimento; porque alguns até agora comem, no seu costume para com o ídolo, coisas sacrificadas ao ídolo; e a sua consciência, sendo fraca, fica contaminada" (1 Co 8.7).

43 "Todas as coisas são puras para os puros, mas nada é puro para os contaminados e infiéis; antes, o seu entendimento e consciência estão contaminados" (Tt 1.15).

44 "Porque também nós éramos, noutro tempo, insensatos, desobedientes, extraviados, servindo a várias concupiscências e deleites, vivendo em malícia e inveja, odiosos, odiando-nos uns aos outros" (Tt 3.3).

45 "Ninguém pode vir a mim, se o Pai, que me enviou, o não trouxer; e eu o ressuscitarei no último Dia" (Jo 6.44).

46 "Quem derramar o sangue do homem, pelo homem o seu sangue será derramado; porque Deus fez o homem conforme a sua imagem" (Gn 9.6); "Com ela bendizemos a Deus e Pai, e com ela amaldiçoamos os homens, feitos à semelhança de Deus" (Tg 3.9).

47 "Porque somos feitura sua, criados em Cristo Jesus para as boas obras, as quais Deus preparou para que andássemos nelas" (Ef 2.10).

48 "E Jesus, olhando para ele, o amou e lhe disse: Falta-te uma coisa: vai, e vende tudo quanto tens, e dá-o aos pobres, e terás um tesouro no céu; e vem e segue-me" (Mc 10.21).

49 "Ai de vós, escribas e fariseus, hipócritas! Pois que dais o dízimo da hortelã, do endro e do cominho e desprezais o mais importante da lei, o juízo, a misericórdia e a fé; deveis, porém, fazer essas coisas e não omitir aquelas" (Mt 23.23).

50 "E, chegando eles junto de Jesus, rogaram-lhe muito, dizendo: É digno de que lhe concedas isso. Porque ama a nossa nação e ele mesmo nos edificou a sinagoga. E foi Jesus com eles; mas, quando já estava perto da casa, enviou-lhe o centurião uns amigos, dizendo-lhe: Senhor, não te incomodes, porque não sou digno de que entres debaixo do meu telhado; e, por isso, nem ainda me julguei digno de ir ter contigo; dize, porém, uma palavra, e o meu criado sarará" (Lc 7.4-7).

51 "Na verdade, não há homem justo sobre a terra, que faça bem e nunca peque" (Ec 7.20).

52 "Eis que em iniquidade fui formado, e em pecado me concebeu minha mãe" (Sl 51.5).

53 "Alienam-se os ímpios desde a madre; andam errados desde que nasceram, proferindo mentiras" (Sl 58.3).

54 "Porque, não tendo eles ainda nascido, nem tendo feito bem ou mal (para que o propósito de Deus, segundo a eleição, ficasse firme, não por causa das obras, mas por aquele que chama)" (Rm 9.11).

55 "Porque, se, pela ofensa de um só, a morte reinou por esse, muito mais os que recebem a abundância da graça e do dom da justiça reinarão em vida por um só, Jesus Cristo. Pois assim como por uma só ofensa veio o juízo sobre todos os homens para condenação, assim também por um só ato de justiça veio a graça sobre todos os homens para justificação de vida. Porque, como, pela desobediência de um só homem, muitos foram feitos pecadores, assim, pela obediência de um, muitos serão feitos justos" (Rm 5.17-19).

56 "E disse: Em verdade vos digo que, se não vos converterdes e não vos fizerdes como crianças, de modo algum entrareis no Reino dos céus" (Mt 18.3).

57 "Eis que em iniquidade fui formado, e em pecado me concebeu minha mãe" (Sl 51.5); "Alienam-se os ímpios desde a madre; andam errados desde que nasceram, proferindo mentiras" (Sl 58.3).

58 "Disseram os néscios no seu coração: Não há Deus. Têm-se corrompido, fazem-se abomináveis em suas obras, não há ninguém que faça o bem. O Senhor olhou desde os céus para os filhos dos homens, para ver se havia algum que tivesse entendimento e buscasse a Deus. Desviaram-se todos e juntamente se fizeram imundos; não há quem faça o bem, não há sequer um" (Sl 14.1-3; 53.1-3).

59 "Pelo que, como por um homem entrou o pecado no mundo, e pelo pecado, a morte, assim também a morte passou a todos os homens, por isso que todos pecaram [...] Porque, se, pela ofensa de um só, a morte reinou por esse, muito mais os que recebem a abundância da graça e do dom da justiça reinarão em vida por um só, Jesus Cristo" (Rm 5.12,17).

60 "Então, disse o SENHOR Deus: Eis que o homem é como um de nós, sabendo o bem e o mal; ora, pois, para que não estenda a sua mão, e tome também da árvore da vida, e coma, e viva eternamente" (Gênesis 3.22).

[61] "Quem tem ouvidos ouça o que o Espírito diz às igrejas: O que vencer não receberá o dano da segunda morte" (Ap 2.11); "E a morte e o inferno foram lançados no lago de fogo. Esta é a segunda morte" (Ap 20.14).

[62] "Ao qual Deus ressuscitou, soltas as ânsias da morte, pois não era possível que fosse retido por ela" (At 2.24).

CAPÍTULO X

Sobre a *salvação*

CREMOS, professamos e ensinamos que a salvação é o livramento[1] do poder da maldição do pecado, e a restituição do homem à plena comunhão com Deus, a todos os que confessam a Jesus Cristo como seu único Salvador pessoal, precedidos do perdão divino: "*A este dão testemunho todos os profetas, de que todos os que nele creem receberão o perdão dos pecados pelo seu nome*" (At 10.43). Trata-se da restauração do relacionamento do ser humano com Deus por meio de Cristo: "*Deus estava em Cristo reconciliando consigo o mundo, não lhes imputando os seus pecados*" (2 Co 5.19). Somente a fé na morte expiatória de Jesus[2] e o arrependimento podem remir o pecador e levá-lo ao Criador.[3] Essa salvação é um ato da graça soberana de Deus pelo mérito de Jesus Cristo e não vem das obras: "*Porque pela graça sois salvos, por meio da fé; e isso não vem de vós; é dom de Deus. Não vem das obras, para que ninguém se glorie*" (Ef 2.8,9).[4]

1. Salvação para todas as pessoas. Um dia, todos os seres humanos comparecerão diante do Senhor e Criador de todas as coisas.[5] Deus, contudo, não deseja a perdição de ninguém: "*que quer que todos os homens se salvem e venham ao conhecimento da verdade*" (1 Tm 2.4). Por isso, o Pai enviou o seu amado Filho Jesus Cristo[6] para morrer em nosso lugar,[7] providenciando-nos uma salvação eterna, completa e eficaz.[8] O Evangelho contempla a todos e a ninguém exclui: "*Porque a graça de Deus se há manifestado, trazendo salvação a todos os homens*" (Tt 2.11). Por conseguinte, a salvação está disponível a todos os que creem.[9] Sim, todos nós, sem exceção, podemos ser salvos através dos méritos de Jesus Cristo, pois todos nós fomos criados à imagem de Deus. O Soberano Deus não predestinou incondicionalmente pessoa alguma à condenação eterna, mas, sim, almeja que todos, arrependendo-se, convertam-se de seus maus caminhos: "*Mas Deus, não tendo em conta os tempos da ignorância, anuncia agora a todos os homens, em todo lugar, que se arrependam*" (At 17.30). A predestinação genuinamente bíblica diz respeito apenas à salvação, sendo condicionada à fé em Cristo Jesus, estando relacionada à presciência de Deus.[10] Portanto, a predestinação dos salvos é precedida pelo conhecimento prévio de Deus daqueles que, diante do chamamento do Evangelho, recebem a Cristo como o seu Salvador pessoal e perseveram até o fim.[11] A predestinação do crente leva-o a ser conforme a imagem de Cristo;[12] assim sendo, todos somos exortados a perseverar até o fim: "*aquele que perseverar até ao fim será salvo*" (Mt 24.13). A graça de Deus é manifestada salvadoramente maravilhosa, perfeita;[13] entretanto, não é irresistível,[14] pois não são poucos os que, ignorando o Evangelho de Cristo, resistem ao Espírito da graça.[15] A graça divina tanto salva quanto nos preserva a alma neste mundo corrupto e corruptor.[16] A fé antecede a regeneração: "*Porque pela graça sois salvos, por meio da fé; e isso não vem de vós; é dom de*

Deus" (Ef 2.8); *"Quem crer e for batizado será salvo; mas quem não crer será condenado"* (Mc 16.16); *"Se, com a tua boca, confessares ao Senhor Jesus e, em teu coração, creres que Deus o ressuscitou dos mortos, serás salvo"* (Rm 10.9).

2. A natureza da salvação. A salvação é-nos oferecida pela graça mediante a fé no sacrifício de Jesus Cristo na cruz do Calvário.[17] Ela é eterna,[18] completa e eficaz.[19] A salvação em Jesus Cristo não é um mero assentimento intelectual, e sim um renascimento espiritual[20] que se dá na vida do pecador arrependido.[21] No ato da aceitação, o pecador é imediata e simultaneamente salvo,[22] justificado[23] e adotado como filho de Deus.[24] A partir daí, entra no processo de santificação até a sua glorificação final no dia de Cristo.[25] Entendemos que o salvo é o pecador que Cristo resgatou das trevas[26] e libertou do pecado e da morte espiritual e que agora está livre da condenação eterna: *"Portanto, agora, nenhuma condenação há para os que estão em Cristo Jesus, que não andam segundo a carne, mas segundo o espírito. Porque a lei do Espírito de vida, em Cristo Jesus, me livrou da lei do pecado e da morte"* (Rm 8.1,2). Perdão é a absolvição de uma dívida[27] e a remissão de um castigo.[28] Justificação é um ato da graça de Deus, o Supremo Juiz, pelo qual a justiça de Cristo é imputada a todo aquele que crê em Jesus declarando-o justo.[29] O primeiro resultado da justificação é a paz com Deus: *"Sendo, pois, justificados pela fé, temos paz com Deus por nosso Senhor Jesus Cristo"* (Rm 5.1). Juntamente com a salvação e a justificação, o pecador arrependido recebe a adoção de filho de Deus.[30] A partir desse momento, terá ele um relacionamento mais íntimo com Deus, invocando-o não apenas como Criador, mas principalmente como Pai: *"Porque não recebestes o espírito de escravidão, para, outra vez, estardes em temor, mas recebestes o espírito de adoção de filhos, pelo qual clamamos: Aba, Pai. O mesmo Espírito testifica com o nosso espírito que somos filhos de Deus"* (Rm 8.15,16).

3. Regeneração, santificação e glorificação. Regeneração é a transformação do pecador numa nova criatura pelo poder de Deus, como resultado do sacrifício de Jesus na cruz do Calvário.[31] Essa obra é também conhecida como novo nascimento, ou nascer de novo[32] e nascer do Espírito.[33] Trata-se de uma operação do Espírito Santo na salvação do pecador.[34] Ensinamos que, já salvo, justificado e adotado como filho de Deus, o novo crente entra, de imediato, no processo de santificação, pois assim o requer a sua nova natureza em Cristo: "*agora, libertados do pecado e feitos servos de Deus, tendes o vosso fruto para santificação, e por fim a vida eterna*" (Rm 6.22); "*esta é a vontade de Deus, a vossa santificação: que vos abstenhais da prostituição*" (1 Ts 4.3). Todos os crentes em Jesus são chamados santos.[35] Santificação é o ato de separar-se do pecado e dedicar-se a Deus.[36] Ele exige santidade de seus filhos: "*como é santo aquele que vos chamou, sede vós também santos em toda a vossa maneira de viver, porquanto escrito está: Sede santos, porque eu sou santo*" (1 Pe 1.15,16); pois sem a santificação ninguém verá o Senhor: "*Segui a paz com todos e a santificação, sem a qual ninguém verá o Senhor*" (Hb 12.14). A glorificação é a derradeira etapa de nossa salvação em Cristo Jesus: "*e aos que justificou, a esses também glorificou*" (Rm 8.30). Trata-se de uma promessa da futura transformação de nosso corpo mortal.[37]

4. O destino dos salvos. O céu é o trono de Deus,[38] mas também é a pátria de todos os salvos.[39] A condição no céu será de perfeita experiência da presença de Deus, pois é lugar de perfeita santidade, gozo, alegria sem fim e da perfeita felicidade.[40] O livro de Apocalipse descreve alguns vislumbres dessa morada eterna dos que amam a Deus.[41] Jesus ensinou que o céu é para os que creem em seu nome. Ele disse: "[...] *credes em Deus, crede também em mim. Na casa de meu Pai há muitas moradas*" (Jo 14.1,2). Nessa promessa, repousa a esperança dos santos. Os salvos são peregrinos e estrangeiros na terra.[42] A pátria definitiva dos remidos é o céu, e estes aguardam o dia em que o Senhor Jesus virá buscá-los para estar juntamente com Ele.[43] O céu é o destino da Igreja. Jesus disse: "*para que, onde eu estiver, estejais vós também*" (Jo 14.3).

*5. **A graça de Deus.*** Cremos que todos os homens e mulheres foram atingidos pelo pecado a tal ponto que, embora tenham sido feitos à imagem de Deus,[44] não podem, por si mesmos, chegar a Deus. Não há nada que o homem natural possua ou pratique que lhe faça merecida a graça de Deus.[45] A Bíblia ensina: "*Não há ninguém que entenda; não há ninguém que busque a Deus*" (Rm 3.11). A Bíblia qualifica essa condição espiritual como "*mortos em pecado*" (Cl 2.13) e "*mortos em ofensas*" (Ef 2.5). A ideia de morte, aqui, é de separação, e não de aniquilamento.[46] Deus derrama sua graça, sem a qual o homem não pode entender as coisas espirituais,[47] ou seja, foi Deus quem tomou a iniciativa na salvação, "*do Senhor vem a salvação*" (Jn 2.9), agindo em favor das pessoas.[48] Graça é um favor imerecido. É por meio da graça que Deus capacita o ser humano para que ele responda com fé ao chamado do evangelho: "*Mas, se é por graça, já não é pelas obras; de outra maneira, a graça já não é graça*" (Rm 11.6). Todavia, os seres humanos, influenciados pela graça que habilita a livre escolha, são livres para escolher: "*Se alguém quiser fazer a vontade dele, pela mesma doutrina, conhecerá se ela é de Deus ou se eu falo de mim mesmo*" (Jo 7.17). Deus proveu a salvação para todas as pessoas, mas essa salvação aplica-se somente àquelas que creem: "*isto é, a justiça de Deus pela fé em Jesus Cristo para todos e sobre todos os que creem*" (Rm 3.22). Nesse sentido, não há conflito entre a soberania de Deus e a liberdade humana.

6. É possível a perda da salvação. Rejeitamos a afirmação segundo a qual "uma vez salvo, salvo para sempre", pois entendemos à luz das Sagradas Escrituras que, depois de experimentar o milagre do novo nascimento, o crente tem a responsabilidade de zelar pela manutenção da salvação a ele oferecida gratuitamente: "*Vede, irmãos, que nunca haja em qualquer de vós um coração mau e infiel, para se apartar do Deus vivo*" (Hb 3.12). Não há dúvidas quanto à possibilidade do salvo perder a salvação, seja temporariamente[49] ou eternamente.[50] Mediante o mau uso do livre arbítrio, o crente pode apostatar da fé, perdendo, então, a sua salvação: "*Mas, desviando-se o justo da sua justiça, e cometendo a iniquidade, fazendo conforme todas as abominações que faz o ímpio, porventura viverá? De todas as justiças que tiver feito não se fará memória; na sua transgressão com que transgrediu, e no seu pecado com que pecou, neles morrerá*" (Ez 18.24). Finalmente temos a advertência de Paulo aos coríntios: "*Aquele, pois, que cuida estar em pé, olhe não caia*" (1 Co 10, 12). Aqui temos mencionada a real possibilidade de uma queda da graça.[51] Assim, cremos que, embora a salvação seja oferecida gratuitamente a todos os homens, uma vez adquirida, deve ser zelada e confirmada.

---

[1] "E livrasse todos os que, com medo da morte, estavam por toda a vida sujeitos à servidão" (Hb 2.15).

[2] "A saber: Se, com a tua boca, confessares ao Senhor Jesus e, em teu coração, creres que Deus o ressuscitou dos mortos, serás salvo. Visto que com o coração se crê para a justiça, e com a boca se faz confissão para a salvação" (Rm 10.9,10).

[3] "Arrependei-vos, pois, e convertei-vos, para que sejam apagados os vossos pecados, e venham, assim, os tempos do refrigério pela presença do Senhor" (At 3.19); "Sendo justificados gratuitamente pela sua graça, pela redenção que há em Cristo Jesus, ao qual Deus propôs para propiciação pela fé no seu sangue, para demonstrar a sua justiça pela remissão dos pecados dantes cometidos, sob a paciência de Deus" (Rm 3.24,25).

[4] "Não pelas obras de justiça que houvéssemos feito, mas, segundo a sua misericórdia, nos salvou pela lavagem da regeneração e da renovação do Espírito Santo, que abundantemente ele derramou sobre nós por Jesus Cristo, nosso Salvador, para que, sendo justificados pela sua graça, sejamos feitos herdeiros, segundo a esperança da vida eterna" (Tt 3.5-7).

[5] "Porque Deus há de trazer a juízo toda obra e até tudo o que está encoberto, quer seja bom, quer seja mau" (Ec 12.14); "Os quais hão de dar conta ao que está preparado para julgar os vivos e os mortos" (1 Pe 4.5).

[6] "Nisto se manifestou o amor de Deus para conosco: que Deus enviou seu Filho unigênito ao mundo, para que por ele vivamos" (1 Jo 4.9).

[7] "Alimpai-vos, pois, do fermento velho, para que sejais uma nova massa, assim como estais sem fermento. Porque Cristo, nossa páscoa, foi sacrificado por nós" (1 Co 5.7).

[8] "E, sendo ele consumado, veio a ser a causa de eterna salvação para todos os que lhe obedecem" (Hb 5.9).

[9] "Para que todo aquele que nele crê não pereça, mas tenha a vida eterna. Porque Deus amou o mundo de tal maneira que deu o seu Filho unigênito, para que todo aquele que nele crê não pereça, mas tenha a vida eterna" (Jo 3.15,16).

[10] "Como também nos elegeu nele antes da fundação do mundo, para que fôssemos santos e irrepreensíveis diante dele em amor, e nos predestinou para filhos de adoção por Jesus Cristo, para si mesmo, segundo o beneplácito de sua vontade" (Ef 1.4,5); "eleitos segundo a presciência de Deus Pai, em santificação do Espírito, para a obediência e aspersão do sangue de Jesus Cristo: graça e paz vos sejam multiplicadas" (1 Pe 1.2).

[11] "E odiados de todos sereis por causa do meu nome; mas aquele que perseverar até ao fim será salvo" (Mt 10.22); "O que vencer será vestido de vestes brancas, e de maneira nenhuma riscarei o seu nome do livro da vida; e confessarei o seu nome diante de meu Pai e diante dos seus anjos" (Ap 3.5).

[12] "Porque os que dantes conheceu, também os predestinou para serem conformes à imagem de seu Filho, a fim de que ele seja o primogênito entre muitos irmãos. E aos que predestinou, a esses também chamou; e aos que chamou, a esses também justificou; e aos que justificou, a esses também glorificou" (Rm 8.29,30).

[13] "Porque a graça de Deus se há manifestado, trazendo salvação a todos os homens" (Tt 2.11).

[14] "Jerusalém, Jerusalém, que matas os profetas e apedrejas os que te são enviados! Quantas vezes quis eu ajuntar os teus filhos, como a galinha ajunta os seus pintos debaixo das asas, e tu não quiseste!" (Mt 23.37); "Mas os fariseus e os doutores da lei rejeitaram o conselho de Deus contra si mesmos, não tendo sido batizados por ele" (Lc 7.30).

[15] "Então, disse o Senhor: Não contenderá o meu Espírito para sempre com o homem, porque ele também é carne; porém os seus dias serão cento e vinte anos" (Gn 6.3); "Homens de dura cerviz e incircuncisos de coração e ouvido, vós sempre resistis ao Espírito Santo; assim, vós sois como vossos pais" (At 7.51); "De quanto maior castigo cuidais vós será julgado merecedor aquele que pisar o Filho de Deus, e tiver por profano o sangue do testamento, com que foi santificado, e fizer agravo ao Espírito da graça?" (Hb 10.29).

[16] "Por cuja causa padeço também isto, mas não me envergonho, porque eu sei em quem tenho crido e estou certo de que é poderoso para guardar o meu depósito até àquele Dia" (2 Tm 1.12); "Ora, àquele que é poderoso para vos guardar de tropeçar e apresentar-vos irrepreensíveis, com alegria, perante a sua glória" (Jd 24).

[17] "Porque pela graça sois salvos, por meio da fé; e isso não vem de vós; é dom de Deus" (Ef 2.8).

[18] "E, sendo ele consumado, veio a ser a causa de eterna salvação para todos os que lhe obedecem" (Hb 5.9).

[19] "Portanto, pode também salvar perfeitamente os que por ele se chegam a Deus, vivendo sempre para interceder por eles" (Hb 7.25).

[20] "Sendo de novo gerados, não de semente corruptível, mas da incorruptível, pela palavra de Deus, viva e que permanece para sempre" (1 Pe 1.23).

[21] "Mas Deus, que é riquíssimo em misericórdia, pelo seu muito amor com que nos amou, estando nós ainda mortos em nossas ofensas, nos vivificou juntamente com Cristo (pela graça sois salvos), e nos ressuscitou juntamente com ele, e nos fez assentar nos lugares celestiais, em Cristo Jesus" (Ef 2.4-6); "E, quando vós estáveis mortos nos pecados e na incircuncisão da vossa carne, vos vivificou juntamente com ele, perdoando-vos todas as ofensas" (Cl 2.13).

[22] "Na verdade, na verdade vos digo que quem ouve a minha palavra e crê naquele que me enviou tem a vida eterna e não entrará em condenação, mas passou da morte para a vida" (Jo 5.24); "Se, com a tua boca, confessares ao Senhor Jesus e, em teu coração, creres que Deus o ressuscitou dos mortos, serás salvo. Visto que com o coração se crê para a justiça, e com a boca se faz confissão para a salvação" (Rm 10.9,10).

[23] "Seja-vos, pois, notório, varões irmãos, que por este se vos anuncia a remissão dos pecados. E de tudo o que, pela lei de Moisés, não pudestes ser justificados, por ele é justificado todo aquele

que crê" (At 13.38,39); "Sendo justificados gratuitamente pela sua graça, pela redenção que há em Cristo Jesus" (Rm 3.24); "Sabendo que o homem não é justificado pelas obras da lei, mas pela fé em Jesus Cristo, temos também crido em Jesus Cristo, para sermos justificados pela fé de Cristo e não pelas obras da lei, porquanto pelas obras da lei nenhuma carne será justificada" (Gl 2.16).

24 "Mas a todos quantos o receberam deu-lhes o poder de serem feitos filhos de Deus: aos que creem no seu nome" (Jo 1.12); "Porque não recebestes o espírito de escravidão, para, outra vez, estardes em temor, mas recebestes o espírito de adoção de filhos, pelo qual clamamos: Aba, Pai" (Rm 8.15); "Para remir os que estavam debaixo da lei, a fim de recebermos a adoção de filhos" (Gl 4.5).

25 "Mas todos nós, com cara descoberta, refletindo, como um espelho, a glória do Senhor, somos transformados de glória em glória, na mesma imagem, como pelo Espírito do Senhor" (2 Co 3.18).

26 "Ele nos tirou da potestade das trevas e nos transportou para o Reino do Filho do seu amor" (Cl 1.13); "Mas vós sois a geração eleita, o sacerdócio real, a nação santa, o povo adquirido, para que anuncieis as virtudes daquele que vos chamou das trevas para a sua maravilhosa luz" (1 Pe 2.9).

27 "Então, o senhor daquele servo, movido de íntima compaixão, soltou-o e perdoou-lhe a dívida" (Mt 18.27).

28 "Não obstante, o meu olho lhes perdoou, para não os destruir nem os consumir no deserto" (Ez 20.17).

29 "Sendo justificados gratuitamente pela sua graça, pela redenção que há em Cristo Jesus [...]. Concluímos, pois, que o homem é justificado pela fé, sem as obras da lei" (Rm 3.24,28).

30 "Mas a todos quantos o receberam deu-lhes o poder de serem feitos filhos de Deus: aos que creem no seu nome" (Jo 1.12); "Mas, vindo a plenitude dos tempos, Deus enviou seu Filho, nascido de mulher, nascido sob a lei, para remir os que estavam debaixo da lei, a fim de recebermos a adoção de filhos. E, porque sois filhos, Deus enviou aos nossos corações o Espírito de seu Filho, que clama: Aba, Pai" (Gl 4.4-6).

31 "Assim que, se alguém está em Cristo, nova criatura é: as coisas velhas já passaram; eis que tudo se fez novo. E tudo isso provém de Deus, que nos reconciliou consigo mesmo por Jesus Cristo e nos deu o ministério da reconciliação, isto é, Deus estava em Cristo reconciliando consigo o mundo, não lhes imputando os seus pecados, e pôs em nós a palavra da reconciliação" (2 Co 5.17-19).

32 "Jesus respondeu e disse-lhe: Na verdade, na verdade te digo que aquele que não nascer de novo não pode ver o Reino de Deus" (Jo 3.3).

33 "Jesus respondeu: Na verdade, na verdade te digo que aquele que não nascer da água e do Espírito não pode entrar no Reino de Deus. O que é nascido da carne é carne, e o que é nascido do Espírito é espírito" (Jo 3.5,6).

34 "Não pelas obras de justiça que houvéssemos feito, mas, segundo a sua misericórdia, nos salvou pela lavagem da regeneração e da renovação do Espírito Santo, que abundantemente ele derramou sobre nós por Jesus Cristo, nosso Salvador, para que, sendo justificados pela sua graça, sejamos feitos herdeiros, segundo a esperança da vida eterna" (Tito 3.5-7).

35 "À igreja de Deus que está em Corinto, aos santificados em Cristo Jesus, chamados santos, com todos os que em todo lugar invocam o nome de nosso Senhor Jesus Cristo, Senhor deles e nosso" (1 Co 1.2).

36 "Rogo-vos, pois, irmãos, pela compaixão de Deus, que apresenteis o vosso corpo em sacrifício vivo, santo e agradável a Deus, que é o vosso culto racional. E não vos conformeis com este mundo, mas transformai-vos pela renovação do vosso entendimento, para que experimenteis qual seja a boa, agradável e perfeita vontade de Deus" (Rm 12.1,2).

37 "Semeia-se em ignomínia, ressuscitará em glória. Semeia-se em fraqueza, ressuscitará com vigor; "E, assim como trouxemos a imagem do terreno, assim traremos também a imagem do celestial" (1 Co 15.43; 49); "que transformará o nosso corpo abatido, para ser conforme o seu corpo glorioso, segundo o seu eficaz poder de sujeitar também a si todas as coisas" (Fp 3.21).

38 "Eu, porém, vos digo que, de maneira nenhuma, jureis nem pelo céu, porque é o trono de Deus" (Mt 5.34).

39 "Mas a nossa cidade está nos céus, donde também esperamos o Salvador, o Senhor Jesus Cristo, que transformará o nosso corpo abatido, para ser conforme o seu corpo glorioso, segundo o seu eficaz poder de sujeitar também a si todas as coisas" (Fp 3.20,21).

40 "Mas, como está escrito: As coisas que o olho não viu, e o ouvido não ouviu, e não subiram ao coração do homem são as que Deus preparou para os que o amam" (1 Co 2.9).

41 "E ouvi uma grande voz do céu, que dizia: Eis aqui o tabernáculo de Deus com os homens, pois com eles habitará, e eles serão o seu povo, e o mesmo Deus estará com eles e será o seu Deus. E Deus limpará de seus olhos toda lágrima, e não haverá mais morte, nem pranto, nem clamor, nem dor, porque já as primeiras coisas são passadas" (Ap 21.3,4).

42 "Todos estes morreram na fé, sem terem recebido as promessas, mas, vendo-as de longe, e crendo nelas, e abraçando-as, confessaram que eram estrangeiros e peregrinos na terra" (Hb 11.13); "E, se invocais por Pai aquele que, sem acepção de pessoas, julga segundo a obra de cada um, andai em temor, durante o tempo da vossa peregrinação" (1 Pe 1.17).

43 "Porque o mesmo Senhor descerá do céu com alarido, e com voz de arcanjo, e com a trombeta de Deus; e os que morreram em Cristo ressuscitarão primeiro; depois, nós, os que ficarmos vivos, seremos arrebatados juntamente com eles nas nuvens, a encontrar o Senhor nos ares, e assim estaremos sempre com o Senhor" (1 Ts 4.16,17).

44 "O varão, pois, não deve cobrir a cabeça, porque é a imagem e glória de Deus, mas a mulher é a glória do varão" (1 Co 11.7).

45 "Mas todos nós somos como o imundo, e todas as nossas justiças, como trapo da imundícia; e todos nós caímos como a folha, e as nossas culpas, como um vento, nos arrebatam" (Is 64.6); "Pois assim como por uma só ofensa veio o juízo sobre todos os homens para condenação, assim também por um só ato de justiça veio a graça sobre todos os homens para justificação de vida" (Rm 5.18).

46 "Porque, assim como o corpo sem o espírito está morto, assim também a fé sem obras é morta" (Tg 2.26); "os quais mostram a obra da lei escrita no seu coração, testificando juntamente a sua consciência e os seus pensamentos, quer acusando-os, quer defendendo-os" (Rm 2.15).

47 "Ora, o homem natural não compreende as coisas do Espírito de Deus, porque lhe parecem loucura; e não pode entendê-las, porque elas se discernem espiritualmente" (1 Co 2.14).

48 "Mas a todos quantos o receberam deu-lhes o poder de serem feitos filhos de Deus: aos que creem no seu nome, os quais não nasceram do sangue, nem da vontade da carne, nem da vontade do varão, mas de Deus" (Jo 1.12,13); "Assim, pois, isto não depende do que quer, nem do que corre, mas de Deus, que se compadece" (Rm 9.16); "Nisto está o amor: não em que nós tenhamos amado a Deus, mas em que ele nos amou e enviou seu Filho para propiciação pelos nossos pecados [...]. Nós o amamos porque ele nos amou primeiro" (1 Jo 4.10,19).

49 "Mas era justo alegrarmo-nos e regozijarmo-nos, porque este teu irmão estava morto e reviveu; tinha-se perdido e foi achado" (Lc 15.32).

50 "Estando eu com eles no mundo, guardava-os em teu nome. Tenho guardado aqueles que tu me deste, e nenhum deles se perdeu, senão o filho da perdição, para que a Escritura se cumprisse" (Jo 17.12).

51 "Porquanto se, depois de terem escapado das corrupções do mundo, pelo conhecimento do Senhor e Salvador Jesus Cristo, forem outra vez envolvidos nelas e vencidos, tornou-se-lhes o último estado pior do que o primeiro. Porque melhor lhes fora não conhecerem o caminho da justiça do que, conhecendo-o, desviarem-se do santo mandamento que lhes fora dado. Deste modo, sobreveio-lhes o que por um verdadeiro provérbio se diz: O cão voltou ao seu próprio vômito; a porca lavada, ao espojadouro de lama" (2 Pe 2.20-22).

CAPÍTULO XI

Sobre a Igreja

CREMOS, professamos e ensinamos que a Igreja é a assembleia universal dos santos de todos os lugares e de todas as épocas, cujos nomes estão escritos nos céus: "À universal assembleia e igreja dos primogênitos, que estão inscritos nos céus, e a Deus, o juiz de todos, e aos espíritos dos justos aperfeiçoados" (Hb 12.23). A Igreja foi fundada por nosso Senhor Jesus Cristo, pois Ele mesmo disse: "*sobre esta pedra edificarei a minha igreja, e as portas do inferno não prevalecerão contra ela*" (Mt 16.18). Essa pedra é o próprio Cristo: "*Ele é a pedra que foi rejeitada por vós, os edificadores, a qual foi posta por cabeça de esquina*" (At 4.11), tendo a doutrina dos apóstolos por fundamento e Jesus a principal pedra de esquina: "*edificados sobre o fundamento dos apóstolos e dos profetas, de que Jesus Cristo é a principal pedra da esquina*" (Ef 2.20). Ela, a Igreja, é a coluna e firmeza da verdade.[1] É a comunidade do Senhor. Além de assembleia universal dos crentes em Jesus, o vocábulo "igreja" refere-se a um grupo de crentes em cada localidade geográfica.[2] Ensinamos que a Igreja é una e indivisível: um só corpo, um só Espírito, uma só fé e um só batismo.[3] A Igreja envolve um mistério que não foi revelado no Antigo Testamento, mas que foi manifesto aos santos na nova aliança.[4]

1. Nomes e títulos. A palavra "igreja" significa, literalmente, "chamado para fora" e era usada para designar "assembleia" ou "ajuntamento" dos cidadãos de uma localidade na antiguidade grega. Temos uma amostra desse conceito no Novo Testamento.[5] A Igreja é um grupo de pessoas chamado por Cristo para fora do mundo a fim de pertencer a Jesus,[6] ter comunhão com Ele[7] e fazer parte da família espiritual de Deus.[8] Há diversos termos no Novo Testamento para descrever a Igreja. Como figuras ou ilustrações, temos "corpo de Cristo": *"o constituiu como cabeça da igreja que é o seu corpo"* (Ef 1.22,23) e "povo de Deus": *"e eu serei o seu Deus, e eles serão o meu povo"* (2 Co 6.16). A Igreja também é identificada como noiva de Cristo[9] ou esposa do Cordeiro.[10] Trata-se do mesmo tipo de figura para ilustrar o relacionamento entre Deus e Israel no Antigo Testamento.[11] A intimidade, o amor, a beleza, o gozo e a reciprocidade que o casamento proporciona fazem dele o símbolo da união e do relacionamento entre Cristo e a sua Igreja.[12] Há muitos outros termos, como crentes,[13] santos,[14] eleitos,[15] discípulos e cristãos[16] e Caminho.[17]

2. Seus membros. A Igreja é formada por todos aqueles que Deus chamou para fora do mundo, tendo sido esses resgatados da vã maneira de viver por intermédio do precioso sangue de Cristo.[18] A verdadeira Igreja é constituída por todos os fiéis remidos de todas as eras e de todos os lugares, formando o corpo místico de Cristo por meio do Espírito Santo,[19] e cada crente salvo é membro desse corpo.[20] A vida cristã não é solitária; pois nenhum membro vive isolado do corpo: *"assim nós, que somos muitos, somos um só corpo em*

Cristo, mas individualmente somos membros uns dos outros" (Rm 12.5); *"Porque, assim como o corpo é um e tem muitos membros, e todos os membros, sendo muitos, são um só corpo, assim é Cristo também"* (1 Co 12.12). A conversão da pessoa leva à comunhão com um grupo de crentes em Jesus.[21] A cabeça da Igreja é Cristo, sendo Ele mesmo o Salvador do corpo[22] e acrescentando ao corpo, ou seja, à Igreja, aqueles que herdam a salvação.[23] Refutamos e repudiamos qualquer outro fundamento da Igreja que não seja Jesus Cristo.[24] Negamos que exista Igreja se Cristo não for glorificado nela e se o Evangelho não for proclamado, crido e obedecido.[25]

3. Sua eleição. Deus elegeu a Igreja desde a eternidade, antes da fundação do mundo,[26] segundo a sua presciência.[27] O Senhor estabeleceu um plano de salvação para toda a humanidade: *"em esperança da vida eterna, a qual Deus, que não pode mentir, prometeu antes dos tempos dos séculos"* (Tt 1.2); pois essa é a sua vontade.[28] Assim como Deus não elegeu uma nação já existente, mas preferiu criar uma nova a partir do patriarca Abraão,[29] o Senhor Jesus Cristo, da mesma forma, criou um novo povo formado por judeus e gentios: *"o qual de ambos os povos fez um"* (Ef 2.14); *"Pois todos nós fomos batizados em um Espírito, formando um corpo, quer judeus, quer gregos, quer servos, quer livres, e todos temos bebido de um Espírito"* (1 Co 12.13). A nossa eleição vem de Deus: *"sabendo, amados irmãos, que a vossa eleição é de Deus"* (1 Ts 1.4). Na Igreja de Cristo, judeus e gentios são coerdeiros da salvação em um único corpo.[30]

4. Igreja atuante e triunfante. A Igreja atuante é aquela que ainda milita na terra, formada por todos aqueles que seguem a Cristo, lutam contra a carne, o mundo, o Diabo, o pecado e a morte.[31] A Igreja triunfante é constituída dos irmãos que já partiram deste mundo, tendo vencido todos os seus inimigos e que agora estão com o Senhor Jesus. Eles e nós pertencemos à mesma Igreja: "*do qual toda a família nos céus e na terra toma o nome*" (Ef 3.15). A Igreja atuante emprega armas espirituais no bom combate: "*Porque as armas da nossa milícia não são carnais, mas, sim, poderosas em Deus, para destruição das fortalezas*" (2 Co 10.4). Ela permanece firme nessa batalha contra o mal,[32] e isso vai durar até a vinda de Cristo.

5. As ordenanças da Igreja. São duas as ordenanças da Igreja: o batismo em águas e a Ceia do Senhor. Rejeitamos o termo "sacramento" e usamos a palavra "ordenança", do latim *ordo*, "fileira, ordem". Tanto o batismo em águas como a Ceia do Senhor foram instituídos por Jesus para que fossem observados pela Igreja. Essas ordenanças não transmitem qualquer poder místico ou graça salvífica, mas são um rito simbólico universal e pessoal que apontam para as verdades centrais da fé cristã. O batismo e a Ceia do Senhor não produzem qualquer mudança espiritual em quem deles participa. Esses rituais são de grande valor, pois são ordens diretas de nosso Senhor Jesus Cristo. Ele mesmo submeteu-se ao batismo de João Batista: "*Eu careço de ser batizado por ti, e vens tu a mim? Jesus, porém, respondendo, disse-lhe: Deixa por agora, porque assim nos convém cumprir toda a justiça. Então, ele o permitiu*" (Mt 3.14,15). O batismo é um símbolo de nossa união com Cristo e, ao mesmo tempo, a confissão pública dessa união.[33] A Ceia do Senhor é o memorial de sua morte em nosso lugar.[34]

6. A missão da Igreja. Entendemos que a função primordial da Igreja é glorificar a Deus: "*quer comais, quer bebais ou façais outra qualquer coisa, fazei tudo para a glória de Deus*" (1 Co 10.31). Isso é feito por meio da adoração, da evangelização, da edificação de seus membros e do trabalho social. A Igreja foi eleita para a adoração e louvor da glória de Deus,[35] recebendo, também, a missão de proclamar o evangelho da salvação ao mundo todo, anunciando que Jesus salva, cura, batiza no Espírito Santo e que em breve voltará. O evangelho é proclamado a homens e mulheres, sem fazer distinção de raça, língua, cultura ou classe social, pois *"o campo é o mundo"* (Mt 13.38). Jesus disse: *"Portanto ide, fazei discípulos de todas as nações"* (Mt 28.19 – ARA), *"e ser-me-eis testemunhas tanto em Jerusalém como em toda a Judeia e Samaria e até aos confins da terra"* (At 1.8). Portanto, entendemos que é responsabilidade da Igreja a obra missionária. A edificação é realizada por meio do ensino da Palavra nas reuniões apropriadas da Igreja, como o culto de ensino, da escola bíblica dominical. A Igreja também exerce o ministério de socorro e misericórdia, que inclui o cuidado dos pobres e dos necessitados, e não somente dos seus membros, mas também dos não membros.[36] Enquanto membros da Igreja, somos o sal da terra, proporcionando sabor à vida e evitando a putrefação da sociedade ao combatermos o pecado e a corrupção.[37] A Igreja tem o papel de ser a luz do mundo, e essa luz resplandece por meio de nossas boas obras.[38] Ensinamos que, para a consecução da sua missão, o Espírito Santo foi derramado[39] sobre a Igreja no dia de Pentecostes, e Cristo concedeu líderes para servir à Igreja: *"Querendo o aperfeiçoamento dos santos, para a obra do ministério, para edificação do corpo de Cristo"* (Ef 4.12).

---

1 "Mas, se tardar, para que saibas como convém andar na casa de Deus, que é a igreja do Deus vivo, a coluna e firmeza da verdade" (1 Tm 3.15); "Pois também eu te digo que tu és Pedro, e sobre esta pedra edificarei a minha igreja, e as portas do inferno não prevalecerão contra ela" (Mt 16.18).

2 "E chegou a fama destas coisas aos ouvidos da igreja que estava em Jerusalém; e enviaram Barnabé até Antioquia" (At 11.22); "à igreja de Deus que está em Corinto, aos santificados em Cristo Jesus, chamados santos, com todos os que em todo lugar invocam o nome de nosso Senhor Jesus Cristo, Senhor deles e nosso" (1 Co 1.2); "e todos os irmãos que estão comigo, às igrejas da Galácia" (Gl 1.2).

3 "Há um só corpo e um só Espírito, como também fostes chamados em uma só esperança da vossa vocação; um só Senhor, uma só fé, um só batismo" (Ef 4.4-5).

4 "Grande é este mistério; digo-o, porém, a respeito de Cristo e da igreja" (Ef 5.32); "O mistério que esteve oculto desde todos os séculos, e em todas as gerações, e que agora foi manifesto aos seus santos; aos quais Deus quis fazer conhecer quais são as riquezas da glória deste mistério entre os gentios, que é Cristo em vós, esperança da glória" (Cl 1.26,27).

[5] "Uns, pois, clamavam de uma maneira, outros, de outra, porque o ajuntamento era confuso; e os mais deles não sabiam por que causa se tinham ajuntado [...]. E, tendo dito isto, despediu o ajuntamento" (At 19.32,41).

[6] "Entre as quais sois também vós chamados para serdes de Jesus Cristo" (Rm 1.6).

[7] "Fiel é Deus, pelo qual fostes chamados para a comunhão de seu Filho Jesus Cristo, nosso Senhor" (1 Co 1.9).

[8] "Assim que já não sois estrangeiros, nem forasteiros, mas concidadãos dos Santos e da família de Deus" (Ef 2.19).

[9] "Porque estou zeloso de vós com zelo de Deus; porque vos tenho preparado para vos apresentar como uma virgem pura a um marido, a saber, a Cristo" (2 Co 11.2).

[10] "Regozijemo-nos, e alegremo-nos, e demos-lhe glória, porque vindas são as bodas do Cordeiro, e já a sua esposa se aprontou" (Ap 19.7).

[11] "Porque o teu Criador é o teu marido; SENHOR dos Exércitos é o seu nome; e o Santo de Israel é o teu Redentor; ele será chamado o Deus de toda a terra" (Is 54.5).

[12] "Vós, maridos, amai vossa mulher, como também Cristo amou a igreja e a si mesmo se entregou por ela" (Ef 5.25).

[13] "Mas a Escritura encerrou tudo debaixo do pecado, para que a promessa pela fé em Jesus Cristo fosse dada aos crentes" (Gl 3.22).

[14] "E, havendo recebido poder dos principais dos sacerdotes, encerrei muitos dos santos nas prisões; e, quando os matavam, eu dava o meu voto contra eles" (At 26.10).

[15] "Eleitos segundo a presciência de Deus Pai, em santificação do Espírito, para a obediência e aspersão do sangue de Jesus Cristo: graça e paz vos sejam multiplicadas" (1 Pe 1.2).

[16] "E sucedeu que todo um ano se reuniram naquela igreja e ensinaram muita gente. Em Antioquia, foram os discípulos, pela primeira vez, chamados cristãos"(At 11.26).

[17] "E lhe pediu cartas para as sinagogas de Damasco, a fim de que, caso achasse alguns que eram do Caminho, assim homens como mulheres, os levasse presos para Jerusalém" (At 9.2).

[18] "Sabendo que não foi com coisas corruptíveis, como prata ou ouro, que fostes resgatados da vossa vã maneira de viver que por tradição recebestes dos vossos pais, mas com o precioso sangue de Cristo, como de um cordeiro imaculado e incontaminado" (1 Pe 1.18,19).

[19] "Pois todos nós fomos batizados em um Espírito, formando um corpo, quer judeus, quer gregos, quer servos, quer livres, e todos temos bebido de um Espírito" (1 Co 12.13).

[20] "Ora, vós sois o corpo de Cristo, e seus membros em particular" (1 Co 12.27).

[21] "De sorte que foram batizados os que de bom grado receberam a sua palavra; e, naquele dia, agregaram-se quase três mil almas. E perseveravam na doutrina dos apóstolos, e na comunhão, e no partir do pão, e nas orações" (At 2.41,42).

[22] "Porque o marido é a cabeça da mulher, como também Cristo é a cabeça da igreja, sendo ele próprio o salvador do corpo" (Ef 5.23).

[23] "Louvando a Deus, e caindo na graça de todo o povo. E todos os dias acrescentava o Senhor à igreja aqueles que se haviam de salvar" (At 2.47).

[24] "Porque ninguém pode pôr outro fundamento além do que já está posto, o qual é Jesus Cristo" (1 Co 3.11).

[25] "Porque, se alguém for pregar-vos outro Jesus que nós não temos pregado, ou se recebeis outro espírito que não recebestes, ou outro evangelho que não abraçastes, com razão o sofrereis" (2 Co 11.4).

[26] "Como também nos elegeu nele antes da fundação do mundo, para que fôssemos santos e irrepreensíveis diante dele em amor" (Ef 1.4).

[27] "Eleitos segundo a presciência de Deus Pai, em santificação do Espírito, para a obediência e aspersão do sangue de Jesus Cristo: Graça e paz vos sejam multiplicadas" (1 Pe 1.2); "Mas devemos sempre dar graças a Deus por vós, irmãos amados do Senhor, por vos ter Deus elegido desde o princípio para a salvação, em santificação do Espírito, e fé da verdade" (2 Ts 2.13).

[28] "Porque isto é bom e agradável diante de Deus nosso Salvador, que quer que todos os homens se salvem, e venham ao conhecimento da verdade" (1 Tm 2.3,4).

[29] "E far-te-ei uma grande nação, e abençoar-te-ei, e engrandecerei o teu nome, e tu serás uma bênção" (Gn 12.2).

[30] "A saber, que os gentios são coerdeiros, e de um mesmo corpo, e participantes da promessa em Cristo pelo evangelho" (Ef 3.6).

[31] "Porque não temos que lutar contra a carne e o sangue, mas, sim, contra os principados, contra as potestades, contra os príncipes das trevas deste século, contra as hostes espirituais da maldade, nos lugares celestiais" (Ef 6.12).

[32] "Revesti-vos de toda a armadura de Deus, para que possais estar firmes contra as astutas ciladas do diabo" (Ef 6.11).

[33] "Ou não sabeis que todos quantos fomos batizados em Jesus Cristo fomos batizados na sua morte? De sorte que fomos sepultados com ele pelo batismo na morte; para que, como Cristo ressuscitou dos mortos pela glória do Pai, assim andemos nós também em novidade de vida. Porque, se fomos plantados juntamente com ele na semelhança da sua morte, também o seremos na da sua ressurreição" (Rm 6.3-5).

[34] "Porque eu recebi do Senhor o que também vos ensinei: que o Senhor Jesus, na noite em que foi traído, tomou o pão; E, tendo dado graças, o partiu e disse: Tomai, comei; isto é o meu corpo que é partido por vós; fazei isto em memória de mim. Semelhantemente também, depois de cear, tomou o cálice, dizendo: Este cálice é o Novo Testamento no meu sangue; fazei isto, todas as vezes que beberdes, em memória de mim. Porque, todas as vezes que comerdes este pão e beberdes este cálice, anunciais a morte do Senhor, até que venha" (1 Co 11.23-26).

[35] "Nele, digo, em quem também fomos feitos herança, havendo sido predestinados, conforme o propósito daquele que faz todas as coisas, segundo o conselho da sua vontade; Com o fim de sermos para louvor da sua glória, nós os que primeiro esperamos em Cristo" (Ef 1.11-12).

[36] "Quem, pois, tiver bens do mundo, e, vendo o seu irmão necessitado, lhe cerrar as suas entranhas, como estará nele o amor de Deus?" (1 Jo 3.17); "Glória, porém, e honra e paz a qualquer que pratica o bem; primeiramente ao judeu e também ao grego. Porque, para com Deus, não há acepção de pessoas" (Rm 2.10,11).

[37] "Vós sois o sal da terra; e se o sal for insípido, com que se há de salgar? Para nada mais presta senão para se lançar fora, e ser pisado pelos homens" (Mt 5.13).

[38] "Vós sois a luz do mundo; não se pode esconder uma cidade edificada sobre um monte... Assim resplandeça a vossa luz diante dos homens, para que vejam as vossas boas obras e glorifiquem a vosso Pai, que está nos céus" (Mt 5.14,16).

[39] "Mas recebereis a virtude do Espírito Santo, que há de vir sobre vós; e ser-me-eis testemunhas, tanto em Jerusalém como em toda a Judeia e Samaria, e até aos confins da terra" (At 1.8).

CAPÍTULO XII

Sobre o batismo em águas

CREMOS, professamos e ensinamos que o batismo em águas é uma ordenança de Cristo para a sua Igreja, dada por ordem específica do Senhor Jesus: *"Portanto, ide, ensinai todas as nações, batizando-as em nome do Pai, e do Filho, e do Espírito Santo"* (Mt 28.19). Reconhecemos esse ato como o testemunho público da experiência anterior, o novo nascimento, mediante a qual o crente participa espiritualmente da morte e da ressurreição de Cristo: *"Sepultados com ele no batismo, nele também ressuscitastes pela fé no poder de Deus, que o ressuscitou dos mortos"* (Cl 2.12).

1. O batismo em águas. É um ato importante e repleto de significados espirituais, que é administrado pela Igreja ao crente, mediante arrependimento e confissão de fé, onde quer que o evangelho seja pregado. Nós o efetuamos por imersão do corpo inteiro uma única vez em águas, em nome do Pai, e do Filho e do Espírito Santo. A palavra "batismo" significa "mergulho, imersão". As evidências do

Novo Testamento não deixam dúvida sobre esse procedimento. João Batista batizava em Enom: "*porque havia ali muitas águas; e vinham ali e eram batizados*" (Jo 3.23). Quando o Senhor Jesus foi batizado, está escrito que, após o ato, ele "*saiu logo da água*" (Mt 3.16). Não foi diferente no batismo do eunuco da rainha da Etiópia: "*e desceram ambos à água, tanto Filipe como o eunuco, e o batizou. E, quando saíram da água, o Espírito do Senhor arrebatou a Filipe*" (At 8.38,39). O batismo simboliza a morte, sepultamento e ressurreição de Cristo, deixando claro que se trata de uma prática imersionista: "*De sorte que fomos sepultados com ele pelo batismo na morte; para que, como Cristo ressuscitou dos mortos pela glória do Pai, assim andemos nós também em novidade de vida*" (Rm 6.4). Trata-se de um ato público de fé no qual, de modo simbólico, sepultamos a vida antiga e ressuscitamos com Cristo para uma nova vida.[1]

2. A fórmula batismal. A ordem dada por Jesus foi de batizar "*em nome do Pai, e do Filho e do Espírito Santo*" (Mt 28.19). Cremos e praticamos a fórmula que ele mesmo ordenou. Uma ordem dada por Jesus deve ser cumprida. Sobre a expressão que aparece quatro vezes no Novo Testamento: "*em nome de Jesus Cristo*" (At 2.38), "*em nome do Senhor Jesus*" (At 8.16; 19.5) e "*em nome do Senhor*" (At 10.48), significa somente que o batismo é realizado na autoridade do nome de Jesus.

3. Batismo não é sinônimo de regeneração. O batismo não é salvação; somos salvos pela graça mediante a fé.[2] O perdão dos pecados está em conexão com o arrependimento que precede o batismo. A frase "*Arrependei-vos, e cada um de vós seja batizado em nome de Jesus Cristo para perdão dos pecados*" (At 2.38) é interpretada erroneamente, muitas vezes, como essencial ao perdão, como fazem as principais seitas unicistas. No sermão seguinte, o apóstolo Pedro nem sequer menciona o batismo; a ênfase é dada ao arrependimento, à conversão e à aceitação de Cristo: "*Arrependei-vos, pois, e convertei-vos, para que sejam apagados os vossos pecados, e venham, assim, os tempos do refrigério pela presença do Senhor. E envie ele a Jesus Cristo, que já dantes vos foi pregado*" (At 3.19,20). O contexto bíblico mostra que o batismo não salva: "*Quem crer e for batizado será salvo; mas quem não crer será condenado*" (Mc 16.16). Não há menção de batismo na segunda cláusula; isso mostra que a simples falta de fé leva à condenação, e não a falta de batismo. Nós fomos batizados porque já somos salvos e não para sermos salvos. João Batista só batizava quem manifestava "*frutos dignos de arrependimento*" (Mt 3.8; Lc 3.8). Os primeiros candidatos ao batismo recebiam antes a palavra e depois se submetiam ao batismo: "*De sorte que foram batizados os que de bom grado receberam a sua palavra; e, naquele dia, agregaram-se quase três mil almas*" (At 2.41). Assim sendo, é possível uma salvação sem batismo, como aconteceu com o malfeitor crucificado ao lado do Senhor Jesus; o malfeitor arrependeu-se e não teve tempo para ser batizado.[3] O batismo é uma ordenança divina; é, em si, um ato de compromisso e profissão de fé; é um ato público em confirmação daquilo que já possuímos — a salvação pela fé em Jesus.

4. O batismo infantil. Não aceitamos nem praticamos o batismo infantil por não haver exemplo de batismo de crianças nas Escrituras e por não ser o batismo um meio da graça salvadora, ou sinal e selo da aliança, que substitui a circuncisão dos israelitas. Também por não ser possível à criança ter consciência de pecado, condição necessária para que ocorra arrependimento. As crianças, em estado pueril, não preenchem esses requisitos. Sobre a circuncisão, o pensamento cristão bíblico é: "*em Cristo Jesus nem a circuncisão, nem a incircuncisão tem virtude alguma, mas sim o ser uma nova criatura*" (Gl 6.15). Cremos e ensinamos que o batismo é apenas para os que primeiramente se arrependem dos seus pecados e creem em Jesus,[4] sendo também necessário pedir para ser batizado: "*Eis aqui água; que impede que eu seja batizado? E disse Filipe: É lícito, se crês de todo o coração. E, respondendo ele, disse: Creio que Jesus Cristo é o Filho de Deus. E mandou parar o carro, e desceram ambos à água, tanto Filipe como o eunuco, e o batizou*" (At 8.36-38). Assim, os candidatos ao batismo precisam exercer o arrependimento e a fé. O Novo Testamento mostra o batismo posterior à fé. Isso é visto no dia de Pentecostes[5] e na campanha evangelística de Filipe em Samaria: "*como cressem em Filipe, que lhes pregava acerca do Reino de Deus e do nome de Jesus Cristo, se batizavam, tanto homens como mulheres*" (At 8.12). Esses fatos não deixam margem para o batismo infantil.

---

[1] "Sepultados com ele no batismo, nele também ressuscitastes pela fé no poder de Deus, que o ressuscitou dentre os mortos" (Cl 2.12).

[2] "Porque pela graça sois salvos, por meio da fé; e isto não vem de vós, é dom de Deus. Não vem das obras, para que ninguém se glorie" (Ef 2.8,9).

[3] "E disse-lhe Jesus: Em verdade te digo que hoje estarás comigo no Paraíso" (Lc 23.43).

[4] "E disse-lhes Pedro: Arrependei-vos, e cada um de vós seja batizado em nome de Jesus Cristo, para perdão dos pecados; e recebereis o dom do Espírito Santo" (At 2.38).

[5] "De sorte que foram batizados os que de bom grado receberam a sua palavra; e, naquele dia, agregaram-se quase três mil almas" (At 2.41).

CAPÍTULO XIII

Sobre a *Ceia do Senhor*

CREMOS, professamos e ensinamos que a Ceia do Senhor é o rito da comunhão e ilustra a continuação da vida espiritual. Tal ordenança foi instituída diretamente pelo Senhor Jesus após a refeição da Páscoa na companhia de seus discípulos: "*Jesus tomou o pão, e, abençoando-o, o partiu, e o deu aos discípulos, e disse: Tomai, comei, isto é o meu corpo. E, tomando o cálice e dando graças, deu-lho, dizendo: Bebei dele todos. Porque isto é o meu sangue, o sangue do Novo Testamento, que é derramado por muitos, para remissão dos pecados*" (Mt 26.26-28). Desde então, a Igreja vem celebrando esse memorial e proclamando a Nova Aliança. Esse "Novo Concerto" é cumprimento das promessas divinas desde o Antigo Testamento,[1] sendo o próprio Jesus "*o Cordeiro de Deus, que tira o pecado do mundo*" (Jo 1.29) e a nossa Páscoa: "*Porque Cristo, nossa páscoa, foi sacrificado por nós*" (1 Co 5.7).

1. O significado da Ceia do Senhor. Essa solenidade é o rito contínuo da Igreja visível, instituído como memorial da morte de Jesus até a sua vinda: "*Porque, todas as vezes que comerdes este pão e beberdes este cálice, anunciais a morte do Senhor, até que venha*" (1 Co 11.26). A expressão "*todas as vezes*" remete à continuidade. Temos aqui o passado, a morte de Jesus; o presente, a nossa comunhão com Ele e com os irmãos; e o futuro, a sua volta. Pode ser dito que as igrejas do período apostólico celebravam semanalmente a Ceia do Senhor: "*No primeiro dia da semana, ajuntando-se os discípulos para partir o pão*" (At 20.7). Nós a celebramos numa frequência suficiente para evitar intervalos longos entre os períodos de reflexão, comunhão e ação de graças. Entendemos que se trata de uma solenidade de bênção e de comunhão para os crentes.[2] Ela é ministrada a todos os crentes em Jesus, batizados em águas, em plena comunhão com a Igreja. Essa ordenança exige um autoexame, uma reflexão sobre a nossa conduta, se ela está de acordo com os princípios da palavra de Deus,[3] para não sermos "*culpados do corpo e do sangue do Senhor*" (1 Co 11.27), ou seja, responsabilizados pela morte de Jesus.

2. Os elementos da Ceia do Senhor. As palavras de Jesus, "*Isto é o meu corpo*" (Mt 26.26) e "*isto é o meu sangue*" (Mt 26.28), mostram os dois elementos da Ceia do Senhor. Tendo Jesus ministrado pessoalmente os dois elementos aos seus discípulos, fica cabalmente demonstrado que as expressões "isto é o meu corpo" e "isto é o meu sangue" não são literais, mas referem-se a uma linguagem metafórica.[4]

---

[1] "Eis que dias vêm, diz o SENHOR, em que farei um concerto novo com a casa de Israel e com a casa de Judá. Não conforme o concerto que fiz com seus pais, no dia em que os tomei pela mão, para os tirar da terra do Egito, porquanto eles invalidaram o meu concerto, apesar de eu os haver desposado, diz o SENHOR. Mas este é o concerto que farei com a casa de Israel depois daqueles dias, diz o SENHOR: porei a minha lei no seu interior e a escreverei no seu coração; e eu serei o seu Deus, e eles serão o meu povo" (Jr 31.31-33).

[2] "Porventura, o cálice de bênção que abençoamos não é a comunhão do sangue de Cristo? O pão que partimos não é, porventura, a comunhão do corpo de Cristo?" (1 Co 10.16).

[3] "Examine-se, pois, o homem a si mesmo, e assim coma deste pão, e beba deste cálice" (1 Co 11.28).

[4] "Pelo que façamos festa, não com o fermento velho, nem com o fermento da maldade e da malícia, mas com os asmos da sinceridade e da verdade" (1 Co 5.8).

CAPÍTULO XIV

Sobre a *forma de governo*

CREMOS, professamos e ensinamos que existe hierarquia no céu e na terra e também na Igreja, pois todos nós estamos sob autoridade; todos nós prestamos contas a alguém, à autoridade.[1] O próprio Senhor Jesus Cristo disse: "*Porque eu desci do céu não para fazer a minha vontade, mas a vontade daquele que me enviou*" (Jo 6.38). A forma de governo da Igreja é bíblica e define quem exerce autoridade no que diz respeito ao serviço do culto coletivo e às questões doutrinárias e administrativas. Nossa estrutura constitui-se de pastores, evangelistas, presbíteros, diáconos e cooperadores; estes últimos identificados também como auxiliares ou trabalhadores de acordo com a região. O termo "obreiro" é genérico e usamos praticamente para todos os cargos e funções na Igreja. Nosso modelo de governo de igreja tem por base as Escrituras Sagradas.

*1. **Organização.*** A Igreja é um organismo vivo que gera vida, considerando a sua natureza espiritual, e, ao mesmo tempo, uma organização. As primeiras comunidades cristãs possuíam estrutura organizacional, ainda que bastante rudimentar. Há inúmeras evidências disso no Novo Testamento. Os discípulos estavam reunidos no cenáculo no dia de Pentecostes[2] e também se reuniam para adoração coletiva.[3] Os apóstolos separaram sete homens para o diaconato.[4] Paulo e Barnabé, juntamente com as igrejas, constituíram anciãos: "*E, havendo-lhes por comum consentimento eleito anciãos em cada igreja*" (At 14.23). O apóstolo Paulo deixou Tito em Creta para estabelecer presbíteros de cidade em cidade, além de organizar as igrejas.[5] Havia anciãos na Igreja de Éfeso: "*De Mileto, mandou a Éfeso chamar os anciãos da igreja*" (At 20.17); e ainda bispos e diáconos em Filipos: "*a todos os santos em Cristo Jesus que estão em Filipos, com os bispos e diáconos*" (Fp 1.1). Havia também o que hoje chamaríamos de "comissão de ética", para tratar da disciplina eclesiástica,[6] bem como pessoas ou grupos designados para cuidar das finanças e para levantar recursos financeiros para a obra.[7] Os crentes viajavam portando cartas de recomendação.[8]

2. O ministério da Igreja. Ministério é um termo muito abrangente na Bíblia, mas o contexto bíblico diz respeito ao desempenho de um serviço religioso especial, como o dos sacerdotes,[9] o dos profetas[10] e o dos apóstolos.[11] A Igreja, como corpo de Cristo, em sua tarefa de cumprir a soberana missão que lhe foi confiada, reconhece que o Espírito Santo de Deus levanta e capacita com dons ministeriais pessoas para os diversos ministérios da Igreja: "*E há diversidade de ministérios, mas o Senhor é o mesmo*" (1 Co 12.5). O Senhor Jesus prepara e capacita os seus escolhidos "*para a obra do ministério, para edificação do corpo de Cristo*" (Ef 4.12). Todos os que cooperam na Igreja são servos, cujo propósito é servir a Deus e a seu povo para o aperfeiçoamento e edificação dos santos.[12] Para a consagração de obreiros, exceto para os cooperadores, entre outros requisitos a Igreja observa a experiência do batismo no Espírito Santo.[13]

3. Pastores e evangelistas. Esses são geralmente identificados como "ministros do evangelho" em nossas igrejas e nas convenções. O pastor é alguém consagrado para exercer a função de apascentador do rebanho de Deus.[14] Apascentar é alimentar com a Palavra, cuidar e proteger o rebanho. São ordenadas para esse ministério pessoas com reconhecido chamado de Deus e verdadeira capacitação bíblica, sendo comprovada publicamente uma vida de dedicação e compromisso com a obra de Deus. Entendemos e cremos que o pastor é o *"anjo da igreja"* (Ap 2.1) a quem o Senhor Jesus Cristo delegou autoridade espiritual.[15] Embora seja comum haver muitos pastores numa mesma igreja, apenas um deles é o que preside.[16] Pastores e evangelistas são indicados por ministérios locais em convenções e ordenados perante a Igreja. O pastor-presidente é geralmente indicado por seu antecessor, mas há também eleição por aclamação ou por voto secreto; tudo depende das normas estatutárias de cada Igreja, pois sua autoridade espiritual e administrativa é interna. O papel das convenções é promover a moderação, a paz, a harmonia, a união e o intercâmbio entre as igrejas, bem como zelar pela observância da doutrina bíblica e incentivar a pregação do evangelho. Os pastores auxiliares e os evangelistas cooperam com o pastor-presidente nas igrejas e congregações. Os evangelistas são homens separados para o exercício de um importante ministério na área do crescimento da Igreja como proclamadores das "Boas-Novas".[17]

4. Os presbíteros. Os termos "ancião, presbítero e bispo" são sinônimos no Novo Testamento;[18] até mesmo os apóstolos apresentam-se, às vezes, como presbíteros, como ocorreu com Pedro[19] e João.[20] Em nossa estrutura de governo, presbíteros e diáconos são cargos locais; eles são consagrados ou separados nas igrejas locais.[21] Os presbíteros são auxiliares dos pastores; eles constituem o corpo auxiliar no governo da Igreja sob a presidência de um pastor.[22] Observamos os requisitos bíblicos para o exercício desse importante cargo eclesiástico: "*Convém, pois, que o bispo seja irrepreensível, marido de uma mulher, vigilante, sóbrio, honesto, hospitaleiro, apto para ensinar; não dado ao vinho, não espancador, não cobiçoso de torpe ganância, mas moderado, não contencioso, não avarento*" (1 Tm 3.2,3). Isso significa uma vida irrepreensível, casamento exemplar, temperança, equilíbrio, idoneidade, sobriedade, modéstia, hospitalidade, capacidade e habilidade para o ensino, ausência de vícios e um comportamento não espancador, mas moderado e inimigo de contendas. Acrescentam-se ainda a essas qualificações o bom testemunho familiar: "*que governe bem a sua casa*" (1 Tm 3.4); e que não seja novo na fé: "*não neófito*" (1 Tm 3.6); além de bom testemunho vindo dos não crentes: "*também, que tenha bom testemunho dos que estão de fora*" (1 Tm 3.7). O exercício do presbiterato exige experiência espiritual e convivência cristã. É de suma importância a boa fama perante os não crentes.[23] O apóstolo Paulo reitera essas instruções na epístola a Tito.[24]

5. Os diáconos. São pessoas que desenvolvem a função de servir nas atividades da Igreja. Para o exercício dessa função, é necessário ser separado oficialmente perante a Igreja para receber o reconhecimento público de sua função no corpo de Cristo. Os diáconos servem nas diversas atividades da Igreja: eles cooperam como porteiros e recepcionistas, na ordem do culto e na distribuição dos emblemas da Ceia do Senhor. As suas atividades, porém, não são restritas a isso; eles também cooperam como professores e superintendentes ou dirigentes de escola dominical, líderes de jovens e adolescentes, atuando também em diversos outros trabalhos nas igrejas, desde que autorizados por seus superiores. São "*varões de boa reputação, cheios do Espírito Santo e de sabedoria*" (At 6.3), que primeiramente foram provados antes de serem separados para o diaconato.[25] O testemunho deles é de acordo com as recomendações bíblicas: "*honestos, não de língua dobre, não dados a muito vinho, não cobiçosos de torpe ganância, guardando o mistério da fé em uma pura consciência*" (1 Tm 3.8, 9); e, no que tange à vida familiar, os diáconos são marido de uma só mulher e governam bem as suas casas e seus filhos: "*Os diáconos sejam maridos de uma mulher e governem bem seus filhos e suas próprias casas*" (1 Tm 3.12). O trabalho deles é digno de louvor e tem o reconhecimento do dono da obra, o Senhor Jesus Cristo: "*Porque os que servirem bem como diáconos adquirirão para si uma boa posição e muita confiança na fé que há em Cristo Jesus*" (1 Tm 3.13).

*6. **Os cooperadores.*** O termo "cooperador" no Novo Testamento é amplo e aplica-se a qualquer cargo ou função eclesiástica: "*Porque nós somos cooperadores de Deus*" (1 Co 3.9). João Marcos, também conhecido apenas como Marcos, autor humano do Evangelho que leva o seu nome, que serviu como assistente de Paulo e Barnabé durante a primeira viagem missionária,[26] é chamado de cooperador: "*E, chegados a Salamina, anunciavam a palavra de Deus nas sinagogas dos judeus; e tinham também a João como cooperador*" (At 13.5). Os cooperadores são apresentados em reuniões apropriadas da Igreja. Em muitos lugares, eles são chamados auxiliares ou trabalhadores. São convertidos a Cristo Jesus que se colocam à disposição do ministério local para atuar na sua obra, atendendo voluntariamente nas atividades eclesiásticas sem estarem limitados às rotinas de uma só função.

1 "Toda alma esteja sujeita às autoridades superiores; porque não há autoridade que não venha de Deus; e as autoridades que há foram ordenadas por Deus" (Rm 13.1); "Obedecei a vossos pastores e sujeitai-vos a eles; porque velam por vossa alma, como aqueles que hão de dar conta delas; para que o façam com alegria e não gemendo, porque isso não vos seria útil" (Hb 13.17).

2 "E, entrando, subiram ao cenáculo, onde habitavam Pedro e Tiago, João e André, Filipe e Tomé, Bartolomeu e Mateus, Tiago, filho de Alfeu, Simão, o Zelote, e Judas, filho de Tiago" (At 1.13); "Cumprindo-se o dia de Pentecostes, estavam todos reunidos no mesmo lugar" (At 2.1).

3 "E perseveravam na doutrina dos apóstolos, e na comunhão, e no partir do pão, e nas orações" (At 2.42); "Que fareis, pois, irmãos? Quando vos ajuntais, cada um de vós tem salmo, tem doutrina, tem revelação, tem língua, tem interpretação. Faça-se tudo para edificação" (1 Co 14.26).

4 "Escolhei, pois, irmãos, dentre vós, sete varões de boa reputação, cheios do Espírito Santo e de sabedoria, aos quais constituamos sobre este importante negócio [...]; e os apresentaram ante os apóstolos, e estes, orando, lhes impuseram as mãos" (At 6.3,6).

5 "Por esta causa te deixei em Creta, para que pusesses em boa ordem as coisas que ainda restam e, de cidade em cidade, estabelecesses presbíteros, como já te mandei" (Tt 1.5).

6 "Estais inchados e nem ao menos vos entristecestes, por não ter sido dentre vós tirado quem cometeu tal ação. Eu, na verdade, ainda que ausente no corpo, mas presente no espírito, já determinei, como se estivesse presente, que o que tal ato praticou, em nome de nosso Senhor Jesus Cristo, juntos vós e o meu espírito, pelo poder de nosso Senhor Jesus Cristo, seja entregue a Satanás para destruição da carne, para que o espírito seja salvo no Dia do Senhor Jesus" (1 Co 5.2-5).

7 "Mas, agora, vou a Jerusalém para ministrar aos santos. Porque pareceu bem à Macedônia e à Acaia fazerem uma coleta para os pobres dentre os santos que estão em Jerusalém. Isto lhes pareceu bem, como devedores que são para com eles. Porque, se os gentios foram participantes dos seus bens espirituais, devem também ministrar-lhes os temporais" (Rm 15.25-27); "Ora, quanto à coleta que se faz para os santos, fazei vós também o mesmo que ordenei às igrejas da Galácia. No primeiro dia da semana, cada um de vós ponha de parte o que puder ajuntar, conforme a sua prosperidade, para que se não façam as coletas quando eu chegar" (1 Co 16.1,2).

8 "Querendo ele passar à Acaia, o animaram os irmãos e escreveram aos discípulos que o recebessem; o qual, tendo chegado, aproveitou muito aos que pela graça criam" (At 18.27); "Recomendo-vos, pois, Febe, nossa irmã, a qual serve na igreja que está em Cencria, para que a recebais no Senhor, como convém aos santos, e a ajudeis em qualquer coisa que de vós necessitar; porque tem hospedado a muitos, como também a mim mesmo" (Rm 16.1,2).

9 "E Davi os repartiu, como também a Zadoque, dos filhos de Eleazar, e a Aimeleque, dos filhos de Itamar, segundo o seu ofício no seu ministério" (1 Cr 24.3).

10 "E o SENHOR protestou a Israel e a Judá, pelo ministério de todos os profetas e de todos os videntes, dizendo: Convertei-vos de vossos maus caminhos e guardai os meus mandamentos e os meus estatutos, conforme toda a Lei que ordenei a vossos pais e que eu vos enviei pelo ministério de meus servos, os profetas" (2 Rs 17.13).

11 "Para que tome parte neste ministério e apostolado, de que Judas se desviou, para ir para o seu próprio lugar" (At 1.25).

12 "Querendo o aperfeiçoamento dos santos, para a obra do ministério, para edificação do corpo de Cristo" (Ef 4.12).

13 "Escolhei, pois, irmãos, dentre vós, sete homens de boa reputação, cheios do Espírito Santo e de sabedoria, aos quais constituamos sobre este importante negócio" (At 6.3).

14 "Olhai, pois, por vós e por todo o rebanho sobre que o Espírito Santo vos constituiu bispos, para apascentardes a igreja de Deus, que ele resgatou com seu próprio sangue" (At 20.28).

15 "Obedecei a vossos pastores e sujeitai-vos a eles; porque velam por vossa alma, como aqueles que hão de dar conta delas; para que o façam com alegria e não gemendo, porque isso não vos seria útil" (Hb 13.17).

16 "E rogamo-vos, irmãos, que reconheçais os que trabalham entre vós, e que presidem sobre vós no Senhor, e vos admoestam" (1 Ts 5.12).

17 "Mas tu sê sóbrio em tudo, sofre as aflições, faze a obra de um evangelista, cumpre o teu ministério" (2 Tm 4.5).

18 "De Mileto, mandou a Éfeso chamar os anciãos da igreja [...]. Olhai, pois, por vós e por todo o rebanho sobre que o Espírito Santo vos constituiu bispos, para apascentardes a igreja de Deus, que ele resgatou com seu próprio sangue" (At 20.17,28); "Os presbíteros que governam bem sejam estimados por dignos de duplicada honra, principalmente os que trabalham na palavra e na doutrina" (1 Tm 5.17).

19 "Aos presbíteros que estão entre vós, admoesto eu, que sou também presbítero com eles, e testemunha das aflições de Cristo, e participante da glória que se há de revelar" (1 Pe 5.1).

20 "O presbítero ao amado Gaio, a quem, na verdade, eu amo" (3 Jo 1.1).

21 "Não desprezes o dom que há em ti, o qual te foi dado por profecia, com a imposição das mãos do presbitério" (1 Tm 4.14).

22 "Não aceites acusação contra presbítero, senão com duas ou três testemunhas" (1 Tm 5.19).

23 "Assim resplandeça a vossa luz diante dos homens, para que vejam as vossas boas obras e glorifiquem o vosso Pai, que está nos céus" (Mt 5.16).

24 "Aquele que for irrepreensível, marido de uma mulher, que tenha filhos fiéis, que não possam ser acusados de dissolução nem são desobedientes. Porque convém que o bispo seja irrepreensível como despenseiro da casa de Deus, não soberbo, nem iracundo, nem dado ao vinho, nem espancador, nem cobiçoso de torpe ganância; mas dado à hospitalidade, amigo do bem, moderado, justo, santo, temperante" (Tt 1.6-8).

25 "E também estes sejam primeiro provados, depois sirvam, se forem irrepreensíveis" (1 Tm 3.10).

26 "E Barnabé aconselhava que tomassem consigo a João, chamado Marcos" (At 15.37).

CAPÍTULO XV

Sobre a *verdadeira adoração*

CREMOS, professamos e ensinamos que a adoração é serviço sagrado, culto, reverência a Deus por aquilo que Ele é e por suas obras: *"Ao Senhor, teu Deus, adorarás e só a ele servirás"* (Mt 4.10). Seguimos o modelo bíblico da adoração cristã sem nenhuma representação visual: *"Então, o SENHOR vos falou do meio do fogo; a voz das palavras ouvistes; porém, além da voz, não vistes semelhança nenhuma"* (Dt 4.12). Aqui estão incluídas as coisas que estão nos céus e na terra, como manda o segundo mandamento do Decálogo.[1] Isso se faz necessário considerando, ainda, a reverência a Deus: *"Deus é Espírito, e importa que os que o adoram o adorem em espírito e em verdade"* (Jo 4.24). Assim, prestamos nossa adoração e nosso louvor em termos espirituais e imateriais sem o uso de imagens de escultura ou de qualquer outro tipo de representação.[2] Entendemos que a adoração é o nosso reconhecimento de que Deus é digno de ser adorado como resposta humana à natureza divina: *"o meu coração te disse a ti: O teu rosto, SENHOR, buscarei"* (Sl 27.8).

*1. **A adoração pública e coletiva.*** Reunimo-nos como corpo de Cristo para a adoração pública ao Deus Trino. Jesus prometeu: "*onde estiverem dois ou três reunidos em meu nome, aí estou eu no meio deles*" (Mt 18.20). A adoração pública é a atividade de glorificar a Deus em coletividade e serve também para comunhão,[3] despertamento,[4] exortação[5] e edificação da Igreja.[6] Essa adoração pública é realizada com ordem e decência para que os descrentes reconheçam a presença de Deus no culto[7] e para que somente Deus seja adorado no culto da Igreja.[8] Nenhuma prerrogativa é dada a anjos e a seres humanos, pois Deus não divide sua glória com ninguém: "*E a minha glória não a darei a outrem*" (Is 48.11). Portanto, confessamos que, na adoração pública, a oração, os cânticos, o ofertório, a pregação e o exercício dos dons espirituais na Igreja servem "*para que em tudo Deus seja glorificado por Jesus Cristo, a quem pertence à glória e poder para todo o sempre. Amém!*" (1 Pe 4.11). Entendemos que a adoração pública é um encontro com Deus para um diálogo: nós conversamos com Ele por meio de nossas orações, cânticos e ofertas, e Deus fala conosco por meio de sua Palavra (pregação e ensino) e das manifestações dos dons espirituais.

*2. **A adoração individual.*** Nós adoramos a Deus como crentes individualmente e em todo o tempo: "*a hora vem, e agora é, em que os verdadeiros adoradores adorarão o Pai em espírito e em verdade; porque o Pai procura a tais que assim o adorem*" (Jo 4.23). Ensinamos que a verdadeira adoração é aquela que nasce no coração e é expressa com obediência à vontade de Deus, sendo percebida pelo testemunho individual que glorifica ao Senhor da Igreja.[9] Negamos que a adoração e a espiritualidade de alguém possam ser medidas, percebidas ou avaliadas exclusivamente pelo exercício dos dons espirituais.[10] Ensinamos que a adoração é uma atividade espiritual e precisa ser efetuada pelo poder e fruto do Espírito Santo na formação do caráter cristão na vida do adorador.[11] Rejeitamos a hipocrisia e toda a aparência de piedade na vida do adorador.[12] Na adoração individual, buscamos a santificação pessoal,[13] servindo a Deus de modo agradável, com reverência e santo temor.[14]

3. Os elementos do culto. Havia diversos elementos na adoração nos tempos do Antigo Testamento, como oração,[15] sacrifício,[16] oferta,[17] louvor e cântico.[18] Fazia parte da liturgia judaica nas sinagogas do primeiro século d.C. a oração antífona do *Shema*, "ouve", a confissão de fé dos judeus,[19] a leitura bíblica[20] e a exortação.[21] Nossa liturgia é simples e pentecostal, conforme o modelo do Novo Testamento: "*Que fareis, pois, irmãos? Quando vos ajuntais, cada um de vós tem salmo, tem doutrina, tem revelação, tem língua, tem interpretação. Faça-se tudo para edificação*" (1 Co 14.26). Ela consiste em oração, louvor, leitura bíblica, exposição das Escrituras Sagradas ou testemunho e contribuição financeira, ou seja, ofertas e dízimos. Entendemos que a adoração está incompleta na falta de pelo menos um desses elementos, exceto se as circunstâncias forem desfavoráveis ou contrárias.

4. A oração. Oração é o ato consciente, pelo qual a pessoa dirige-se a Deus para se comunicar com Ele e buscar a sua ajuda por meio de palavra ou pensamento. Temos diversas reuniões de oração, e também é nosso hábito a vida de oração: "*Orai sem cessar*" (1 Ts 5.17). Nessa oração individual e privativa ou congregacional, apresentamos a Deus nossa gratidão e nossas petições.[22] Cremos no poder da oração: "*a oração feita por um justo pode muito em seus efeitos*" (Tg 5.16). Oramos pelas famílias, em favor de nossos pastores e líderes,[23] pelos missionários,[24] pela salvação de todas as pessoas e em favor das autoridades constituídas,[25] pela nação de Israel e Jerusalém,[26] em favor dos enfermos[27], pelos presos[28] e por diversos tipos de milagres, pois Deus "é poderoso para fazer tudo muito mais abundantemente além daquilo que pedimos ou pensamos, segundo o poder que em nós opera" (Ef 3.20). É do agrado de Deus a oração dos seus santos; ela é usada metaforicamente como incenso que sobe diante de Deus num incensário.[29]

5. O Jejum. O jejum é uma prática frequente entre nós, na vida diária dos crentes individualmente e também em reuniões de culto, com objetivo específico, como acontecia nos tempos bíblicos: "*Santificai um jejum, apregoai um dia de proibição, congregai os anciãos e todos os moradores desta terra, na Casa do Senhor, vosso Deus, e clamai ao Senhor*" (Jl 1.14); "*E, servindo eles ao Senhor e jejuando, disse o Espírito Santo: Apartai-me a Barnabé e a Saulo para a obra a que os tenho chamado. Então, jejuando, e orando, e pondo sobre eles as mãos, os despediram*" (At 13.2, 3). O jejum bíblico é a abstinência de alimento, acompanhada de uma atitude pessoal de contrição, dedicação e devoção, por certo tempo, com o propósito de afastar-se para buscar a Deus e dedicar-se a Ele de maneira exclusiva. Moisés, Elias e Jesus jejuaram quarenta dias e quarenta noites.[30] Trata-se de um ato voluntário de acordo com a necessidade de cada irmão ou cada irmã, cujo tempo dessa consagração é de decisão pessoal, que envolve horas ou até mesmo dias. O jejum pode ser absoluto ou parcial. É absoluto quando a abstenção envolve não comer e nem beber; nesse caso as Escrituras Sagradas são específicas: "*e jejuai por mim, e não comais nem bebais por três dias, nem de dia nem de noite, e eu e as minhas moças também assim jejuaremos*" (Et 4.16). Assim foi o jejum de Saulo de Tarso quando ele se encontrou com Jesus: "*E esteve três dias sem ver, e não comeu, nem bebeu*" (At 9.9). O jejum parcial é, geralmente, a abstenção apenas de alimento sólido. O ato de jejuar é sempre acompanhado de oração.[31]

1 "Não farás para ti imagem de escultura, nem alguma semelhança do que há em cima nos céus, nem em baixo na terra, nem nas águas debaixo da terra. Não te encurvarás a elas nem as servirás; porque eu, o Senhor, teu Deus, sou Deus zeloso, que visito a maldade dos pais nos filhos até à terceira e quarta geração daqueles que me aborrecem" (Êx 20.4,5).

2 "Guardai, pois, com diligência a vossa alma, pois semelhança nenhuma vistes no dia em que o Senhor, vosso Deus, em Horebe, falou convosco, do meio do fogo; para que não vos corrompais e vos façais alguma escultura, semelhança de imagem, figura de macho ou de fêmea; figura de algum animal que haja na terra, figura de alguma ave alígera que voa pelos céus; figura de algum animal que anda de rastos sobre a terra, figura de algum peixe que esteja nas águas debaixo da terra" (Dt 4.15-18); "Mas a hora vem, e agora é, em que os verdadeiros adoradores adorarão o Pai em espírito e em verdade, porque o Pai procura a tais que assim o adorem. Deus é Espírito, e importa que os que o adoram o adorem em espírito e em verdade" (Jo 4.23, 24).

3 "Mas, se andarmos na luz, como ele na luz está, temos comunhão uns com os outros, e o sangue de Jesus Cristo, seu Filho, nos purifica de todo o pecado" (1 Jo 1.7).

4 "Por isso exortai-vos uns aos outros, e edificai-vos uns aos outros, como também o fazeis" (1 Ts 5.11).

5 "A palavra de Cristo habite em vós abundantemente, em toda a sabedoria, ensinando-vos e admoestando-vos uns aos outros, com salmos, hinos e cânticos espirituais, cantando ao Senhor com graça em vosso coração" (Cl 3.16).

6 "Que fareis, pois, irmãos? Quando vos ajuntais, cada um de vós tem salmo, tem doutrina, tem revelação, tem língua, tem interpretação. Faça-se tudo para edificação" (1 Co 14.26).

7 "Mas faça-se tudo decentemente e com ordem" (1 Co 14.40); "Porque Deus não é Deus de confusão, senão de paz, como em todas as igrejas dos santos" (1 Co 14.33); "E, portanto, os segredos do seu coração ficam manifestos, e assim, lançando-se sobre o seu rosto, adorará a Deus, publicando que Deus está verdadeiramente entre vós" (1 Co 14.25).

8 "Então, disse-lhe Jesus: Vai-te, Satanás, porque está escrito: Ao Senhor, teu Deus, adorarás e só a ele servirás" (Mt 4.10).

9 "Assim resplandeça a vossa luz diante dos homens, para que vejam as vossas boas obras e glorifiquem a vosso Pai, que está nos céus" (Mt 5.16); "Quem dentre vós é sábio e entendido? Mostre pelo seu bom trato as suas obras em mansidão de sabedoria" (Tg 3.13).

10 "Muitos me dirão naquele dia: Senhor, Senhor, não profetizamos nós em teu nome? e em teu nome não expulsamos demônios? e em teu nome não fizemos muitas maravilhas? E então lhes direi abertamente: Nunca vos conheci; apartai-vos de mim, vós que praticais a iniquidade" (Mt 7.22,23).

11 "Porque Deus é o que opera em vós tanto o querer como o efetuar, segundo a sua boa vontade" (Fp 2.13); "Mas o fruto do Espírito é: amor, gozo, paz, longanimidade, benignidade, bondade, fé, mansidão, temperança" (Gl 5.22).

12 "Tendo aparência de piedade, mas negando a eficácia dela. Destes afasta-te" (2 Tm 3.5); "Este povo se aproxima de mim com a sua boca e me honra com os seus lábios, mas o seu coração está longe de mim" (Mt 15.8).

13 "Mortificai, pois, os vossos membros, que estão sobre a terra: a fornicação, a impureza, a afeição desordenada, a vil concupiscência, e a avareza, que é idolatria" (Cl 3.5); "Segui a paz com todos, e a santificação, sem a qual ninguém verá o Senhor" (Hb 12.14).

14 "Por isso, tendo recebido um reino que não pode ser abalado, retenhamos a graça, pela qual sirvamos a Deus agradavelmente, com reverência e piedade; porque o nosso Deus é um fogo consumidor" (Hb 12.28-29).

15 "E, acabando Salomão de orar, desceu fogo do céu e consumiu o holocausto e os sacrifícios; e a glória do Senhor encheu a casa" (2 Crônicas 7.1).

16 "Subia, pois, este homem da sua cidade de ano em ano a adorar e a sacrificar ao Senhor dos Exércitos, em Siló; e estavam ali os sacerdotes em Siló; e estavam ali os sacerdotes do Senhor, Hofni e Fineias, os dois filhos de Eli" (1 Sm 1.3).

17 "E eis que agora eu trouxe as primícias dos frutos da terra que tu, ó Senhor, me deste. Então, as porás perante o Senhor, teu Deus, e te inclinarás perante o Senhor, teu Deus" (Dt 26.10); "Dai ao Senhor a glória de seu nome; trazei presentes e vinde perante ele; adorai ao Senhor na beleza da sua santidade" (1 Cr 16.29).

18 "E todos os filhos de Israel, vendo descer o fogo e a glória do SENHOR sobre a casa, encurvaram-se com o rosto em terra sobre o pavimento, e adoraram, e louvaram o SENHOR, porque é bom, porque a sua benignidade dura para sempre" (2 Cr 7.3).

19 "Ouve, Israel, o SENHOR, nosso Deus, é o único SENHOR" (Dt 6.4).

20 "E, chegando a Nazaré, onde fora criado, entrou num dia de sábado, segundo o seu costume, na sinagoga e levantou-se para ler. E foi-lhe dado o livro do profeta Isaías; e, quando abriu o livro, achou o lugar em que estava escrito" (Lc 4.16,17).

21 "E, depois da lição da Lei e dos Profetas, lhes mandaram dizer os principais da sinagoga: Varões irmãos, se tendes alguma palavra de consolação para o povo, falai" (At 13.15).

22 "E, quando orares, não sejas como os hipócritas, pois se comprazem em orar em pé nas sinagogas e às esquinas das ruas, para serem vistos pelos homens. Em verdade vos digo que já receberam o seu galardão. Mas tu, quando orares, entra no teu aposento e, fechando a tua porta, ora a teu Pai, que vê o que está oculto; e teu Pai, que vê o que está oculto, te recompensará" (Mt 6.5,6).

23 "Pedro, pois, era guardado na prisão; mas a igreja fazia contínua oração por ele a Deus" (At 12.5).

24 "Orando em todo tempo com toda oração e súplica no Espírito e vigiando nisso com toda perseverança e súplica por todos os santos e por mim; para que me seja dada, no abrir da minha boca, a palavra com confiança, para fazer notório o mistério do evangelho" (Ef 6.18,19).

25 "Admoesto-te, pois, antes de tudo, que se façam deprecações, orações, intercessões e ações de graças por todos os homens, pelos reis e por todos os que estão em eminência, para que tenhamos uma vida quieta e sossegada, em toda a piedade e honestidade. Porque isto é bom e agradável diante de Deus, nosso Salvador, que quer que todos os homens se salvem e venham ao conhecimento da verdade" (1 Tm 2.1-4).

26 "Orai pela paz de Jerusalém! Prosperarão aqueles que te amam" (Sl 122.6).

27 "Está alguém entre vós doente? Chame os presbíteros da igreja, e orem sobre ele, ungindo-o com azeite em nome do Senhor; e a oração da fé salvará o doente, e o Senhor o levantará; e, se houver cometido pecados, ser-lhe-ão perdoados" (Tg 5.14,15).

28 "Lembrai-vos dos presos, como se estivésseis presos com eles, e dos maltratados, como sendo-o vós mesmos também no corpo" (Hb 13.3).

29 "E, havendo tomado o livro, os quatro animais e os vinte e quatro anciãos prostraram-se diante do Cordeiro, tendo todos eles harpas e salvas de ouro cheias de incenso, que são as orações dos santos" (Ap 5.8); "E veio outro anjo e pôs-se junto ao altar, tendo um incensário de ouro; e foi-lhe dado muito incenso, para o pôr com as orações de todos os santos sobre o altar de ouro que está diante do trono. E a fumaça do incenso subiu com as orações dos santos desde a mão do anjo até diante de Deus" (Ap 8.3,4).

30 "E esteve Moisés ali com o SENHOR quarenta dias e quarenta noites; não comeu pão, nem bebeu água, e escreveu nas tábuas as palavras do concerto, os dez mandamentos" (Êx 34.28); "Levantou-se, pois, e comeu, e bebeu, e, com a força daquela comida, caminhou quarenta dias e quarenta noites até Horebe, o monte de Deus" (1 Rs 19.8); "e, tendo jejuado quarenta dias e quarenta noites, depois teve fome" (Mt 5.2).

31 "E, havendo-lhes por comum consentimento eleito anciãos em cada igreja, orando com jejuns, os encomendaram ao Senhor em quem haviam crido" (At 14.23).

CAPÍTULO XVI

Sobre a Igreja e o Estado

CREMOS, professamos e ensinamos que Deus constituiu autoridades para administrarem a vida em comunidade e exercerem juízos nas sociedades, pelo bem da coletividade: "*Toda alma esteja sujeita às autoridades superiores; porque não há autoridade que não venha de Deus; e as autoridades que há foram ordenadas por Deus*" (Rm 13.1). Com esse ensino, a Bíblia elimina a possibilidade de a Igreja desconsiderar as autoridades constituídas. O Estado é o povo politicamente organizado exercendo a soberania em um território. A Igreja do Senhor Jesus Cristo vive em sociedade e respeita o Estado, colaborando com as autoridades que o representam na preservação da ordem pública e na formação de cidadãos de caráter íntegro e honesto, produtivos e conscientes de que a autoridade "é ministro de Deus para teu bem" (Rm 13.4). Por outro lado, esses mesmos cidadãos são também conscientes de que a verdadeira pátria de um cristão está nos céus: "*Mas a nossa cidade está nos céus*" (Fp 3.20), e de que são, por isso mesmo, cidadãos do Reino de Deus.

1. As autoridades constituídas. Reconhecemos a legitimidade das autoridades constituídas e ensinamos nossa submissão a elas: "*Por isso, quem resiste à autoridade resiste à ordenação de Deus; e os que resistem trarão sobre si mesmos a condenação* [...]. *Portanto, é necessário que lhe estejais sujeitos, não somente pelo castigo, mas também pela consciência*" (Rm 13.2,5); temos, porém, a Bíblia Sagrada como a nossa única regra de fé e prática. Enquanto organização civil, a Igreja está submetida ao Estado, tendo como limite de tal submissão os preceitos bíblicos, de sorte que, em caso de conflito entre as normas emanadas do Estado e a Bíblia, esta prevalece sobre aquelas: "*Mais importa obedecer a Deus do que aos homens*" (At 5.29).

2. O direito de sufrágio. Sendo um direito público subjetivo de natureza política, o sufrágio decorre naturalmente de nossa condição de cidadão, pelo que, como cidadãos cristãos, podemos votar, ser votados e participar da organização e da atividade do poder estatal.

CAPÍTULO XVII

Sobre a *Lei*

CREMOS, professamos e ensinamos que a Lei de Moisés ou Lei do Senhor é de origem divina. As expressões "Lei de Deus", "Lei do Senhor" e "Lei de Moisés" dizem respeito a uma mesma coisa.[1] A Lei de Moisés é o mais importante código de leis da antiguidade por sua santidade, por seu caráter espiritual e por sua autoridade divina: *"a lei é santa; e o mandamento, santo, justo e bom* [...] *a lei é espiritual"* (Rm 7.12,14). Ela foi dada por Deus aos israelitas por meio de Moisés, o grande legislador do povo hebreu: *"Porque a lei foi dada por Moisés"* (Jo 1.17). Sua grandeza, porém, vai além de tudo isso, pois nela, Deus esboça o plano da redenção humana em Cristo: *"Porque o fim da lei é Cristo para a justiça de todo aquele que crê"* (Rm 10.4). A Lei é constituída de cinco livros: Gênesis, Êxodo, Levítico, Números e Deuteronômio. Seus preceitos jurídicos e suas narrativas históricas são de natureza profética, com significados espirituais profundos e aplicações teológicas no Novo Testamento.

1. Preceitos morais, cerimoniais e civis. As chamadas lei moral, lei cerimonial e lei civil são, na verdade, três partes de uma mesma lei que o Senhor Jesus já cumpriu na sua totalidade: "*Não cuideis que vim destruir a lei ou os profetas; não vim ab-rogar, mas cumprir*" (Mt 5.17). Os preceitos morais são os que tratam dos princípios básicos morais sem concessão, válidos para todos os povos, e em todas as épocas, e em todos os lugares. A lei cerimonial é a parte que trata das festividades religiosas, do sistema de sacrifício e da adoração no santuário, dos alimentos limpos e imundos e das instruções sobre a pureza ritual, entre outros preceitos. A lei civil diz respeito à responsabilidade do israelita como cidadão; eram regulamentos jurídicos e instruções que regiam a nação de Israel. Essa visão tripartida da lei é didática e surgiu na Idade Média. Todos esses tipos de preceitos aparecem na Bíblia como a Lei de Moisés; porém, sem classificação específica, tudo é a Lei de Moisés.

2. A função da lei. A Lei é chamada de Torá no Antigo Testamento hebraico e pelos judeus ainda hoje; o termo Torá basicamente significa "instrução, ensino, lei"; contudo, a palavra mais usual entre os cristãos é Pentateuco, termo grego que literalmente significa "cinco estojos de levar rolos de papiros" e que foi aplicado aos cinco livros de Moisés pelos judeus de Alexandria a partir do primeiro século d.C.. A Lei foi dada por Moisés aos filhos de Israel no Monte Sinai como instrução de Deus para o seu povo Israel e também como guia para o bem-estar de toda a nação: "*Esta é, pois, a lei que Moisés propôs aos filhos de Israel*" (Dt 4.44). Temos na Lei de Moisés a base e a estrutura social e política do Estado. O papel dos profetas do Antigo Testamento como porta-vozes de Deus e intérpretes da lei era o de conscientizar o povo do seu compromisso assumido no Sinai, colocando em prática a aliança feita com os seus antepassados. A formação social e cultural de Israel e a sua grande influência entre todos os povos da terra devem-se à pregação e aos escritos desses profetas que o cristianismo difundiu por todo o mundo.

3. A lei e a fé cristã. A lei não salva nem é essa a sua função. Ninguém é justificado pelas obras da lei: *"o homem não é justificado pelas obras da lei"* (Gl 2.16). Sua função é revelar o pecado no ser humano para nos conduzir a Cristo: *"a lei nos serviu de aio, para nos conduzir a Cristo, para que, pela fé, fôssemos justificados"* (Gl 3.24). A lei é como o resultado de um exame, que mostra a enfermidade e, com base no qual, o médico indica o medicamento para a cura — o sangue do Cordeiro Imaculado que tira o pecado do mundo: *"Nenhuma carne será justificada diante dele pelas obras da lei, porque pela lei vem o conhecimento do pecado"* (Rm 3.20). A lei não podia ajudar o israelita a praticar a justiça, pois ela, como um termômetro que mede a temperatura, sem gerar, porém, calor ou frio, apenas mensurava a justiça e a injustiça, mas não ajudava ninguém a se tornar justo ou injusto.

4. A lei e a graça. Entendemos que a lei diz: "faça e viva"[2]; a graça, no entanto, diz: "viva e faça".[3] Não estamos debaixo da lei, mas debaixo da graça.[4] Isso significa que não somos controlados pela lei, mas, sim, pela graça: *"Mas, se sois guiados pelo Espírito, não estais debaixo da lei"* (Gl 5.18). Nossa obediência não é mais ao estilo da lei escrita; agora, estamos livres para servir a Deus na direção do Espírito Santo: *"estamos livres da lei, pois morremos para aquilo em que estávamos retidos; para que sirvamos em novidade de espírito, e não na velhice da letra"* (Rm 7.6). Apesar de estarmos libertos da lei, essa liberdade significa que estamos livres para servir, e não para pecar,[5] pois agora somos servos de Cristo, e não da lei. Assim sendo, servimos a Jesus e somos guiados pelo Espírito na obediência.

5. A transitoriedade da lei. O Senhor Jesus cumpriu toda a lei, os preceitos morais, cerimoniais e civis: "*Não cuideis que vim destruir a lei ou os profetas; não vim ab-rogar, mas cumprir. Porque em verdade vos digo que, até que o céu e a terra passem, nem um jota ou um til se omitirá da lei sem que tudo seja cumprido*" (Mt 5.17,18). A lei durará enquanto durar o universo, mas Jesus a cumpriu para efetuar uma mudança: "*Porque, mudando-se o sacerdócio, necessariamente se faz também mudança da lei*" (Hb 7.12). A função da lei era transitória;[6] ela foi dada por causa do pecado até a vinda do Messias[7] e serviu para nos conduzir a Cristo: "*Mas, depois que a fé veio, já não estamos debaixo de aio*" (Gl 3.25). Nesse sentido, todo o sistema mosaico foi abolido. No entanto, a verdade moral contida na lei foi resgatada sob a graça e adaptada a ela.

---

1 "Firmemente aderiram a seus irmãos, os mais nobres de entre eles, e convieram num anátema e num juramento, de que andariam na Lei de Deus, que foi dada pelo ministério de Moisés, servo de Deus; e de que guardariam e cumpririam todos os mandamentos do SENHOR, nosso Senhor, e os seus juízos e os seus estatutos" (Ne 10.29); "E, cumprindo-se os dias da purificação, segundo a lei de Moisés, o levaram a Jerusalém, para o apresentarem ao Senhor (segundo o que está escrito na lei do Senhor: Todo macho primogênito será consagrado ao Senhor)" (Lc 2.22,23).

2 "Portanto, os meus estatutos e os meus juízos guardareis; os quais, fazendo-os o homem, viverá por eles. Eu sou o SENHOR" (Lv 18.5).

3 "Porque pela graça sois salvos, por meio da fé; e isso não vem de vós; é dom de Deus. Não vem das obras, para que ninguém se glorie. Porque somos feitura sua, criados em Cristo Jesus para as boas obras, as quais Deus preparou para que andássemos nelas" (Ef 2.8-10).

4 "Porque o pecado não terá domínio sobre vós, pois não estais debaixo da lei, mas debaixo da graça" (Rm 6.14).

5 "Pois quê? Pecaremos porque não estamos debaixo da lei, mas debaixo da graça? De modo nenhum!" (Rm 6.15).

6 "Porque, tendo a lei a sombra dos bens futuros e não a imagem exata das coisas, nunca, pelos mesmos sacrifícios que continuamente se oferecem cada ano, pode aperfeiçoar os que a eles se chegam" (Hb 10.1).

7 "Logo, para que é a lei? Foi ordenada por causa das transgressões, até que viesse a posteridade a quem a promessa tinha sido feita, e foi posta pelos anjos na mão de um medianeiro" (Gl 3.19).

CAPÍTULO XVIII

Sobre os Dez Mandamentos

CREMOS, professamos e ensinamos que os Dez Mandamentos são preceitos dados por Deus a Moisés para orientar a vida do povo de Israel. Os Dez Mandamentos são chamados também de "Decálogo". São oito proibições e duas ordens que, em hebraico, recebem a denominação de "as dez palavras". A Septuaginta, antiga versão grega do Antigo Testamento, emprega o termo *decálogo*, "decálogo, dez palavras". A fórmula introdutória do Decálogo tem característica única: "*Então, falou Deus todas estas palavras, dizendo* [...]" (Êx 20.1). O termo só aparece três vezes na Bíblia e é traduzido em nossas versões por "dez mandamentos": "[...] *e escreveu nas tábuas as palavras do concerto, os dez mandamentos*" (Êx 34.28); "*Então, vos anunciou ele o seu concerto, que vos prescreveu, os dez mandamentos, e os escreveu em duas tábuas de pedra*" (Dt 4.13); "*Então, escreveu o* SENHOR *nas tábuas, conforme a primeira escritura, os dez mandamentos*" (Dt 10.4). Somente a Versão Almeida Atualizada usa a expressão "as dez palavras", mas apenas em Êxodo 34.28: "[...] *e escreveu nas tábuas as palavras do concerto, as dez palavras*". O sentido de "palavra" na Bíblia é amplo; indica a comunicação de um conteúdo completo e também o portador linguístico de um significado. O seu uso como "mandamento, discurso, pronunciamento, proposição" é legítimo, mas é só no Novo Testamento que cinco dessas palavras são chamadas de mandamentos e estão listadas fora da sequência canônica: "*Sabes os mandamentos: Não adulterarás, não matarás, não furtarás, não dirás falso testemunho, honra a teu pai e a tua mãe*" (Lc 18.20). Após a Septuaginta, o termo "decálogo" só aparece no período da Patrística e, depois disso, o vocábulo tornou-se popular entre os cristãos.

1. Os Dez Mandamentos. As dez palavras estão esboçadas somente em dois lugares nas Escrituras Sagradas: em Êxodo 20.1-17 e em Deuteronômio 5.6-21: **1** – Não terás outros deuses,[1] **2** – Não farás para ti imagem de escultura [...] não te encurvarás a elas,[2] **3** – Não tomarás o nome do SENHOR, teu Deus, em vão,[3] **4** – lembra-te do dia do sábado, para o santificar,[4] **5** – Honra a teu pai e a tua mãe,[5] **6** – Não matarás,[6] **7** – Não adulterarás,[7] **8** – Não furtarás,[8] **9** – Não dirás falso testemunho contra o teu próximo,[9] **10** – Não cobiçarás a casa do teu próximo; não cobiçarás a mulher do teu próximo [...].[10] Essas dez palavras foram escritas em duas tábuas de pedra pelo próprio Deus.[11] Os três primeiros mandamentos dizem respeito ao nosso relacionamento com Deus. O propósito do quarto mandamento, o sábado, é duplo, social e espiritual. O aspecto social é cessar os trabalhos a cada seis dias de labor e dar descanso aos seres humanos e aos animais. Já o aspecto espiritual é dedicar um dia na semana para adoração a Deus, meditação e contemplação das obras do Criador. Os outros seis mandamentos dizem respeito ao nosso relacionamento com o próximo. A estrutura dos Dez Mandamentos resume-se no amor a Deus e ao próximo, diz respeito a Deus e à sociedade e envolve pensamento, palavras e obras. Ensinamos, pois, que não somente o Decálogo, mas também todo o sistema mosaico, é sumariado nos dois grandes mandamentos: *"Respondeu-lhe Jesus: Amarás o Senhor, teu Deus, de todo o teu coração, de toda a tua alma e de todo o teu entendimento. Este é o grande e primeiro mandamento. O segundo, semelhante a este, é: Amarás o teu próximo como a ti mesmo. Destes dois mandamentos dependem toda a lei e os Profetas"* (Mt 22.37-40).

2. Significado e propósito dos três primeiros mandamentos. Cremos e ensinamos que não somos salvos por observarmos e guardarmos os mandamentos. Somos salvos pela graça por meio da fé.[12] Esses preceitos foram dados como orientação para uma vida próspera e abençoada. Essa é a vontade de Deus. O primeiro mandamento do Decálogo, *"Não terás outros deuses diante de mim"*, é muito mais que uma apologia ao monoteísmo; trata-se, também, da soberania de um Deus que remiu Israel da escravidão do Egito. O pensamento principal desse mandamento abrange a singularidade e a exclusividade de Deus, sendo aplicado a todos nós, pois Deus tem o primeiro lugar em nossa vida: *"Ao Senhor, teu Deus, adorarás e só a ele servirás"* (Mt 4.10). O segundo mandamento, *"Não farás para ti imagem de escultura, nem alguma semelhança do que há em cima nos céus, nem em baixo na terra, nem nas águas debaixo da terra. Não te encurvarás a elas nem as servirás; porque eu, o SENHOR, teu Deus, sou Deus zeloso"*, ensina-nos a adorar a Deus diretamente, sem mediação de nenhum objeto,[13] porque *"Deus é Espírito"* (Jo 4.24). O seu enfoque é o compromisso com o único Deus verdadeiro,[14] afastando dos ídolos[15] e da idolatria os filhos de Israel.[16] Nós repudiamos toda a forma de idolatria. O terceiro mandamento: *"Não tomarás o nome do SENHOR, teu Deus, em vão"* significa não usar o nome de Deus de forma superficial, em conversas triviais, nem faltar com a verdade em seu nome, como ao pronunciar um juramento falso[17] ou fazer um voto e não o cumprir.[18] O Senhor Jesus fez menção do terceiro mandamento quando falou contra o perjúrio.[19]

3. O sábado. A guarda do sábado é o único preceito do Decálogo não repetido no Novo Testamento para ser observado pelo cristão: "*Portanto, ninguém vos julgue pelo comer, ou pelo beber, ou por causa dos dias de festa, ou da lua nova, ou dos sábados*" (Cl 2.16). O sábado é um preceito cerimonial, pois é colocado no mesmo nível do ritual do templo.[20] Os sacerdotes podiam violar o sábado e ficar sem culpa.[21] De igual modo, o sábado é posto em pé de igualdade com os preceitos dietéticos.[22] Para nós, o dia do culto é o sábado cristão, o domingo, termo que significa "dia do Senhor", pois, nesse dia, o Senhor Jesus ressuscitou dentre os mortos.[23] O primeiro culto cristão aconteceu no domingo: "*Chegada, pois, a tarde daquele dia, o primeiro da semana, e cerradas as portas onde os discípulos, com medo dos judeus, se tinham ajuntado, chegou Jesus, e pôs-se no meio, e disse-lhes: Paz seja convosco!*" (Jo 20.19). Esse dia foi instituído sem decreto e sem norma legal como o dia de culto pelos primeiros cristãos desde os dias apostólicos: "*No primeiro dia da semana, ajuntando-se os discípulos para partir o pão, Paulo, que havia de partir no dia seguinte, falava com eles; e alargou a prática até à meia-noite*" (At 20.7).[24] Por essa razão, nós estamos desobrigados do quarto mandamento.

4. O propósito do quinto mandamento. A segunda parte dos Dez Mandamentos começa com o quinto mandamento, "*Honra a teu pai e a tua mãe, para que se prolonguem os teus dias na terra que o Senhor, teu Deus, te dá*". Honrar pai e mãe vai além da simples obediência; implica amar e respeitar de forma elevada, demonstrando espírito de consideração e submissão. O Senhor Jesus disse que foi o próprio

Deus que ordenou esse mandamento: *"Porque Deus ordenou, dizendo: Honra a teu pai e a tua mãe"* (Mt 15.4); e Ele mesmo obedecia ao seu pai adotivo, José, e a Maria, sua mãe: *"E desceu com eles, e foi para Nazaré, e era-lhes sujeito"* (Lc 2.51).

5. Os mandamentos expressos em duas palavras. O sexto mandamento, *"Não matarás"*, significa "não assassinar". Por esse mandamento, Deus proíbe o assassinato e busca proteger a vida. O direito à vida é um bem pessoal e inalienável; sua preservação e proteção fazem parte de nossa responsabilidade como administradores da vida. O sétimo mandamento, *"Não adulterarás"*, condena o adultério e a impureza sexual. O objetivo dele é proteger a família. Diz respeito à pureza sexual e à proteção da sagrada instituição da família. É o compromisso de fidelidade entre marido e mulher. Quando o Senhor Jesus citou o sétimo mandamento no Sermão do Monte, *"não cometerás adultério"* (Mt 5.27), Ele foi mais além e disse: *"Eu porém, vos digo que qualquer que atentar numa mulher para a cobiçar já em seu coração cometeu adultério com ela"* (Mt 5.28). O ensino de Jesus é que o olhar, o pensamento ou a imaginação de cobiça são igualmente condenáveis assim como o é o ato consumado. Ele disse que os adultérios procedem do coração humano.[25] A Bíblia não condena o sexo, cuja santidade é inquestionável dentro do padrão divino: o casamento entre um só homem e uma só mulher.[26] Sua prática ilícita, no entanto, tem sido um dos maiores problemas do ser humano ao longo dos séculos. O oitavo mandamento, *"Não furtarás"*, diz respeito à proteção da propriedade e abrange tanto o furto como outras práticas fraudulentas sobre as quais vigiamos para não cairmos nas ciladas do Diabo. Refere-se a qualquer negócio com vantagem ilícita e que deixa o outro no prejuízo.[27] Vinculado a esse mandamento, está o trabalho como recurso para que cada um possa obter o sustento de sua família de maneira digna.[28]

6. Os dois últimos mandamentos. O nono mandamento, "*Não dirás falso testemunho contra o teu próximo*" proíbe a mentira, o mexerico e o testemunho falso contra o próximo, tanto no dia a dia como nos tribunais. Trata-se da proteção da honra e da boa reputação no campo social. O propósito divino nesse mandamento é combater a mentira, a calúnia e a falsidade entre o povo.[29] E não somente isso, mas também promover o bem-estar e a fraternidade entre os seres humanos. O décimo mandamento, "*Não cobiçarás a casa do teu próximo; não cobiçarás a mulher do teu próximo, nem o seu servo, nem a sua serva, nem o seu boi, nem o seu jumento, nem coisa alguma do teu próximo*", encerra o Decálogo. A cobiça é a raiz da qual surge todo o pecado contra o próximo, tanto em pensamento como na prática. O propósito divino, aqui, é proteger o seu povo das ambições erradas. A cobiça infecta pobres e ricos nas suas mais diversas formas.

7. O Decálogo e a Lei de Deus. Cremos e declaramos que o Decálogo em si mesmo não é a Lei de Deus, e sim parte dela. A Lei foi escrita num livro, e não em tábuas de pedra: "*porque escrito está: Maldito todo aquele que não permanecer em todas as coisas que estão escritas no livro da lei, para fazê-las*" (Gl 3.10); ela não se reveste de uma inspiração especial, pois "*Toda a Escritura é inspirada por Deus*" (2 Tm 3.16 – ARA); assim, não existe um texto bíblico mais inspirado do que outro. Os Dez Mandamentos não são mencionados textualmente no Novo Testamento como em Êxodo 20 e Deuteronômio 5. Aparecem quatro listas parciais com cinco desses preceitos. Três dessas listas constam nos evangelhos sinóticos, nas passagens paralelas do diálogo entre o moço rico e o Senhor Jesus em Mateus,[30] em Marcos[31] e em Lucas.[32] Há, ainda, outra lista parcial com quatro preceitos em Romanos.[33] Em todas essas listas, os mandamentos não aparecem na sequência canônica. Na lista de Mateus, é acrescido do resumo da segunda parte do Decálogo *"amarás o teu próximo como a ti mesmo"*, que é uma citação de Levítico 19.18, e, na lista de Marcos, consta ainda: *"não defraudarás alguém"*.

---

1 "Eu sou o Senhor, teu Deus, que te tirei da terra do Egito, da casa da servidão. Não terás outros deuses diante de mim" (Êx 20.2,3; Dt 5.6,7).

2 "Não farás para ti imagem de escultura, nem semelhança alguma do que há em cima no céu, nem embaixo na terra, nem nas águas debaixo da terra; não te encurvarás a elas, nem as servirás; porque eu, o Senhor, teu Deus, sou Deus zeloso, que visito a maldade dos pais sobre os filhos, até à terceira e quarta geração daqueles que me aborrecem, e faço misericórdia em milhares aos que me amam e guardam os meus mandamentos" (Êx 20.4-6; Dt 5.8-10).

3 "Não tomarás o nome do Senhor, teu Deus, em vão; porque o Senhor não terá por inocente o que tomar o seu nome em vão" (Êx 20.7; Dt 5.11).

4 "Lembra-te do dia do sábado, para o santificar. Seis dias trabalharás e farás toda a tua obra, mas o sétimo dia é o sábado do Senhor, teu Deus; não farás nenhuma obra, nem tu, nem o teu filho, nem a tua filha, nem o teu servo, nem a tua serva, nem o teu animal, nem o teu estrangeiro que está dentro das tuas portas. Porque em seis dias fez o Senhor os céus e a terra, o mar e tudo que neles há e ao sétimo dia descansou; portanto, abençoou o Senhor o dia do sábado e o santificou" (Êx 20.8-11); "Guarda o dia de sábado, para o santificar, como te ordenou o Senhor, teu Deus. Seis dias trabalharás e farás toda a tua obra. Mas o sétimo dia é o sábado do Senhor, teu Deus; não farás nenhuma obra nele, nem tu, nem teu filho, nem tua filha, nem o teu servo, nem a tua serva, nem o teu boi, nem o teu jumento, nem animal algum teu, nem o estrangeiro que está dentro de tuas portas; para que o teu servo e a tua serva descansem como tu; porque te lembrarás que foste servo na terra do Egito e que o Senhor, teu Deus, te tirou dali com mão forte e braço estendido; pelo que o Senhor, teu Deus, te ordenou que guardasses o dia de sábado" (Dt 5.12-15).

5 "Honra a teu pai e a tua mãe, para que se prolonguem os teus dias na terra que o Senhor, teu Deus, te dá" (Êx 20.12); "Honra a teu pai e a tua mãe, para que se prolonguem os teus dias na terra que te dá o Senhor, teu Deus" (Dt 5.16).

6 "Não matarás" (Êx 20.13; Dt 5.17).

7 "Não adulterarás" (Êx 20.14; Dt 5.18).

8 "Não furtarás" (Êx 20.15; Dt 5.19).

9 "Não dirás falso testemunho contra o teu próximo" (Êx 20.16; Dt 5.20).

10 "Não cobiçarás a casa do teu próximo; não cobiçarás a mulher do teu próximo, nem o seu servo, nem a sua serva, nem o seu boi, nem o seu jumento, nem coisa alguma do teu próximo" (Êx 20.17); "E não cobiçarás a mulher do teu próximo; e não desejarás a casa do teu próximo, nem o seu campo, nem o seu servo, nem a sua serva, nem o seu boi, nem o seu jumento, nem coisa alguma do teu próximo" (Dt 5.21).

11 "E deu a Moisés (quando acabou de falar com ele no monte Sinai) as duas tábuas do Testemunho, tábuas de pedra, escritas pelo dedo de Deus" (Êx 31.18).

12 "Porque pela graça sois salvos, por meio da fé; e isso não vem de vós; é dom de Deus. Não vem das obras, para que ninguém se glorie" (Ef 2.8,9); "não pelas obras de justiça que houvéssemos feito, mas, segundo a sua misericórdia, nos salvou pela lavagem da regeneração e da renovação do Espírito Santo, que abundantemente ele derramou sobre nós por Jesus Cristo, nosso Salvador, para que, sendo justificados pela sua graça, sejamos feitos herdeiros, segundo a esperança da vida eterna" (Tt 3.5-7).

13 "Então, o Senhor vos falou do meio do fogo; a voz das palavras ouvistes; porém, além da voz, não vistes semelhança nenhuma [...]. Guardai, pois, com diligência a vossa alma, pois semelhança nenhuma vistes no dia em que o Senhor, vosso Deus, em Horebe, falou convosco, do meio do fogo; para que não vos corrompais e vos façais alguma escultura, semelhança de imagem, figura de macho ou de fêmea; figura de algum animal que haja na terra, figura de alguma ave alígera que voa pelos céus; figura de algum animal que anda de rastos sobre a terra, figura de algum

peixe que esteja nas águas debaixo da terra; e não levantes os teus olhos aos céus e vejas o sol, e a lua, e as estrelas, todo o exército dos céus, e sejas impelido a que te inclines perante eles, e sirvas àqueles que o SENHOR, teu Deus, repartiu a todos os povos debaixo de todos os céus" (Dt 4.12;15-19).

14 "Nenhum servo pode servir a dois senhores, porque ou há de aborrecer a um e amar ao outro ou se há de chegar a um e desprezar ao outro. Não podeis servir a Deus e a Mamom" (Lc 16.13).

15 "Filhinhos, guardai-vos dos ídolos. Amém!" (1 Jo 5.21).

16 "Portanto, meus amados, fugi da idolatria" (1 Co 10.14).

17 "Nem jurareis falso pelo meu nome, pois profanaríeis o nome do vosso Deus. Eu sou o SENHOR" (Lv 19.12).

18 "Quando a Deus fizeres algum voto, não tardes em cumpri-lo; porque não se agrada de tolos; o que votares, paga-o" (Ec 5.4).

19 "Eu, porém, vos digo que, de maneira nenhuma, jureis nem pelo céu, porque é o trono de Deus, nem pela terra, porque é o escabelo de seus pés, nem por Jerusalém, porque é a cidade do grande Rei, nem jurarás pela tua cabeça, porque não podes tornar um cabelo branco ou preto. Seja, porém, o vosso falar: Sim, sim; não, não, porque o que passa disso é de procedência maligna" (Mt 5.34-37).

20 "E os fariseus, vendo isso, disseram-lhe: Eis que os teus discípulos fazem o que não é lícito fazer num sábado. Ele, porém, lhes disse: Não tendes lido o que fez Davi, quando teve fome, ele e os que com ele estavam? Como entrou na Casa de Deus e comeu os pães da proposição, que não lhe era lícito comer, nem aos que com ele estavam, mas só aos sacerdotes?" (Mt 12.2-4).

21 "Ou não tendes lido na lei que, aos sábados, os sacerdotes no templo violam o sábado e ficam sem culpa?" (Mt 12.5).

22 "Porque um crê que de tudo se pode comer, e outro, que é fraco, come legumes [...]. Um faz diferença entre dia e dia, mas outro julga iguais todos os dias. Cada um esteja inteiramente seguro em seu próprio ânimo" (Rm 14.2,5).

23 "E, no primeiro dia da semana, foram ao sepulcro, de manhã cedo, ao nascer do sol, e diziam umas às outras: Quem nos revolverá a pedra da porta do sepulcro? E, olhando, viram que já a pedra estava revolvida; e era ela muito grande. E, entrando no sepulcro, viram um jovem assentado à direita, vestido de uma roupa comprida e branca; e ficaram espantadas. Porém ele disse-lhes: Não vos assusteis; buscais a Jesus, o Nazareno, que foi crucificado; já ressuscitou, não está aqui; eis aqui o lugar onde o puseram" (Mc 16.2-6).

24 "No primeiro dia da semana, ajuntando-se os discípulos para partir o pão, Paulo, que havia de partir no dia seguinte, falava com eles; e alargou a prática até à meia-noite" (At 20.7); "No primeiro dia da semana, cada um de vós ponha de parte o que puder ajuntar, conforme a sua prosperidade, para que se não façam as coletas quando eu chegar" (1 Co 16.2); "Eu fui arrebatado em espírito, no dia do Senhor, e ouvi detrás de mim uma grande voz, como de trombeta" (Ap 1.10).

25 "Porque do coração procedem os maus pensamentos, mortes, adultérios, prostituição, furtos, falsos testemunhos e blasfêmias" (Mt 15.19).

26 "Mas, por causa da prostituição, cada um tenha a sua própria mulher, e cada uma tenha o seu próprio marido" (1 Co 7.2).

27 "Não furtareis, nem mentireis, nem usareis de falsidade cada um com o seu próximo; [...]. Não oprimirás o teu próximo, nem o roubarás; a paga do jornaleiro não ficará contigo até à manhã" (Lv 19.11,13).

28 "Aquele que furtava não furte mais; antes, trabalhe, fazendo com as mãos o que é bom, para que tenha o que repartir com o que tiver necessidade" (Ef 4.28).

29 "E os juízes bem inquirirão; e eis que, sendo a testemunha falsa testemunha, que testificou falsidade contra seu irmão, far-lhe-eis como cuidou fazer a seu irmão; e, assim, tirarás o mal do meio de ti, para que os que ficarem o ouçam, e temam, e nunca mais tornem a fazer tal mal no meio de ti" (Dt 19.18-20).

30 "E ele disse-lhe: Por que me chamas bom? Não há bom, senão um só que é Deus. Se queres, porém, entrar na vida, guarda os mandamentos. Disse-lhe ele: Quais? E Jesus disse: Não matarás, não cometerás adultério, não furtarás, não dirás falso testemunho; honra teu pai e tua mãe, e amarás o teu próximo como a ti mesmo" (Mt 19.17-19).

[31] "Tu sabes os mandamentos: Não adulterarás; não matarás; não furtarás; não dirás falsos testemunhos; não defraudarás alguém; honra a teu pai e a tua mãe" (Mc 10.19).

[32] "Sabes os mandamentos: Não adulterarás, não matarás, não furtarás, não dirás falso testemunho, honra a teu pai e a tua mãe" (Lc 18.20).

[33] "Com efeito: Não adulterarás, não matarás, não furtarás, não darás falso testemunho, não cobiçarás, e, se há algum outro mandamento, tudo nesta palavra se resume: Amarás ao teu próximo como a ti mesmo" (Rm 13.9).

CAPÍTULO XIX

Sobre o *batismo* no *Espírito Santo*

CREMOS, professamos e ensinamos que o batismo no Espírito Santo é um revestimento de poder do alto: "*E eis que sobre vós envio a promessa de meu Pai; ficai, porém, na cidade de Jerusalém, até que do alto sejais revestidos de poder*" (Lc 24.49). É, também, uma promessa divina aos salvos: "*e também do meu Espírito derramarei sobre os meus servos e minhas servas, naqueles dias*" (At 2.18). Trata-se de uma experiência espiritual que ocorre após ou junto à regeneração, sendo acompanhada da evidência física inicial do falar em outras línguas: "*E todos foram cheios do Espírito Santo e começaram a falar em outras línguas, conforme o Espírito Santo lhes concedia que falassem*" (At 2.4). Nessa passagem, ser "cheio do Espírito" indica ser batizado no Espírito Santo. O falar em línguas é a evidência inicial desse batismo, mas somente a evidência inicial, pois há evidência contínua da presença especial do Espírito como o "*fruto do Espírito*" (Gl 5.22) e a manifestação dos dons.[1] O batismo no Espírito Santo é uma bênção resultante da obra de Cristo no Calvário.[2]

1. O batismo no Espírito Santo é distinto da salvação. Os discípulos de Jesus já estavam com seus nomes escritos no livro da vida quando receberam o batismo no Espírito Santo: "*Mas não vos alegreis porque se vos sujeitem os espíritos; alegrai-vos, antes, por estar o vosso nome escrito nos céus*" (Lc 10.20). Eles já estavam purificados pela Palavra no dia de Pentecostes: "*Vós já estais limpos pela palavra que vos tenho falado*" (Jo 15.3). Quando o Consolador desceu sobre os discípulos no dia de Pentecostes, eles já tinham o Espírito Santo. Jesus disse-lhes: "*Recebei o Espírito Santo*" (Jo 20.22). Na experiência da salvação, o Espírito Santo passa a habitar no novo crente.[3] Todos os crentes em Jesus já têm o Espírito Santo,[4] pois Ele mesmo é quem conduz o pecador a Cristo.[5] O batismo no Espírito Santo é algo distinto do novo nascimento; significa o recebimento de poder espiritual para realizar a obra da expansão do Evangelho em todo o mundo,[6] para uma vida cristã vitoriosa e também uma adoração mais profunda.[7]

2. Nomes e expressões para "batismo no Espírito Santo". A descida do Espírito no dia de Pentecostes é um evento que chamamos de batismo no Espírito Santo. João Batista anunciou ser o Senhor Jesus aquEle que batiza no Espírito Santo.[8] A preposição grega para "batismo" é *en*, "em". É por isso que nós empregamos "batismo *no* Espírito Santo", da mesma forma que fazemos para a expressão "batismo *em* águas". A Versão Almeida Atualizada tem esta nota: "**com**; ou **em**", ficando assim a tradução: "*Porque João, na verdade, batizou com água, mas vós sereis batizados com o Espírito Santo, não muito depois destes dias*" (At 1.5 – ARA). Fraseologia similar aparece em Mateus 3.11. O apóstolo Pedro afirma que essas palavras referem-se à descida do Espírito Santo no dia de Pentecostes.[9] O batismo no Espírito Santo é chamado a "*promessa do Pai*" (At 1.4) ou "*do meu Pai*" e o "*revestimento de poder*" ou "*poder do alto*" (Lc 24.49), e ainda "*dom do Espírito Santo*" (At 2.38; 10.45), e "*virtude do Espírito Santo*" (At 1.8).

A Bíblia descreve essa experiência de diversas maneiras: *"E todos foram cheios do Espírito Santo"* (At 2.4), *"derramarei o meu Espírito"* (Jl 2.28) ou *"derramarei do meu Espírito"* (At 2.17), *"caiu o Espírito Santo sobre todos os que ouviam a palavra"* (At 10.44), *"E, quando comecei a falar, caiu sobre eles o Espírito Santo"* (At 11.15); *"veio sobre eles o Espírito Santo; e falavam línguas e profetizavam"* (At 19.6).

3. A descida do Espírito Santo. Dois sinais sobrenaturais antecederam imediatamente o advento do Espírito Santo, ou seja, o seu derramamento. São eles: o *"som, como de um vento veemente e impetuoso"* (At 2.2) e as *"línguas repartidas, como que de fogo, as quais pousaram sobre cada um deles"* (At 2.3). Esses sinais anunciavam a chegada de alguém muito importante, o Espírito Santo, a terceira pessoa da Trindade, para inaugurar a Igreja, iniciando, assim, sua jornada histórica. Eram sinais particulares que não se repetiram posteriormente nos batismos no Espírito Santo subsequentes, pois se tratava de um evento solene e único, que marcou o início de uma nova dispensação.

4. A extensão da promessa. O derramamento do Espírito veio com um sinal específico, o falar em línguas: *"E todos foram cheios do Espírito Santo e começaram a falar em outras línguas, conforme o Espírito Santo lhes concedia que falassem"* (At 2.4). Essa experiência repete-se na vida da Igreja: *"Porque os ouviam falar em línguas e magnificar a Deus"* (At 10.46); *"veio sobre eles o Espírito Santo; e falavam línguas e profetizavam"* (At 19.6). Isso porque a experiência pentecostal não ficou restrita ao dia de Pentecostes; ela acontece no cotidiano da Igreja de Cristo na terra ao longo dos séculos, conforme a promessa divina: *"Porque a promessa vos diz respeito a vós, a vossos filhos e a todos os que estão longe: a tantos quantos Deus, nosso Senhor, chamar"* (At 2.39). Jesus disse que é uma dádiva do Pai para qualquer crente que crê e busca,[10] homens e mulheres de todas as idades, independentemente de seu *status* social. A promessa do Espírito Santo diz respeito principalmente aos "últimos dias" (At 2.17), e não somente à era dos apóstolos. Além disso, Pedro, ao citar o profeta Joel, substituiu a expressão "*derramarei o meu Espírito*" (Jl 2.28) por "*derramarei do meu Espírito*" (At 2.17), que indica um ponto de partida. Isso mostra que o Pentecostes foi o início da dispensação do Espírito Santo, (conhecida também como Dispensação da Graça ou da Igreja) e que a efusão do Espírito seria na sua plenitude nos "últimos dias", os dias em que estamos vivendo. Essa profecia de Joel iniciou o seu cumprimento no dia de Pentecostes e contempla essa bênção para homens e mulheres de todas as idades.[11]

5. A natureza das línguas. A expressão "*outras línguas*" (At 2.4) diz respeito a um tipo diferente. Essas línguas são de natureza espiritual, pois que eles falavam "*conforme o Espírito Santo lhes concedia que falassem*" (At 2.4). Essas línguas reaparecem mais adiante como um dos dons do Espírito Santo, o de variedade de línguas: "*Porque o que fala língua estranha não fala aos homens, senão a Deus; porque ninguém o entende, e em espírito fala de mistérios*" (1 Co 14.2). A língua aqui é da mesma essência da do Pentecostes; a diferença está na função. É a chamada glossolalia, palavra usada para indicar "outras línguas", que podem ser humanas ou celestiais.[12] Essa é a nossa marca, como pentecostais que somos. Quem ora em línguas edifica-se a si mesmo.[13] Cada representante das nações presentes em Jerusalém nessa ocasião[14] ouvia na sua língua materna "*falar das grandezas de Deus*" (At 2.11). Algo semelhante aconteceu na experiência na casa de Cornélio: "*Porque os ouviam falar em línguas e magnificar a Deus*" (At 10.46). A capacidade para compreender essa fala veio do Espírito Santo: "[...] *porque cada um os ouvia falar na sua própria língua* [...]. *Como pois os ouvimos, cada um, na nossa própria* *língua em que somos nascidos?*" (At 2.6,8). Isso mostra que é possível o Espírito Santo usar um crente de pouca instrução para falar numa língua desconhecida, a qual ele não estudou e nem aprendeu, para transmitir uma mensagem na língua materna de um estrangeiro a fim de revelar o poder de Deus e a sua glória. As línguas só cessarão quando vier aquEle que é perfeito,[15] uma referência à volta de Cristo: "*Portanto, irmãos, procurai, com zelo, profetizar e não proibais falar línguas*" (1 Co 14.39).

---

1 "Segui o amor e procurai com zelo os dons espirituais, mas principalmente o de profetizar" (1 Co 14.1).

2 "Deus ressuscitou a este Jesus, do que todos nós somos testemunhas. De sorte que, exaltado pela destra de Deus e tendo recebido do Pai a promessa do Espírito Santo, derramou isto que vós agora vedes e ouvis" (At 2.32,33).

3 "Não sabeis vós que sois o templo de Deus e que o Espírito de Deus habita em vós?" (1 Co 3.16); "E, porque sois filhos, Deus enviou aos nossos corações o Espírito de seu Filho, que clama: Aba, Pai" (Gl 4.6).

4 "Só quisera saber isto de vós: recebestes o Espírito pelas obras da lei ou pela pregação da fé? Sois vós tão insensatos que, tendo começado pelo Espírito, acabeis agora pela carne?" (Gl 3.2,3).

5 "Todavia, digo-vos a verdade: que vos convém que eu vá, porque, se eu não for, o Consolador não virá a vós; mas, se eu for, enviar-vo-lo-ei. E, quando ele vier, convencerá o mundo do pecado, e da justiça, e do juízo" (Jo 16.7,8).

6 "Mas recebereis a virtude do Espírito Santo, que há de vir sobre vós; e ser-me-eis testemunhas tanto em Jerusalém como em toda a Judeia e Samaria e até aos confins da terra" (At 1.8).

7 "Que fareis, pois, irmãos? Quando vos ajuntais, cada um de vós tem salmo, tem doutrina, tem revelação, tem língua, tem interpretação. Faça-se tudo para edificação" (1 Co 14.26).

8 "E eu, em verdade, vos batizo com água, para o arrependimento; mas aquele que vem após mim é mais poderoso do que eu; não sou digno de levar as suas sandálias; ele vos batizará com o Espírito Santo e com fogo" (Mt 3.11).

9 "E, quando comecei a falar, caiu sobre eles o Espírito Santo, como também sobre nós ao princípio. E lembrei-me do dito do Senhor, quando disse: João certamente batizou com água, mas vós sereis batizados com o Espírito Santo" (At 11.15,16).

10 "E eu vos digo a vós: Pedi, e dar-se-vos-á; buscai, e achareis; batei, e abrir-se-vos-á; porque qualquer que pede recebe; e quem busca acha; e a quem bate, abrir-se-lhe-á. E qual o pai dentre vós que, se o filho lhe pedir pão, lhe dará uma pedra?Ou também, se lhe pedir peixe, lhe dará por peixe uma serpente?Ou também, se lhe pedir um ovo, lhe dará um escorpião? Pois, se vós, sendo maus, sabeis dar boas dádivas aos vossos filhos, quanto mais dará o Pai celestial o Espírito Santo àqueles que lho pedirem?" (Lc 11.9-13).

11 "E há de ser que, depois, derramarei o meu Espírito sobre toda a carne, e vossos filhos e vossas filhas profetizarão, os vossos velhos terão sonhos, os vossos jovens terão visões. E também sobre os servos e sobre as servas, naqueles dias, derramarei o meu Espírito" (Joel 2.28, 29); "E nos últimos dias acontecerá, diz Deus, que do meu Espírito derramarei sobre toda a carne; e os vossos filhos e as vossas filhas profetizarão, os vossos jovens terão visões, e os vossos velhos sonharão sonhos; e também do meu Espírito derramarei sobre os meus servos e minhas servas, naqueles dias, e profetizarão" (At 2.17,18).

12 "Ainda que eu falasse as línguas dos homens e dos anjos e não tivesse amor, seria como o metal que soa ou como o sino que tine" (1 Co 13.1).

[13] "O que fala língua estranha edifica-se a si mesmo, mas o que profetiza edifica a igreja" (1 Co 14.4).

[14] "Partos e medos, elamitas e os que habitam na Mesopotâmia, e Judeia, e Capadócia, e Ponto, e Ásia, e Frígia, e Panfília, Egito e partes da Líbia, junto a Cirene, e forasteiros romanos (tanto judeus como prosélitos), e cretenses, e árabes, todos os temos ouvido em nossas próprias línguas falar das grandezas de Deus" (At 2.9-11).

[15] "O amor nunca falha; mas, havendo profecias, serão aniquiladas; havendo línguas, cessarão; havendo ciência, desaparecerá; porque, em parte, conhecemos e, em parte, profetizamos. Mas, quando vier o que é perfeito, então, o que o é em parte será aniquilado" (1 Co 13.8-10).

CAPÍTULO XX

Sobre os *dons* do *Espírito Santo*

CREMOS, professamos e ensinamos que os dons do Espírito Santo são atuais e presentes na vida da Igreja. O batismo no Espírito Santo é um dom: "*e recebereis o dom do Espírito Santo*" (At 2.38) e é para todos os crentes: "*Porque a promessa vos diz respeito a vós, a vossos filhos e a todos os que estão longe: a tantos quantos Deus, nosso Senhor, chamar*" (At 2.39); mas os dons do Espírito Santo, ou "*espirituais*" na linguagem paulina: "*Acerca dos dons espirituais, não quero, irmãos, que sejais ignorantes*" (1 Co 12.1) são restritos.[1] Esses dons são capacitações especiais e sobrenaturais concedidas pelo Espírito de Deus ao crente para serviço especial na execução dos propósitos divinos por meio da Igreja: "*Mas a manifestação do Espírito é dada a cada um para o que for útil*" (1 Co 12.7). São recursos sobrenaturais do Espírito Santo operados por meio dos seres humanos, os crentes em Jesus,[2] enquanto a Igreja estiver na terra, pois, no Céu, não precisaremos mais deles.[3] É por meio da Igreja que o Espírito Santo manifesta ao mundo o poder de Deus,[4] usando os dons espirituais.

Eles são dados à Igreja para sua edificação espiritual,[5] seu conforto e seu crescimento espiritual.[6] Os dons espirituais são vários, e nenhuma lista deles no Novo Testamento pretende ser exaustiva; e nem mesmo existe a expressão "estes sãos os dons espirituais". Em Romanos, aparece uma lista deles,[7] mas não são os mesmos da lista dos nove dons,[8] exceto o dom de profecia, que aparece em ambas as listas. Há outra lista que repete os dons de variedade de línguas e os dons de curar.[9]

1. As diversidades. São três as classes de manifestações dos dons espirituais: diversidade de dons, diversidade de ministérios e diversidade de operações. A diversidade de dons tem sua origem no Espírito Santo: "*Ora, há diversidade de dons, mas o Espírito é o mesmo*" (1 Co 12.4). A diversidade de ministérios ou serviços tem sua fonte no Senhor Jesus: "*E há diversidade de ministérios, mas o Senhor é o mesmo*" (1 Co 12.5); e as operações ou atividades vêm de Deus: "*E há diversidade de operações, mas é o mesmo Deus que opera tudo em todos*" (1 Co 12.6). O termo "Deus" vem em grego acompanhado do artigo que mostra ser uma referência a Deus Pai. Cada pessoa da Trindade desempenha um papel essencial na manifestação dos dons. É uma diversidade na unidade, assim como adoramos um só Deus em trindade e trindade em unidade. Os termos "dons", "ministérios" e "operações" estão associados a cada pessoa da Trindade; contudo, é o Espírito Santo quem opera todas as coisas: "*Mas um só e o mesmo Espírito opera todas essas coisas, repartindo particularmente a cada um como quer*" (1 Co 12.11).

2. A distribuição dos dons. Os dons espirituais são poderes sobrenaturais do Espírito para que a Igreja atue como um todo no mundo; são concessões da graça do Espírito conforme a medida da fé de cada um: "*De modo que, tendo diferentes dons, segundo a graça que nos é dada: se é profecia, seja ela segundo a medida da fé"* (Rm 12.6). Os dons são distribuídos pelo Espírito para o perfeito funcionamento da Igreja, que é o corpo espiritual de Cristo: "*Ora, vós sois o corpo de Cristo e seus membros em particular*" (1 Co 12.27). Na diversidade, cada dom é concedido para o que for útil.[10] Eles não são atestados pessoais de santidade que induzem as pessoas a acreditar que são mais santas ou mais espirituais que outras; também não transformam as pessoas em superespirituais, nem as tornam melhores ou superiores a outros crentes; não são para exibição ou superioridade particular no seio da Igreja, mas são para a glória de Deus.[11] Nenhum dom individualiza qualquer crente, porque o mérito será sempre do Senhor. Os dons fortalecem a unidade da Igreja, promovendo a comunhão dos membros do corpo de Cristo: "*Porque, assim como o corpo é um e tem muitos membros, e todos os membros, sendo muitos, são um só corpo, assim é Cristo também*" (1 Co 12.12). O corpo humano possui muitos membros, todos eles indispensáveis para o seu perfeito funcionamento. Cada cristão é parte integrante da Igreja e tem uma função a realizar. Nenhum membro tem utilidade fora do corpo. Cremos que um membro não se isola no corpo, mas faz parte de uma multiplicidade que o torna indispensável.

3. A palavra da sabedoria e a palavra da ciência. A lista em 1 Coríntios 12.8-10 começa com esses dons: "*Porque a um, pelo Espírito, é dada a palavra da sabedoria; e a outro, pelo mesmo Espírito, a palavra da ciência*" (1 Co 12.8). O dom da sabedoria é um recurso extraordinário proveniente do Espírito Santo, cuja finalidade é a solução de problemas igualmente extraordinários. Como dom espiritual, é uma espécie de sabedoria dada por Deus.[12] É a capacitação do Espírito Santo na vida da Igreja para orientação e conselho aos crentes sobre dificuldades, cuja solução está fora do seu alcance no dia-a-dia da igreja,[13] no trato com as pessoas descrentes[14] e na pregação do evangelho.[15] A palavra do conhecimento ou da ciência diz respeito ao conhecimento das coisas de Deus.[16] Esse dom consiste em uma ciência manifestada unicamente pelo Espírito Santo: "*como me foi este mistério manifestado*" (Ef 3.3), pelo qual podemos saber,[17] compreender e, assim, conhecer[18] aquilo que, pelo entendimento humano, jamais poderíamos alcançar.[19]

4. A fé e os dons de curar. Em seguida, aparecem mais dois dons: "*e a outro, pelo mesmo Espírito, a fé; e a outro, pelo mesmo Espírito, os dons de curar*" (1 Co 12.9). O dom da fé[20] distingue-se da fé salvífica[21] e da fé como o fruto do Espírito;[22] trata-se de uma fé especial usada num momento específico.[23] Quanto aos dons de curas, são manifestações do poder do Espírito Santo que operam de maneira multiforme para cura de doenças e enfermidades do corpo, da alma ou psicossomáticas, sempre concedidas pelo Espírito Santo à pessoa que irá ministrá-la, pois é Deus quem cura[24] e somente a Ele pertence a glória.[25]

5. Os outros dons. A lista chega ao seu fim com os seguintes dons: "*e a outro, a operação de maravilhas; e a outro, a profecia; e a outro, o dom de discernir os espíritos; e a outro, a variedade de línguas; e a outro, a interpretação das línguas*" (1 Co 12.10). A expressão "operação de maravilhas" está no plural em grego e significa "obras poderosas" ou "de poder", o que sugere grande variedade de milagres. O milagre já é, em si mesmo, a intervenção divina na ordem natural das coisas, mas aqui diz respeito a sinais poderosos e extraordinários.[26] O dom de profecia é diferente da profecia anunciada pelos profetas do Antigo Testamento. A revelação canônica já se encerrou,[27] mas Deus continua a falar por meio da Bíblia.[28] O Senhor proveu outros recursos por meio dos quais se comunica com os seres humanos, dentre eles o dom de profecia,[29] como manifestação momentânea do Espírito Santo na vida de qualquer crente batizado no Espírito Santo. O seu objetivo é a *"edificação, exortação e consolação"* (1 Co 14.3). Por meio desse dom, o Senhor continua comunicando-se com seus servos e servas de forma individual, mas a profecia decorrente do dom não serve de fonte de autoridade, como a dos profetas e dos apóstolos bíblicos, pois é possível alguém ampliar a mensagem sem autorização do Espírito, sendo, inclusive, passível de julgamento: *"E falem dois ou três profetas, e os outros julguem"* (1 Co 14.29); *"E os espíritos dos profetas estão sujeitos aos profetas"* (1 Co 14.32). O dom de discernir os espíritos é um recurso do Espírito Santo contra as falsificações dos demônios.[30] A expressão "discernir os espíritos" está no plural em grego, como acontece com os dons de curar e de operação de maravilhas, pois esse dom pode manifestar-se de várias maneiras. A essência das línguas como evidência inicial do batismo no Espírito Santo é a mesma do dom de variedade de línguas. A diferença entre dom e sinal está na função. A variedade de línguas é manifestada na oração particular para edificar o crente individualmente;[31] na oração pública, a edificação é geral; nesse caso, há necessidade do dom de interpretação de línguas.[32]

---

1 "Porventura, são todos apóstolos? São todos profetas? São todos doutores? São todos operadores de milagres? Têm todos o dom de curar? Falam todos diversas línguas? Interpretam todos?" (1 Co 12.29,30).

2 "Temos, porém, esse tesouro em vasos de barro, para que a excelência do poder seja de Deus e não de nós" (2 Co 4.7); "aos quais Deus quis fazer conhecer quais são as riquezas da glória deste mistério entre os gentios, que é Cristo em vós, esperança da glória" (Cl 1.27).

3 "O amor nunca falha; mas, havendo profecias, serão aniquiladas; havendo línguas, cessarão; havendo ciência, desaparecerá; porque, em parte, conhecemos e, em parte, profetizamos. Mas, quando vier o que é perfeito, então, o que o é em parte será aniquilado" (1 Co 13.8-10).

4 "Para que, agora, pela igreja, a multiforme sabedoria de Deus seja conhecida dos principados e potestades nos céus" (Ef 3.10).

5 "Assim, também vós, como desejais dons espirituais, procurai sobejar neles, para a edificação da igreja" (1 Co 14.12).

6 "O que fala língua estranha edifica-se a si mesmo, mas o que profetiza edifica a igreja. E eu quero que todos vós faleis línguas estranhas; mas muito mais que profetizeis, porque o que profetiza é maior do que o que fala línguas estranhas, a não ser que também interprete, para que a igreja receba edificação. E, agora, irmãos, se eu for ter convosco falando línguas estranhas, que vos aproveitaria, se vos não falasse ou por meio da revelação, ou da ciência, ou da profecia, ou da doutrina?" (1 Co 14.4-6).

7 “De modo que, tendo diferentes dons, segundo a graça que nos é dada: se é profecia, seja ela segundo a medida da fé; se é ministério, seja em ministrar; se é ensinar, haja dedicação ao ensino; ou o que exorta, use esse dom em exortar; o que reparte, faça-o com liberalidade; o que preside, com cuidado; o que exercita misericórdia, com alegria” (Rm 12.6-8).

8 “Porque a um, pelo Espírito, é dada a palavra da sabedoria; e a outro, pelo mesmo Espírito, a palavra da ciência; e a outro, pelo mesmo Espírito, a fé; e a outro, pelo mesmo Espírito, os dons de curar; e a outro, a operação de maravilhas; e a outro, a profecia; e a outro, o dom de discernir os espíritos; e a outro, a variedade de línguas; e a outro, a interpretação das línguas” (1 Co 12.8-10).

9 “E a uns pôs Deus na igreja, primeiramente, apóstolos, em segundo lugar, profetas, em terceiro, doutores, depois, milagres, depois, dons de curar, socorros, governos, variedades de línguas” (1 Co 12.28).

10 “Mas a manifestação do Espírito é dada a cada um para o que for útil” (1 Co 12.7).

11 “E, quando Pedro viu isto, disse ao povo: Varões israelitas, por que vos maravilhais disto? Ou, por que olhais tanto para nós, como se por nossa própria virtude ou santidade fizéssemos andar este homem?” (At 3.12).

12 “Mas falamos a sabedoria de Deus, oculta em mistério, a qual Deus ordenou antes dos séculos para nossa glória” (1 Co 2.7).

13 “E os doze, convocando a multidão dos discípulos, disseram: Não é razoável que nós deixemos a palavra de Deus e sirvamos às mesas. Escolhei, pois, irmãos, dentre vós, sete varões de boa reputação, cheios do Espírito Santo e de sabedoria, aos quais constituamos sobre este importante negócio. Mas nós perseveraremos na oração e no ministério da palavra” (At6.2,3).

14 “Andai com sabedoria para com os que estão de fora, remindo o tempo” (Cl 4.5).

15 “A quem anunciamos, admoestando a todo homem e ensinando a todo homem em toda a sabedoria; para que apresentemos todo homem perfeito em Jesus Cristo” (Cl 1.28).

16 “Porque em tudo fostes enriquecidos nele, em toda a palavra e em todo o conhecimento” (1 Co 1.5); “Portanto, assim como em tudo sois abundantes na fé, e na palavra, e na ciência, e em toda diligência, e em vosso amor para conosco, assim também abundeis nessa graça” (2 Co 8.7).

17 “Para que o Deus de nosso Senhor Jesus Cristo, o Pai da glória, vos dê em seu conhecimento o espírito de sabedoria e de revelação, tendo iluminados os olhos do vosso entendimento, para que saibais qual seja a esperança da sua vocação e quais as riquezas da glória da sua herança nos santos e qual a sobre-excelente grandeza do seu poder sobre nós, os que cremos, segundo a operação da força do seu poder” (Ef 1.17-19).

18 “Poderdes perfeitamente compreender, com todos os santos, qual seja a largura, e o comprimento, e a altura, e a profundidade e conhecer o amor de Cristo, que excede todo entendimento, para que sejais cheios de toda a plenitude de Deus” (Ef 3.18,19).

19 “Mas, como está escrito: As coisas que o olho não viu, e o ouvido não ouviu, e não subiram ao coração do homem são as que Deus preparou para os que o amam. Mas Deus no-las revelou pelo seu Espírito; porque o Espírito penetra todas as coisas, ainda as profundezas de Deus” (1 Co 2.9,10).

20 “E ainda que tivesse o dom de profecia, e conhecesse todos os mistérios e toda a ciência, e ainda que tivesse toda a fé, de maneira tal que transportasse os montes, e não tivesse amor, nada seria” (1 Co 13.2).

21 “Porque pela graça sois salvos, por meio da fé; e isso não vem de vós; é dom de Deus” (Ef 2.8).

22 “Mas o fruto do Espírito é: amor, gozo, paz, longanimidade, benignidade, bondade, fé, mansidão, temperança” (Gl 5.22).

23 “E Pedro, com João, fitando os olhos nele, disse: Olha para nós. E olhou para eles, esperando receber alguma coisa. E disse Pedro: Não tenho prata nem ouro, mas o que tenho, isso te dou. Em nome de Jesus Cristo, o Nazareno, levanta-te e anda.E, tomando-o pela mão direita, o levantou, e logo os seus pés e tornozelos se firmaram” (At 3.4-7).

24 “Enquanto estendes a mão para curar, e para que se façam sinais e prodígios pelo nome do teu santo Filho Jesus” (At 4.30).

25 “Eu sou o SENHOR; este é o meu nome; a minha glória, pois, a outrem não darei, nem o meu louvor, às imagens de escultura” (Is 42.8); “Por amor de mim, por amor de mim, o farei, porque como seria profanado o meu nome? E a minha glória não a darei a outrem” (Is 48.11).

[26] "E muitos sinais e prodígios eram feitos entre o povo pelas mãos dos apóstolos. E estavam todos unanimemente no alpendre de Salomão [...], de sorte que transportavam os enfermos para as ruas e os punham em leitos e em camilhas, para que ao menos a sombra de Pedro, quando este passasse, cobrisse alguns deles" (At 5.12,15); "E Deus, pelas mãos de Paulo, fazia maravilhas extraordinárias, de sorte que até os lenços e aventais se levavam do seu corpo aos enfermos, e as enfermidades fugiam deles, e os espíritos malignos saíam" (At 19.11,12).

[27] "E, por derradeiro de todos, me apareceu também a mim, como a um abortivo" (1 Co 15.8).

[28] "Porque a palavra de Deus é viva, e eficaz, e mais penetrante do que qualquer espada de dois gumes, e penetra até à divisão da alma, e do espírito, e das juntas e medulas, e é apta para discernir os pensamentos e intenções do coração" (Hb 4.12); "Toda Escritura divinamente inspirada é proveitosa para ensinar, para redarguir, para corrigir, para instruir em justiça, para que o homem de Deus seja perfeito e perfeitamente instruído para toda boa obra" (2 Tm 3.16,17).

[29] "E nos últimos dias acontecerá, diz Deus, que do meu Espírito derramarei sobre toda a carne; e os vossos filhos e as vossas filhas profetizarão, os vossos jovens terão visões, e os vossos velhos sonharão sonhos; e também do meu Espírito derramarei sobre os meus servos e minhas servas, naqueles dias, e profetizarão" (At 2.17,18).

[30] "Esta, seguindo a Paulo e a nós, clamava, dizendo: Estes homens, que nos anunciam o caminho da salvação, são servos do Deus Altíssimo. E isto fez ela por muitos dias. Mas Paulo, perturbado, voltou-se e disse ao espírito: Em nome de Jesus Cristo, te mando que saias dela. E, na mesma hora, saiu" (At 16.17,18).

[31] "O que fala língua estranha edifica-se a si mesmo, mas o que profetiza edifica a igreja" (1 Co 14.4).

[32] "E eu quero que todos vós faleis línguas estranhas; mas muito mais que profetizeis, porque o que profetiza é maior do que o que fala línguas estranhas, a não ser que também interprete, para que a igreja receba edificação" (1 Co 14.5).

CAPÍTULO XXI

Sobre a *cura divina*

CREMOS, professamos e ensinamos que a cura divina é um ato da soberania, graça e misericórdia divina,[1] que, através do poder do Espírito Santo,[2] restaura física e/ou emocionalmente aqueles que demonstram fé em Jesus Cristo.[3] Deus fez o homem um ser integral, formado por uma parte material e outra imaterial.[4] A parte material, o corpo, é tão importante quanto a imaterial, a alma e o espírito.[5] A Bíblia mostra que a obra redentora de Cristo incluiu também o corpo: "*Gememos em nós mesmos, esperando a adoção, a saber, a redenção do nosso corpo*" (Rm 8.23). A vontade de Deus é, portanto, curar tanto a alma como o corpo: "É ele que perdoa todas as tuas iniquidades e sara todas as tuas enfermidades" (Sl 103.3). Faz parte da natureza divina curar os enfermos, e Deus assim o faz para demonstrar o seu poder e amor pelos afligidos.[6]

1. A origem da enfermidade. As Escrituras ensinam claramente que as doenças e a morte são resultantes da entrada do pecado no mundo: "*Pelo que, como por um homem entrou o pecado no mundo, e pelo pecado, a morte, assim também a morte passou a todos os homens, por isso que todos pecaram*" (Rm 5.12). As doenças e enfermidades existem como consequência da Queda e da desobediência humana.[7] Há doenças que são consequências de um pecado específico;[8] todavia, nem toda doença e enfermidade são decorrentes de um pecado pessoal.[9] As Escrituras ensinam que existem doenças e enfermidades que são resultados da ação direta de Satanás e seus demônios,[10] enquanto outras são apenas resultados de nossa condição humana pós-queda: "*Não bebas mais água só, mas usa um pouco de vinho, por causa do teu estômago e das tuas frequentes enfermidades*" (1 Tm 5.23). A Bíblia ensina que Deus, na sua soberania, pode permitir a doença[11] e, em situações específicas, usá-la como instrumento de correção.[12]

2. A cura divina na Antiga e Nova Aliança. Deus prometeu curar o seu povo na Antiga Aliança.[13] A cura fazia parte da aliança que Deus estabeleceu com seu povo Israel no Sinai: "*Servireis ao Senhor, vosso Deus, e ele abençoará o vosso pão e a vossa água; e eu tirarei do meio de ti as enfermidades*" (Êx 23.25). A obediência às exigências da aliança produzia cura, enquanto a não observância de seus preceitos trazia doenças.[14] A lei da retribuição do pecado e suas consequências é uma realidade bem documentada na Antiga Aliança: "*Eu dizia: Senhor, tem piedade de mim; sara a minha alma, porque pequei contra ti*" (Sl 41.4). Todavia, nem sempre as doenças e as curas na Antiga Aliança estão condicionadas ao princípio de causa e efeito. Como exemplo, a doença de Jó e o consequente sofrimento não ocorreram em razão de seu pecado pessoal, mas, sim, da maldade de Satanás contra ele e contra Deus.[15] No Novo Testamento, as curas e os milagres de ressurreição de mortos efetuados por Jesus faziam parte da sua revelação messiânica, da demonstração da sua compaixão pelos doentes e da manifestação da vinda do Reino de Deus.[16] A expressão "Reino de Deus" deve ser entendida como sendo o domínio de Deus.[17] A vinda do Reino de Deus proveu tanto o bem-estar espiritual como o físico: "*E logo se lhe secou a fonte de sangue, e sentiu no corpo estar já curada daquele mal*" (Mc 5.29). Ao curar os enfermos e ressuscitar os mortos, Jesus demonstrava que o Reino de Deus havia chegado: "*e enviou-os a pregar o Reino de Deus e curar os enfermos*" (Lc 9.2); "*e falava-lhes do Reino de Deus, e sarava os que necessitavam de cura*" (Lc 9.11).

3. A cura divina e a expiação. As Escrituras revelam que a cura divina é um dos benefícios da obra expiatória e redentora de Cristo. Ele proveu na cruz tanto a salvação da alma quanto a cura do corpo: "*ele tomou sobre si as nossas enfermidades e as nossas dores levou sobre si* [...] *pelas suas pisaduras, fomos sarados*" (Is 53.4,5). Essa palavra profética foi cumprida em Jesus,[18] o qual demonstrou que a cura divina faz parte da provisão que Deus deixou para seus filhos: "*Então, chegou ela e adorou-o, dizendo: Senhor, socorre-me. Ele, porém, respondendo, disse: Não é bom pegar o pão dos filhos e deitá-lo aos cachorrinhos*" (Mt 15.25,26).

4. A oração pelos enfermos e a cura divina nos dias atuais. A oração em favor dos enfermos é uma prática presente tanto no Antigo como no Novo Testamento. A primeira oração de cura registrada no Antigo Testamento é feita por Abraão: "*E orou Abraão a Deus, e sarou Deus a Abimeleque, e a sua mulher, e as suas servas, de maneira que tiveram filhos*" (Gn 20.17). Moisés orou pela cura de Miriã, sua irmã: "*E eis que Miriã era leprosa como a neve; e olhou Arão para Miriã, e eis que era leprosa* [...] *Clamou, pois, Moisés ao* S*ENHOR*, *dizendo: Ó Deus, rogo-te que a cures*" (Nm 12.10,13). Naamã, o siro, foi curado de sua lepra pelo ministério do profeta Eliseu.[19] O Novo Testamento registra que a oração em favor dos enfermos era uma prática constante na Igreja Primitiva.[20] Visando o bem-estar espiritual e físico do seu povo, Deus equipou a Igreja com os dons de curar: "*e a outro, pelo mesmo Espírito, os dons de curar*" (1 Co 12.9); "*Está alguém entre vós doente? Chame os presbíteros da igreja, e orem sobre ele, ungindo-o com azeite em nome do Senhor, e a oração da fé salvará o doente, e o Senhor o levantará*" (Tg 5.14,15). A oração pelos enfermos não entra em conflito com o tratamento médico. O rei Ezequias foi curado de uma úlcera após ter uma pasta de figos posta sobre a sua enfermidade: "*E dissera Isaías: Tomem uma pasta de figos e a ponham como emplasto sobre a chaga; e sarará*" (Is 38.21). O Senhor Jesus reconheceu o valor dos médicos: "*Jesus, porém, ouvindo, disse-lhes: Não necessitam de médico os sãos, mas sim, os doentes*" (Mt 9.12). Paulo, o apóstolo, aconselhou Timóteo a beber vinho com fins terapêuticos[21] e tinha entre seus colaboradores um médico: "*Saúda-vos Lucas, o médico amado*" (Cl 4.14).

5. A unção com óleo. A ministração da unção com óleo sobre os enfermos é uma doutrina do Novo Testamento ensinada e incentivada como prática de fé para os crentes: "*Está alguém entre vós doente? Chame os presbíteros da igreja, e orem sobre ele, ungindo-o com azeite em nome do Senhor*" (Tg 5.14). A unção sobre os enfermos era um ritual comum nos tempos bíblicos do Novo Testamento. Os discípulos usavam a unção com óleo desde os dias do ministério terreno de Jesus: "*e ungiam muitos enfermos com óleo, e os curavam*" (Mc 6.13). A ênfase, entretanto, não está no azeite, mas, sim, na oração da fé, que salva o doente.[22] A única unção estabelecida como prática na igreja foi a unção com óleo, ministrada somente sobre os enfermos. Essa é uma prática exercida nos moldes do Novo Testamento, sendo, portanto, efetuada somente pelos que exercem a liderança da igreja. Entre nós, é praticada por presbíteros, evangelistas e pastores.

1 "E aproximou-se dele um leproso, que, rogando-lhe e pondo-se de joelhos diante dele, lhe dizia: Se queres, bem podes limpar-me. E Jesus, movido de grande compaixão, estendeu a mão, e tocou-o, e disse-lhe: Quero, sê limpo!" (Mc 1.40,41); "E Jesus, saindo, viu uma grande multidão e, possuído de íntima compaixão para com ela, curou os seus enfermos" (Mt 14.14).

2 "Como Deus ungiu a Jesus de Nazaré com o Espírito Santo e com virtude; o qual andou fazendo o bem e curando a todos os oprimidos do diabo, porque Deus era com ele" (At 10.38); "O Espírito do Senhor é sobre mim, pois que me ungiu para evangelizar os pobres, enviou-me a curar os quebrantados do coração, a apregoar liberdade aos cativos, a dar vista aos cegos, a pôr em liberdade os oprimidos, a anunciar o ano aceitável do Senhor" (Lc 4.18,19).

3 "E, pela fé no seu nome, fez o seu nome fortalecer a este que vedes e conheceis; e a fé que é por ele deu a este, na presença de todos vós, esta perfeita saúde" (At 3.16); "E estava assentado em Listra certo varão leso dos pés, coxo desde o seu nascimento, o qual nunca tinha andado. Este ouviu falar Paulo, que, fixando nele os olhos e vendo que tinha fé para ser curado, disse em voz alta: Levanta-te direito sobre teus pés. E ele saltou e andou" (At 14.8-10).

4 "E formou o SENHOR Deus o homem do pó da terra e soprou em seus narizes o fôlego da vida; e o homem foi feito alma vivente" (Gn 2.7).

5 "Ou não sabeis que o nosso corpo é o templo do Espírito Santo, que habita em vós, proveniente de Deus, e que não sois de vós mesmos? Porque fostes comprados por bom preço; glorificai, pois, a Deus no vosso corpo e no vosso espírito, os quais pertencem a Deus" (1 Co 6.19,20); "E o mesmo Deus de paz vos santifique em tudo; e todo o vosso espírito, e alma, e corpo sejam plenamente conservados irrepreensíveis para a vinda de nosso Senhor Jesus Cristo" (1 Ts 5.23).

6 "E eis que estava ali uma mulher que tinha um espírito de enfermidade havia já dezoito anos; e andava curvada e não podia de modo algum endireitar-se. E, vendo-a Jesus, chamou-a a si, e disse-lhe: Mulher, estás livre da tua enfermidade. E impôs as mãos sobre ela, e logo se endireitou e glorificava a Deus" (Lc 13.11-13).

7 "E ordenou o SENHOR Deus ao homem, dizendo: De toda árvore do jardim comerás livremente, mas da árvore da ciência do bem e do mal, dela não comerás; porque, no dia em que dela comeres, certamente morrerás" (Gn 2.16,17).

8 "Depois, Jesus encontrou-o no templo e disse-lhe: Eis que já estás são; não peques mais, para que te não suceda alguma coisa pior" (Jo 5.14).

9 "E, passando Jesus, viu um homem cego de nascença. E os seus discípulos lhe perguntaram, dizendo: Rabi, quem pecou, este ou seus pais, para que nascesse cego? Jesus respondeu: Nem ele pecou, nem seus pais; mas foi assim para que se manifestem nele as obras de Deus" (Jo 9.1-3); "Então, Satanás respondeu ao SENHOR e disse: Pele por pele, e tudo quanto o homem tem dará pela sua vida. Estende, porém, a tua mão, e toca-lhe nos ossos e na carne, e verás se não blasfema de ti na tua face! E disse o SENHOR a Satanás: Eis que ele está na tua mão; poupa, porém, a sua vida" (Jó 2.4-6).

10 "E, havendo-se eles retirado, trouxeram-lhe um homem mudo e endemoninhado. E, expulso o demônio, falou o mudo; e a multidão se maravilhou, dizendo: Nunca tal se viu em Israel" (Mt 9.32,33); "E não convinha soltar desta prisão, no dia de sábado, esta filha de Abraão, a qual há dezoito anos Satanás mantinha presa?" (Lc 13.16).

11 "E vós sabeis que primeiro vos anunciei o evangelho estando em fraqueza da carne. E não rejeitastes, nem desprezastes isso que era uma tentação na minha carne; antes, me recebestes como um anjo de Deus, como Jesus Cristo mesmo" (Gl 4.13,14); "Erasto ficou em Corinto, e deixei Trófimo doente em Mileto" (2 Tm 4.20).

12 "Examine-se, pois, o homem a si mesmo, e assim coma deste pão, e beba deste cálice. Porque o que come e bebe indignamente come e bebe para sua própria condenação, não discernindo o corpo do Senhor. Por causa disso, há entre vós muitos fracos e doentes e muitos que dormem" (1 Co 11.28-30).

13 "E disse: Se ouvires atento a voz do SENHOR, teu Deus, e fizeres o que é reto diante de seus olhos, e inclinares os teus ouvidos aos seus mandamentos, e guardares todos os seus estatutos, nenhuma das enfermidades porei sobre ti, que pus sobre o Egito; porque eu sou o SENHOR, que te sara" (Êx 15.26).

14 "Será, porém, que, se não deres ouvidos à voz do SENHOR, teu Deus, para não cuidares em fazer todos os seus mandamentos e os seus estatutos, que hoje te ordeno, então, sobre ti virão todas

estas maldições e te alcançarão" (Dt 28.15); "O Senhor te ferirá com a tísica, e com a febre, e com a quentura, e com o ardor, e com a secura, e com destruição das sementeiras, e com ferrugem; e te perseguirão até que pereças" (Dt 28.22).

15 "E disse o Senhor a Satanás: Observaste o meu servo Jó? Porque ninguém há na terra semelhante a ele, homem sincero e reto, temente a Deus, desviando-se do mal, e que ainda retém a sua sinceridade, havendo-me tu incitado contra ele, para o consumir sem causa. Então, Satanás respondeu ao Senhor e disse: Pele por pele, e tudo quanto o homem tem dará pela sua vida. Estende, porém, a tua mão, e toca-lhe nos ossos e na carne, e verás se não blasfema de ti na tua face! E disse o Senhor a Satanás: Eis que ele está na tua mão; poupa, porém, a sua vida. Então, saiu Satanás da presença do Senhor e feriu a Jó de uma chaga maligna, desde a planta do pé até ao alto da cabeça" (Jó 2.3-7).

16 "E Jesus, respondendo, disse-lhes: Ide e anunciai a João o que estais ouvindo e vendo: os cegos veem, os coxos andam, os leprosos são purificados, os surdos ouvem, os mortos são ressuscitados, e aos pobres está sendo pregado o evangelho" (Mt 11.4,5); "Ora, levantando-se Jesus da sinagoga, entrou em casa de Simão; e a sogra de Simão estava enferma com muita febre; e rogaram-lhe por ela.E, inclinando-se para ela, repreendeu a febre, e esta a deixou. E ela, levantando-se logo, servia-os" (Lc 4.38,39).

17 "E, interrogado pelos fariseus sobre quando havia de vir o Reino de Deus, respondeu-lhes e disse: O Reino de Deus não vem com aparência exterior. Nem dirão: Ei-lo aqui! Ou: Ei-lo ali! Porque eis que o Reino de Deus está entre vós" (Lc 17.20,21).

18 "E, chegada a tarde, trouxeram-lhe muitos endemoninhados, e ele, com a sua palavra, expulsou deles os espíritos e curou todos os que estavam enfermos, para que se cumprisse o que fora dito pelo profeta Isaías, que diz: Ele tomou sobre si as nossas enfermidades e levou as nossas doenças" (Mt 8.16,17); "levando ele mesmo em seu corpo os nossos pecados sobre o madeiro, para que, mortos para os pecados, pudéssemos viver para a justiça; e pelas suas feridas fostes sarados" (1 Pe 2.24).

19 "Então, chegaram-se a ele os seus servos, e lhe falaram, e disseram: Meu pai, se o profeta te dissera alguma grande coisa, porventura, não a farias? Quanto mais, dizendo-te ele: Lava-te e ficarás purificado. Então, desceu e mergulhou no Jordão sete vezes, conforme a palavra do homem de Deus; e a sua carne tornou, como a carne de um menino, e ficou purificado" (2 Rs 5.13,14); "E muitos leprosos havia em Israel no tempo do profeta Eliseu, e nenhum deles foi purificado, senão Naamã, o siro" (Lc 4.27).

20 "De sorte que transportavam os enfermos para as ruas e os punham em leitos e em camilhas, para que ao menos a sombra de Pedro, quando este passasse, cobrisse alguns deles. E até das cidades circunvizinhas concorria muita gente a Jerusalém, conduzindo enfermos e atormentados de espíritos imundos, os quais todos eram curados" (At 5.15,16).

21 "Não bebas mais água só, mas usa um pouco de vinho, por causa do teu estômago e das tuas frequentes enfermidades" (1 Tm 5.23).

22 "e a oração da fé salvará o doente, e o Senhor o levantará; e, se houver cometido pecados, ser-lhe-ão perdoados" (Tg 5.15).

CAPÍTULO XXII

Sobre a segunda *vinda de Cristo*

CREMOS, professamos e ensinamos que a Segunda Vinda de Cristo é um evento a ser realizado em duas fases. A primeira é o arrebatamento da Igreja *antes* da Grande Tribulação,[1] momento este em que "*nós, os que ficarmos vivos, seremos arrebatados*" (1 Ts 4.17); a segunda fase é a sua vinda em glória *depois* da Grande Tribulação e visível aos olhos humanos: "*Eis que vem com as nuvens, e todo olho o verá, até os mesmos que o traspassaram; e todas as tribos da terra se lamentarão sobre ele. Sim! Amém!*" (Ap 1.7). Nessa vinda gloriosa, Jesus retornará com os santos arrebatados da terra: "*na vinda de nosso Senhor Jesus Cristo, com todos os seus santos*" (1 Ts 3.13).

1. O Arrebatamento da Igreja. É o termo que nós usamos para designar o rapto dos santos da face da terra para o encontro com o Senhor nos ares: "*Porque o mesmo Senhor descerá do céu com alarido, e com voz de arcanjo, e com a trombeta de Deus; e os que morreram em Cristo ressuscitarão primeiro; depois, nós, os que ficarmos vivos, seremos* *arrebatados juntamente com eles nas nuvens, a encontrar o Senhor nos ares, e assim estaremos sempre com o Senhor*" (1 Ts 4.16,17). Nesse evento, os mortos em Cristo e os santos do Antigo Testamento serão ressuscitados primeiro, seguindo-se a transformação dos salvos vivos e o simultâneo encontro de ambos os grupos com o Senhor nos ares. Esse advento será invisível aos olhos do mundo, porém seus efeitos serão perceptíveis. Isso ocorrerá em fração de segundos, e nosso corpo será transformado num corpo glorioso,[2] que estará revestido de incorruptibilidade e imortalidade por ocasião do rapto da Igreja.[3] Será um evento repentino[4] e secreto, precedido pelos sinais gerais da apostasia,[5] guerras,[6] fomes, catástrofes naturais,[7] perseguições,[8] de maneira que esse evento não pode ser visualizado antecipadamente nem datado por esses ou por nenhum outro sinal. A condição para fazer parte desse glorioso evento é estar em Cristo. Essa é a primeira fase da Segunda Vinda de Cristo que precederá a Grande Tribulação, período em que a ira de Deus será derramada sobre os moradores da terra.[9]

2. O Tribunal de Cristo e as Bodas do Cordeiro. Após o arrebatamento da Igreja, receberemos as boas-vindas de Jesus. Nessa ocasião, será estabelecido o Tribunal de Cristo: "*todos havemos de comparecer ante o tribunal de Cristo*" (Rm 14.10); "*todos devemos comparecer ante o tribunal de Cristo, para que cada um receba segundo o que tiver feito por meio do corpo, ou bem ou mal*" (2 Co 5.10). Esse evento será realizado no Céu e diz respeito à recompensa de nossas obras em favor da causa de Cristo na terra. O Senhor Jesus prometeu: "*o meu galardão está comigo para dar a cada um segundo a sua obra*" (Ap 22.12). Depois disso, os fiéis glorificados participarão das Bodas do Cordeiro: "*Bem-aventurados aqueles que são chamados à ceia das bodas do Cordeiro*" (Ap 19.9). Trata-se do grande banquete que celebra a união de Cristo com a sua Igreja, a "Esposa do Cordeiro", onde será culminado o plano da redenção, num momento de gozo e de alegria.[10] Todas essas coisas ocorrerão antes do retorno de Cristo a Terra, com a sua Igreja glorificada.

3. A Grande Tribulação. A Grande Tribulação durará sete anos; trata-se de um período de transição entre a dispensação da Igreja e o Milênio.[11] É um tempo de angústias e sofrimentos sem precedentes na história: "*porque haverá, então, grande aflição, como nunca houve desde o princípio do mundo até agora, nem tampouco haverá jamais*" (Mt 24.21). Os profetas falaram sobre esse dia, como foi o caso de Jeremias,[12] Daniel,[13] Joel,[14] entre outros. Esse período é também conhecido como "Dia do SENHOR" no Antigo[15] e também no Novo Testamento[16] e terá seu início somente depois que a Igreja for arrebatada da terra.[17] Essa etapa da história foi determinada por Deus para fazer justiça contra a rebelião dos moradores da terra[18] e também para preparar a nação de Israel para o encontro com o seu Messias.[19] A cidade de Jerusalém será ainda tomada por pouco tempo, pois, no final da Grande Tribulação, o Senhor Jesus descerá para livrar o seu povo.[20] O apóstolo João relata a futura vitória de Cristo junto com seus santos[21] sobre a Besta e sobre o Falso Profeta.

4. A manifestação do Anticristo. Será um período caracterizado por pragas de toda ordem e pela manifestação do Anticristo, o "*homem do pecado, o filho da perdição*" (2 Ts 2.3). O termo "anticristo" é usado nas epístolas joaninas;[22] esse personagem nega que Jesus é o Cristo.[23] O Anticristo opõe-se, rejeita, renega e contesta a Cristo: "*o qual se opõe e se levanta contra tudo o que se chama Deus ou se adora; de sorte que se assentará, como Deus, no templo de Deus, querendo parecer Deus*" (2 Ts 2.4). Suas características são as de um ditador mundial.[24] É o último grande governo mundial da história, identificado em Apocalipse como "a besta". A besta que surge do mar — "*vi subir do mar uma besta que tinha sete cabeças e dez chifres*" (Ap 13.1) — é uma personagem que terá controle sobre dez reinos. Ela representa o Anticristo e o seu governo: "*Estes têm um mesmo intento e entregarão o seu poder e autoridade à besta*" (Ap 17.13). O "mar" é uma linguagem metafórica e indica as nações, povos e línguas.[25] A Besta recebe do dragão, Satanás, poderes para dominar o mundo e, além disso, ela blasfemará contra Deus.[26] O Falso Profeta é o porta-voz do Anticristo, a besta que subiu da terra, que, por meio de falsos milagres, enganará os moradores da terra para se oporem a Deus.[27] Trata-se de um governo promovido por Satanás. O Anticristo fará um concerto de sete anos com Israel. Entretanto, na metade desse período, o concerto será rompido: "*E ele firmará um concerto com muitos por uma semana; e, na metade da semana, fará cessar o sacrifício e a oferta de manjares*" (Dn 9.27); o rompimento acontecerá porque os judeus descobrirão que fizeram acordo com o Anticristo. Só a partir daí é que começará "*o tempo de angústia para Jacó*" (Jr 30.7). Ao final do período de sete anos, aparecerá o Libertador de Israel: "*E, assim, todo o Israel será salvo, como está escrito: De Sião virá o Libertador, e desviará de Jacó as impiedades*" (Rm 11.26).

5. A vinda de Cristo em glória. Esse acontecimento é anunciado desde o princípio do mundo: "*E destes profetizou também Enoque, o sétimo depois de Adão, dizendo: Eis que é vindo o Senhor com milhares de seus santos*" (Jd 14). O Novo Testamento grego emprega "miríades" de santos, como aparece na Tradução Brasileira. Isso significa "inumerável". Os santos, aqui, são os raptados da terra juntamente com os ressuscitados durante o Arrebatamento da Igreja.[28] É a segunda fase da Segunda Vinda de Cristo, que será visível e corporal com a sua Igreja glorificada: "*E, então, verão vir o Filho do Homem numa nuvem, com poder e grande glória*" (Lc 21.27); isso ocorrerá para que seja restaurado o trono de Davi.[29] O anjo Gabriel anunciou a Maria, mãe de Jesus, que *"o Senhor Deus lhe dará o trono de Davi, seu pai, e reinará eternamente na casa de Jacó, e o seu Reino não terá fim"* (Lc 1.32,33). Isso significa a libertação do povo de Israel dos seus opressores.[30] Nessa vinda, o Senhor Jesus Cristo derrotará a Besta e o Falso Profeta,[31] fará o julgamento das nações[32] e aprisionará Satanás por mil anos: *"Ele prendeu o dragão, a antiga serpente, que é o diabo e Satanás, e amarrou-o por mil anos. E lançou-o no abismo, e ali o encerrou, e pôs selo sobre ele, para que mais não engane as nações, até que os mil anos se acabem"* (Ap 20.2,3). Daí em diante, será implantado o Reino de Cristo, o Reino de justiça e de paz.[33]

6. O Milênio. O Milênio é o Reino de Cristo com duração de mil anos que terá início por ocasião da vinda de Cristo em glória com os seus santos. Todos os que estiverem vivos na terra após esses acontecimentos serão submetidos ao governo de Jesus Cristo.[34] Nesse período, Satanás estará aprisionado no abismo.[35] Isso significa que a sua ação destruidora na terra será neutralizada e, assim, será iniciada uma nova ordem. Não temos em Apocalipse informações detalhadas sobre esse reino de mil anos, mas esses dados já estão nos profetas do Antigo Testamento. Trata-se da tão almejada paz universal, pois, nesse reino, haverá perfeita paz, retidão e justiça entre os seres humanos[36] e também harmonia no reino animal.[37] A sede desse governo será Jerusalém: *"Porque de Sião sairá a lei, e de Jerusalém, a palavra do Senhor"* (Is 2.3). O Senhor Jesus assentar-se-á sobre o trono de Davi e, de Jerusalém, reinará sobre toda a humanidade.[38] Esse reino trará salvação a Israel;[39] será a conclusão do programa divino sobre o povo de Deus, Israel.[40] O Milênio não é ainda o fim e nem a consumação de todas as coisas.

7. Os súditos do Reino de Cristo. Os habitantes da terra no período do Milênio são os cidadãos das nações que sobreviveram à Grande

Tribulação.[41] O livro de Apocalipse mostra-nos que dois grupos reinarão com Cristo durante o Milênio: nós, os crentes provenientes da era da Igreja, e os mártires da Grande Tribulação: "*E vi tronos; e assentaram-se sobre eles aqueles a quem foi dado o poder de julgar. E vi as almas daqueles que foram degolados pelo testemunho de Jesus e pela palavra de Deus, e que não adoraram a besta nem a sua imagem, e não receberam o sinal na testa nem na mão; e viveram e reinaram com Cristo durante mil anos*" (Ap 20.4). Os crentes vindos da era da Igreja juntamente com os santos do Antigo Testamento[42] receberão autoridade para governar a terra[43] e, dentre eles, os 12 apóstolos governarão sobre as 12 tribos de Israel.[44] As expressões "julgamento, julgar" trazem, com frequência, a ideia de "governo, governar" no Antigo Testamento.[45] Esses serão os súditos do Rei dos reis. O segundo grupo são os mártires da Grande Tribulação que não adoraram a besta.[46] Eles formam uma só grei juntamente com os crentes provenientes da era da Igreja, os santos da primeira ressurreição: "*Bem-aventurado e santo aquele que tem parte na primeira ressurreição; sobre estes não tem poder a segunda morte, mas serão sacerdotes de Deus e de Cristo e reinarão com ele mil anos*" (Ap 20.6).

---

[1] "E esperar dos céus a seu Filho, a quem ressuscitou dos mortos, a saber, Jesus, que nos livra da ira futura" (1 Ts 1.10); "Porque Deus não nos destinou para a ira, mas para a aquisição da salvação, por nosso Senhor Jesus Cristo" (1 Ts 5.9).

[2] "Que transformará o nosso corpo abatido, para ser conforme o seu corpo glorioso, segundo o seu eficaz poder de sujeitar também a si todas as coisas" (Fp 3.21).

[3] "Eis aqui vos digo um mistério: Na verdade, nem todos dormiremos, mas todos seremos transformados, num momento, num abrir e fechar de olhos, ante a última trombeta; porque a trombeta soará, e os mortos ressuscitarão incorruptíveis, e nós seremos transformados. Porque convém que isto que é corruptível se revista da incorruptibilidade e que isto que é mortal se revista da imortalidade" (1 Co 15.51-53).

[4] "Porém daquele Dia e hora ninguém sabe, nem os anjos dos céus, nem o Filho, mas unicamente meu Pai"; "Por isso, estai vós apercebidos também, porque o Filho do Homem há de vir à hora em que não penseis"; "virá o senhor daquele servo num dia em que o não espera e à hora em que ele não sabe" (Mt 24.36,44,50); "pois, porque não sabeis o Dia nem a hora em que o Filho do Homem há de vir" (Mt 25.13).

[5] "Mas o Espírito expressamente diz que, nos últimos tempos, apostatarão alguns da fé, dando ouvidos a espíritos enganadores e a doutrinas de demônios" (1 Tm 4.1).

[6] "E ouvireis de guerras e de rumores de guerras; olhai, não vos assusteis, porque é mister que isso tudo aconteça, mas ainda não é o fim" (Mt 24.6).

7 "Porquanto se levantará nação contra nação, e reino contra reino, e haverá fomes, e pestes, e terremotos, em vários lugares" (Mt 24.7).

8 "Então, vos hão de entregar para serdes atormentados e matar-vos-ão; e sereis odiados de todas as gentes por causa do meu nome" (Mt 24.9).

9 "E ouvi, vinda do templo, uma grande voz, que dizia aos sete anjos: Ide e derramai sobre a terra as sete taças da ira de Deus" (Ap 16.1).

10 "Regozijemo-nos, e alegremo-nos, e demos-lhe glória, porque vindas são as bodas do Cordeiro, e já a sua esposa se aprontou. E foi-lhe dado que se vestisse de linho fino, puro e resplandecente; porque o linho fino são as justiças dos santos. E disse-me: Escreve: Bem-aventurados aqueles que são chamados à ceia das bodas do Cordeiro. E disse-me: Estas são as verdadeiras palavras de Deus" (Ap 19.7-9).

11 "E deixa o átrio que está fora do templo e não o meças; porque foi dado às nações, e pisarão a Cidade Santa por quarenta e dois meses" (Ap 11.2); "E foi-lhe dada uma boca para proferir grandes coisas e blasfêmias; e deu-se-lhe poder para continuar por quarenta e dois meses" (Ap 13.5).

12 "Ah! Porque aquele dia é tão grande, que não houve outro semelhante! E é tempo de angústia para Jacó; ele, porém, será salvo dela" (Jr 30.7).

13 "E, naquele tempo, se levantará Miguel, o grande príncipe, que se levanta pelos filhos do teu povo, e haverá um tempo de angústia, qual nunca houve, desde que houve nação até àquele tempo; mas, naquele tempo, livrar-se-á o teu povo, todo aquele que se achar escrito no livro" (Dn 12.1).

14 "Dia de trevas e de tristeza; dia de nuvens e de trevas espessas; como a alva espalhada sobre os montes, povo grande e poderoso, qual desde o tempo antigo nunca houve, nem depois dele haverá pelos anos adiante, de geração em geração" (Jl 2.2).

15 "Uivai, porque o dia do Senhor está perto; vem do Todo-poderoso como assolação. Pelo que todas as mãos se debilitarão, e o coração de todos os homens se desanimará. E assombrar-se-ão, e apoderar-se-ão deles dores e ais, e se angustiarão como a mulher parturiente; cada um se espantará do seu próximo; o seu rosto será rosto flamejante. Eis que o dia do Senhor vem, horrendo, com furor e ira ardente, para pôr a terra em assolação e destruir os pecadores dela" (Is 13.6-9).

16 "Porque vós mesmos sabeis muito bem que o Dia do Senhor virá como o ladrão de noite. Pois que, quando disserem: Há paz e segurança, então, lhes sobrevirá repentina destruição, como as dores de parto àquela que está grávida; e de modo nenhum escaparão" (1 Ts 5.2,3).

17 "E esperar dos céus a seu Filho, a quem ressuscitou dos mortos, a saber, Jesus, que nos livra da ira futura" (1 Ts 1.10); "Como guardaste a palavra da minha paciência, também eu te guardarei da hora da tentação que há de vir sobre todo o mundo, para tentar os que habitam na terra" (Ap 3.10).

18 "E a vós, que sois atribulados, descanso conosco, quando se manifestar o Senhor Jesus desde o céu, com os anjos do seu poder, como labareda de fogo, tomando vingança dos que não conhecem a Deus e dos que não obedecem ao evangelho de nosso Senhor Jesus Cristo" (2 Ts 1.7,8).

19 "Portanto, assim te farei, ó Israel! E, porque isso te farei, prepara-te, ó Israel, para te encontrares com o teu Deus" (Am 4.12).

20 "Porque eu ajuntarei todas as nações para a peleja contra Jerusalém; e a cidade será tomada, e as casas serão saqueadas, e as mulheres, forçadas; e metade da cidade sairá para o cativeiro, mas o resto do povo não será expulso da cidade. E o Senhor sairá e pelejará contra estas nações, como pelejou no dia da batalha. E, naquele dia, estarão os seus pés sobre o monte das Oliveiras, que está defronte de Jerusalém para o oriente; e o monte das Oliveiras será fendido pelo meio, para o oriente e para o ocidente, e haverá um vale muito grande; e metade do monte se apartará para o norte, e a outra metade dele, para o sul" (Zc 14.2-4).

21 "E seguiam-no os exércitos que há no céu em cavalos brancos e vestidos de linho fino, branco e puro. E da sua boca saía uma aguda espada, para ferir com ela as nações; e ele as regerá com vara de ferro e ele mesmo é o que pisa o lagar do vinho do furor e da ira do Deus Todo-poderoso. E na veste e na sua coxa tem escrito este nome: Rei dos Reis e Senhor dos Senhores" (Ap 19.14-16).

22 "Filhinhos, é já a última hora; e, como ouvistes que vem o anticristo, também agora muitos se têm feito anticristos; por onde conhecemos que é já a última hora. Saíram de nós, mas não eram de nós; porque, se fossem de nós, ficariam conosco; mas isto é para que se manifestasse que não

são todos de nós" (1 Jo 2.18,19); "Porque já muitos enganadores entraram no mundo, os quais não confessam que Jesus Cristo veio em carne. Este tal é o enganador e o anticristo" (2 Jo 1.7).

23 "Quem é o mentiroso, senão aquele que nega que Jesus é o Cristo? É o anticristo esse mesmo que nega o Pai e o Filho" (1 Jo 2.22).

24 "A esse cuja vinda é segundo a eficácia de Satanás, com todo o poder, e sinais, e prodígios de mentira, e com todo engano da injustiça para os que perecem, porque não receberam o amor da verdade para se salvarem" (2 Ts 2.9,10); "E ele firmará um concerto com muitos por uma semana; e, na metade da semana, fará cessar o sacrifício e a oferta de manjares; e sobre a asa das abominações virá o assolador, e isso até à consumação; e o que está determinado será derramado sobre o assolador" (Dn 9.27).

25 "E disse-me: As águas que viste, onde se assenta a prostituta, são povos, e multidões, e nações, e línguas" (Ap 17.15).

26 "E adoraram o dragão que deu à besta o seu poder; e adoraram a besta, dizendo: Quem é semelhante à besta? Quem poderá batalhar contra ela? E foi-lhe dada uma boca para proferir grandes coisas e blasfêmias; e deu-se-lhe poder para continuar por quarenta e dois meses. E abriu a boca em blasfêmias contra Deus, para blasfemar do seu nome, e do seu tabernáculo, e dos que habitam no céu" (Ap 13.4-6).

27 "E da boca do dragão, e da boca da besta, e da boca do falso profeta vi saírem três espíritos imundos, semelhantes a rãs, porque são espíritos de demônios, que fazem prodígios; os quais vão ao encontro dos reis de todo o mundo para os congregar para a batalha, naquele grande Dia do Deus Todo-poderoso" (Ap 16.13,14); "E a besta foi presa e, com ela, o falso profeta, que, diante dela, fizera os sinais com que enganou os que receberam o sinal da besta e adoraram a sua imagem. Estes dois foram lançados vivos no ardente lago de fogo e de enxofre" (Ap 19.20).

28 "Para confortar o vosso coração, para que sejais irrepreensíveis em santidade diante de nosso Deus e Pai, na vinda de nosso Senhor Jesus Cristo, com todos os seus santos" (1 Ts 3.13).

29 "Naquele dia, o Senhor ampará os habitantes de Jerusalém; e o que dentre eles tropeçar, naquele dia, será como Davi, e a casa de Davi será como Deus, como o anjo do Senhor diante deles. E acontecerá, naquele dia, que procurarei destruir todas as nações que vierem contra Jerusalém. E sobre a casa de Davi e sobre os habitantes de Jerusalém derramarei o Espírito de graça e de súplicas; e olharão para mim, a quem traspassaram; e o prantearão como quem pranteia por um unigênito; e chorarão amargamente por ele, como se chora amargamente pelo primogênito" (Zc 12.8-10).

30 "E o Senhor sairá e pelejará contra estas nações, como pelejou no dia da batalha. E, naquele dia, estarão os seus pés sobre o monte das Oliveiras, que está defronte de Jerusalém para o oriente; e o monte das Oliveiras será fendido pelo meio, para o oriente e para o ocidente, e haverá um vale muito grande; e metade do monte se apartará para o norte, e a outra metade dele, para o sul" (Zc 14.3,4).

31 "E vi a besta, e os reis da terra, e os seus exércitos reunidos, para fazerem guerra àquele que estava assentado sobre o cavalo e ao seu exército. E a besta foi presa e, com ela, o falso profeta, que, diante dela, fizera os sinais com que enganou os que receberam o sinal da besta e adoraram a sua imagem. Estes dois foram lançados vivos no ardente lago de fogo e de enxofre. E os demais foram mortos com a espada que saía da boca do que estava assentado sobre o cavalo, e todas as aves se fartaram das suas carnes"(Ap 19.19-21).

32 "Movam-se as nações e subam ao vale de Josafá; porque ali me assentarei, para julgar todas as nações em redor" (Jl 3.12); "E, quando o Filho do Homem vier em sua glória, e todos os santos anjos, com ele, então, se assentará no trono da sua glória; e todas as nações serão reunidas diante dele, e apartará uns dos outros, como o pastor aparta dos bodes as ovelhas" (Mt 25.31, 32).

33 "Depois disto, voltarei e reedificarei o tabernáculo de Davi, que está caído; levantá-lo-ei das suas ruínas e tornarei a edificá-lo" (At 15.16).

34 "E acontecerá que todos os que restarem de todas as nações que vieram contra Jerusalém subirão de ano em ano para adorarem o Rei, o Senhor dos Exércitos, e para celebrarem a Festa das Cabanas" (Zc 14.16); "para que ao nome de Jesus se dobre todo joelho dos que estão nos céus, e na terra, e debaixo da terra, e toda língua confesse que Jesus Cristo é o Senhor, para glória de Deus Pai" (Fp 2.10,11).

35 "Ele prendeu o dragão, a antiga serpente, que é o diabo e Satanás, e amarrou-o por mil anos. E lançou-o no abismo, e ali o encerrou, e pôs selo sobre ele, para que mais não engane as nações, até que os mil anos se acabem. E depois importa que seja solto por um pouco de tempo" (Ap 20.2,3).

36 "E acontecerá, nos últimos dias, que se firmará o monte da Casa do Senhor no cume dos montes e se exalçará por cima dos outeiros; e concorrerão a ele todas as nações. E virão muitos povos e dirão: Vinde, subamos ao monte do Senhor, à casa do Deus de Jacó, para que nos ensine o que concerne aos seus caminhos, e andemos nas suas veredas; porque de Sião sairá a lei, e de Jerusalém, a palavra do Senhor. E ele exercerá o seu juízo sobre as nações e repreenderá a muitos povos; e estes converterão as suas espadas em enxadões e as suas lanças, em foices; não levantará espada nação contra nação, nem aprenderão mais a guerrear" (Is 2.2-4).

37 "E morará o lobo com o cordeiro, e o leopardo com o cabrito se deitará, e o bezerro, e o filho de leão, e a nédia ovelha viverão juntos, e um menino pequeno os guiará. A vaca e a ursa pastarão juntas, e seus filhos juntos se deitarão; e o leão comerá palha como o boi. E brincará a criança de peito sobre a toca da áspide, e o já desmamado meterá a mão na cova do basilisco" (Is 11.6-8).

38 "E irão muitas nações e dirão: Vinde, e subamos ao monte do Senhor e à Casa do Deus de Jacó, para que nos ensine os seus caminhos, e nós andemos pelas suas veredas; porque de Sião sairá a lei, e a palavra do Senhor, de Jerusalém. E julgará entre muitos povos e castigará poderosas nações até mui longe; e converterão as suas espadas em enxadas e as suas lanças em foices; uma nação não levantará a espada contra outra nação, nem aprenderão mais a guerra. Mas assentar-se-á cada um debaixo da sua videira e debaixo da sua figueira, e não haverá quem os espante, porque a boca do Senhor dos Exércitos o disse" (Mq 4.2-4).

39 "E nunca mais se contaminarão com os seus ídolos, nem com as suas abominações, nem com as suas prevaricações; e os livrarei de todos os lugares de sua residência em que pecaram e os purificarei; assim, eles serão o meu povo, e eu serei o seu Deus. E meu servo Davi reinará sobre eles, e todos eles terão um pastor; e andarão nos meus juízos, e guardarão os meus estatutos, e os observarão" (Ez 37.22,23).

40 "Eis que, naquele tempo, procederei contra todos os que te afligem, e salvarei os que coxeiam, e recolherei os que foram expulsos; e lhes darei um louvor e um nome em toda a terra em que foram envergonhados. Naquele tempo, vos trarei, naquele tempo, vos recolherei; certamente, vos darei um nome e um louvor entre todos os povos da terra, quando reconduzir os vossos cativos diante dos vossos olhos, diz o Senhor" (Sf 3.19,20).

41 "E, quando o Filho do Homem vier em sua glória, e todos os santos anjos, com ele, então, se assentará no trono da sua glória; e todas as nações serão reunidas diante dele, e apartará uns dos outros, como o pastor aparta dos bodes as ovelhas. E porá as ovelhas à sua direita, mas os bodes à esquerda. Então, dirá o Rei aos que estiverem à sua direita: Vinde, benditos de meu Pai, possuí por herança o Reino que vos está preparado desde a fundação do mundo" (Mt 25.31-34).

42 "Ali, haverá choro e ranger de dentes, quando virdes Abraão, e Isaque, e Jacó, e todos os profetas no Reino de Deus e vós, lançados fora. E virão do Oriente, e do Ocidente, e do Norte, e do Sul e assentar-se-ão à mesa no Reino de Deus" (Lc 13.28,29).

43 "E ao que vencer e guardar até ao fim as minhas obras, eu lhe darei poder sobre as nações, e com vara de ferro as regerá; e serão quebradas como vasos de oleiro; como também recebi de meu Pai" (Ap 2.26,27); "Ao que vencer, lhe concederei que se assente comigo no meu trono, assim como eu venci e me assentei com meu Pai no seu trono" (Ap 3.21).

44 "E Jesus disse-lhes: Em verdade vos digo que vós, que me seguistes, quando, na regeneração, o Filho do Homem se assentar no trono da sua glória, também vos assentareis sobre doze tronos, para julgar as doze tribos de Israel" (Mt 19.28); "para que comais e bebais à minha mesa no meu Reino e vos assenteis sobre tronos, julgando as doze tribos de Israel" (Lc 22.30).

45 "E sucedeu que, fazendo ele menção da arca de Deus, Eli caiu da cadeira para trás, da banda da porta, e quebrou-se-lhe o pescoço, e morreu, porquanto o homem era velho e pesado; e tinha ele julgado a Israel quarenta anos" (1 Sm 4.18); "Porque nunca se celebrou tal Páscoa como esta desde os dias dos juízes que julgaram a Israel, nem em todos os dias dos reis de Israel, nem tampouco dos reis de Judá" (2 Rs 23.22); "Então, Deus disse a Salomão: Porquanto houve isso no teu coração, e não pediste riquezas, fazenda ou honra, nem a morte dos que te aborrecem,

nem tampouco pediste muitos dias de vida, mas pediste para ti sabedoria e conhecimento, para poderes julgar a meu povo, sobre o qual te pus rei" (2 Cr 1.11).

46 "E, havendo aberto o quinto selo, vi debaixo do altar as almas dos que foram mortos por amor da palavra de Deus e por amor do testemunho que deram. E clamavam com grande voz, dizendo: Até quando, ó verdadeiro e santo Dominador, não julgas e vingas o nosso sangue dos que habitam sobre a terra? E a cada um foi dada uma comprida veste branca e foi-lhes dito que repousassem ainda um pouco de tempo, até que também se completasse o número de seus conservos e seus irmãos que haviam de ser mortos como eles foram" (Ap 6.9-11).

CAPÍTULO XXIII

Sobre o *mundo vindouro*

CREMOS, professamos e ensinamos que existe um mundo vindouro para os salvos e para os condenados e que, depois do Milênio, virá o Juízo Final, conhecido como o Grande Trono Branco: "*E vi um grande trono branco*" (Ap 20.11). Após esse julgamento, virão o novo céu e a nova terra e a Nova Jerusalém.

1. O Juízo Final. A Bíblia fala sobre duas ressurreições, a dos justos e a dos injustos,[1] mas ambas não serão simultâneas. Deus instaurará esse juízo após a última rebelião de Satanás, que acontecerá após os mil anos do Reinado de Cristo.[2] Ficarão de fora desse juízo os crentes provenientes da era da Igreja e os mártires da Grande Tribulação, pois eles serão parte do Reino de Cristo e estarão com o corpo glorificado.[3] Já "os outros mortos", aqueles que não fizeram parte da primeira ressurreição, "*Mas os outros mortos não reviveram, até que os mil anos se acabaram*" (Ap 20.5), serão ressuscitados nessa ocasião para julgamento. A base primordial do Juízo Final é a justiça perfeita e inquestionável de Deus: "*Deus é um juiz justo*" (Sl 7.11); "*Não faria justiça o Juiz de toda a terra?*" (Gn 18.25). O Senhor Jesus disse: "*o Pai a ninguém julga, mas deu ao Filho todo o juízo*" (Jo 5.22). Assim, Deus executará esse juízo por meio de Jesus Cristo.[4]

2. Os livros do julgamento. Muitos livros serão abertos, e todos os "outros mortos" serão julgados pelas coisas escritas nesses livros. Serão pessoas de todas as classes sociais; os "grandes e pequenos" não dizem respeito à idade, crianças e adultos, mas a *status*. O Juízo Final não fala sobre vivos: "*E vi os mortos, grandes e pequenos, que estavam diante do trono, e abriram-se os livros. E abriu-se outro livro, que é o da vida. E os mortos foram julgados pelas coisas que estavam escritas nos livros, segundo as suas obras*" (Ap 20.12). Nos livros, estão os registros divinos de todos os pecados públicos e particulares. O julgamento será com base nas obras registradas nesses livros.[5] O Livro da Vida mostra que esses réus não constam nele: "*E aquele que não foi achado escrito no livro da vida foi lançado no lago de fogo*" (Ap 20.15). É o dia da morte da morte: "*E a morte e o inferno foram lançados no lago de fogo*" (Ap 20.14). Ela é o último inimigo a ser aniquilado: "*Ora, o último inimigo que há de ser aniquilado é a morte*" (1 Co 15.26); "*Tragada foi a morte na vitória*" (1 Co 15.54). O Lago de Fogo ou "*ardente lago de fogo e enxofre*" (Ap 19.20) é um lugar preparado para o Diabo e seus anjos.[6] O Lago de Fogo será também o destino final dos perdidos por causa da sua incredulidade e desobediência, pois a vontade de Deus é que ninguém se perca, mas que todos sejam salvos.[7]

3. A ressurreição dos mortos. Ressurreição significa levantar dentre os mortos, voltar a viver no mesmo corpo. A doutrina da ressurreição dos mortos é uma verdade bíblica cristalina, ensinada na Lei de Moisés,[8] nos Profetas[9] e com abundância de detalhes no Novo Testamento. Os saduceus, grupo religioso de Israel nos dias do ministério terreno de Jesus, negavam essa doutrina.[10] Os incrédulos rejeitam essa doutrina ainda hoje. A morte é inevitável, mas, desde o Antigo Testamento, temos promessas de Deus da nossa libertação dela: "*Deus remirá a minha alma do poder da sepultura, pois me receberá*" (Sl 49.15). A ressurreição de Jesus é a garantia de que seremos ressuscitados: "*se cremos que Jesus morreu e ressuscitou, assim também aos que em Jesus dormem Deus os tornará a trazer com ele*" (1 Ts 4.14). Trata-se de uma ressurreição corporal: "*aquele que dos mortos ressuscitou a Cristo também vivificará o vosso corpo mortal, pelo seu Espírito que em vós habita*" (Rm 8.11). Nosso corpo será transformado como o corpo glorificado de nosso Senhor Jesus Cristo: "*esperamos o Salvador, o Senhor Jesus Cristo, que transformará o nosso corpo abatido, para ser conforme o seu corpo glorioso*" (Fp 3.20,21). Essa ressurreição é a nossa esperança de salvação e de vida eterna, porque o nosso Salvador é vivo: "*porque eu vivo, e vós vivereis*" (Jo 14.19). Os incrédulos serão também ressuscitados. Jesus disse: "*porque vem a hora em que todos os que estão nos sepulcros ouvirão a sua voz. E os que fizeram o bem sairão para a ressurreição da vida; e os que fizeram o mal, para a ressurreição da condenação*" (Jo 5.28,29). Isso inclui salvos e condenados: "*há de haver ressurreição de mortos, tanto dos justos como dos injustos*" (At 24.15). É verdade que os mortos salvos já estão com o Senhor Jesus, mas a ressurreição será necessária, pois ela representa a vitória completa e esmagadora de Cristo sobre a morte e o Diabo. Por essa razão, nada de nosso corpo mortal poderá ficar na sepultura.

4. O destino dos condenados. O destino dos incrédulos é a condenação eterna no Inferno. As Escrituras Sagradas revelam que o Inferno é "*o lugar preparado para o diabo e seus anjos*" (Mt 25.41); o lugar para o qual é destinada a alma dos ímpios e de todos os que rejeitam o plano de Deus para sua salvação.[11] A palavra "inferno" vem do latim *infernus*, que significa "lugar inferior". Foi usada por Jerônimo, na Vulgata Latina, para traduzir do hebraico a palavra *sheol*, no Antigo Testamento, e do grego, as palavras *hades* e *geenna,* entre outros termos no Novo Testamento.

a) Sheol e Hades. Sheol é um termo hebraico e significa "*mundo invisível*" (Sl 89.48); é "o lugar invisível dos mortos" ou "habitação dos mortos". O fato de Sheol e sepultura serem lugares profundos e invisíveis aos olhos humanos justifica, às vezes, as diversas traduções do termo, como inferno,[12] sepultura,[13] sepulcro[14] e profundeza.[15] A Septuaginta traduz essa palavra por Hades. *Hades* é o estado intermediário dos mortos; não é, ainda, o Inferno propriamente dito, e sim o estágio intermediário dos mortos sem Cristo. Trata-se de uma prisão temporária até que venha o dia do juízo.[16] Os condenados que partiram deste mundo estão lá, conscientes e em tormentos, sabendo perfeitamente o porquê de estarem naquele lugar.[17] O Hades, como ideia de lugar ardente de tormentos para os iníquos, encontra-se somente uma vez, na passagem do rico e Lázaro: "*E no Hades, ergueu os olhos, estando em tormentos* [...] *porque estou atormentado nesta chama*" (Lc 16.23,24).

b) Geena. É a forma grega da expressão hebraica *gei-hinnom*, "vale de Hinom", da qual se originou o termo grego *geenna*. Segundo a descrição bíblica, era o nome de um vale localizado no sul de Jerusalém.[18] Nele, crianças eram sacrificadas em rituais pagãos num lugar chamado "Tofete", que significa "altar",[19] lugar onde alguns reis de Israel — dentre eles, o rei Salomão — sacrificavam a ídolos. O rei Josias, porém, realizou uma devassa no local, fazendo dele um lugar de lixo.[20] O mundo judaico contemporâneo de Jesus cria que Geena era o lugar onde os ímpios receberiam como castigo o sofrimento eterno. O termo é traduzido por "inferno" onde aparece nos evangelhos: "*Serpentes, raça de víboras! Como escapareis da condenação do inferno?*" (Mt 23.33).[21] O lugar indica o lago de fogo apocalíptico, onde serão lançados a besta e o falso profeta: "*Estes dois foram lançados vivos no ardente lago de fogo e de enxofre*" (Ap 19.20) e aqueles cujos nomes não estão no livro da vida: "*E aquele que não foi achado escrito no livro da vida foi lançado no lago de fogo*" (Ap 20.15).

c) Outros nomes para indicar o inferno. Na Bíblia, há outras expressões para designar o lugar da maldição eterna. O Tártaro é também traduzido por "inferno": "*Porque, se Deus não perdoou aos anjos que pecaram, mas, havendo-os lançado no inferno, os entregou às cadeias da escuridão, ficando reservados para o Juízo*" (2 Pe 2.4). Há, ainda, muitas outras formas usadas para o lugar de suplício eterno, como abismo,[22] fornalha de fogo,[23] trevas exteriores,[24] fogo eterno,[25] vergonha e desprezo eterno[26] e tormento eterno.[27] Esse é o castigo eterno, também chamado de "fogo que nunca se apagará".[28]

5. O novo céu e a nova terra. É o destino final dos salvos: "*E vi um novo céu e uma nova terra. Porque já o primeiro céu e a primeira terra passaram, e o mar já não existe*" (Ap 21.1). O céu e a terra que conhecemos desaparecerão para darem lugar a uma nova criação. Isso é anunciado desde o Antigo Testamento[29] e é ratificado no Novo.[30] O próprio Senhor Jesus Cristo confirmou essa palavra profética: "*O céu e a terra passarão, mas as minhas palavras não hão de passar*" (Mt 24.35). A promessa divina de que a terra permanece para sempre[31] significa que sempre haverá uma terra, mas não necessariamente a mesma. A palavra profética também anuncia um novo céu e uma nova terra.[32] Quando for instalado o juízo do Grande Trono Branco, o céu e a terra deixarão de existir: "*E vi um grande trono branco e o* *que estava assentado sobre ele, de cuja presença fugiu a terra e o céu, e não se achou lugar para eles*" (Ap 20.11). Trata-se de uma fase preparatória para o estabelecimento do novo céu e da nova terra. A terra contaminada pelo pecado não resistirá ao esplendor da presença de Deus; o universo físico não se susterá diante da pureza, santidade e glória daquEle que está assentado sobre o trono. E o fato de a morte e o Inferno serem lançados no Lago de Fogo indica que, no novo céu e na nova terra, não haverá morte nem condenação.

6. A nova Jerusalém. O novo céu e a nova terra não são a terra paradisíaca do Milênio, nem a "*Santa Cidade, a nova Jerusalém, que de Deus descia do céu*" (Ap 21.2); é a Jerusalém milenial. Estamos, aqui, num período pós-milênio. Temos, aqui, "*a Jerusalém que é de cima*" (Gl 4.26), a "*Jerusalém celestial*" (Hb 12.22). A nova Jerusalém é quadrada e tem a forma de um cubo que mede 2.200 quilômetros de comprimento, largura e altura,[33] feita internamente de ouro transparente,[34] um tipo de material inexistente na terra. O muro da cidade tem 12 portas, 12 anjos nelas e mais os nomes das 12 tribos de Israel.[35] Nos fundamentos do muro, constam "*os nomes dos doze apóstolos do Cordeiro*" (Ap 21.14), e esses fundamentos são adornados com pedras preciosas.[36] A cidade não tem templo, pois o seu templo é Deus e o Cordeiro,[37] e não necessita de sol nem de lua, pois o resplendor da glória de Deus a tem iluminado, e o Cordeiro é a sua lâmpada.[38] Na nova Jerusalém, não haverá mais dor, nem tristeza, nem solidão, nem sofrimento: "*E Deus limpará de seus olhos toda lágrima, e não haverá mais morte, nem pranto, nem clamor, nem dor, porque já as primeiras coisas são passadas*" (Ap 21.4); isso não acontecerá pois o próprio Deus habitará no meio do seu povo.[39] É a nossa eterna bem-aventurança, pois o pecado será banido para sempre.[40]

1 "E muitos dos que dormem no pó da terra ressuscitarão, uns para a vida eterna e outros para vergonha e desprezo eterno" (Dn 12.2); "E os que fizeram o bem sairão para a ressurreição da vida; e os que fizeram o mal, para a ressurreição da condenação" (Jo 5.29); "Tendo esperança em Deus, como estes mesmos também esperam, de que há de haver ressurreição de mortos, tanto dos justos como dos injustos" (At 24.15).

2 "E o diabo, que os enganava, foi lançado no lago de fogo e enxofre, onde está a besta e o falso profeta; e de dia e de noite serão atormentados para todo o sempre" (Ap 20.10).

3 "E vi tronos; e assentaram-se sobre eles aqueles a quem foi dado o poder de julgar. E vi as almas daqueles que foram degolados pelo testemunho de Jesus e pela palavra de Deus, e que não adoraram a besta nem a sua imagem, e não receberam o sinal na testa nem na mão; e viveram e reinaram com Cristo durante mil anos" (Ap 20.4).

4 "E nos mandou pregar ao povo e testificar que ele é o que por Deus foi constituído juiz dos vivos e dos mortos" (Atos 10.42); "Conjuro-te, pois, diante de Deus e do Senhor Jesus Cristo, que há de julgar os vivos e os mortos, na sua vinda e no seu Reino" (2 Tm 4.1).

5 "E deu o mar os mortos que nele havia; e a morte e o inferno deram os mortos que neles havia; e foram julgados cada um segundo as suas obras" (Ap 20.13).

6 "Então, dirá também aos que estiverem à sua esquerda: Apartai-vos de mim, malditos, para o fogo eterno, preparado para o diabo e seus anjos" (Mt 25.41).

7 "Que quer que todos os homens se salvem e venham ao conhecimento da verdade" (1 Tm 2.4); "O Senhor não retarda a sua promessa, ainda que alguns a têm por tardia; mas é longânimo para convosco, não querendo que alguns se percam, senão que todos venham a arrepender-se" (2 Pe 3.9).

8 "E, acerca dos mortos que houverem de ressuscitar, não tendes lido no livro de Moisés como Deus lhe falou na sarça, dizendo: Eu sou o Deus de Abraão, e o Deus de Isaque, e o Deus de Jacó? Ora, Deus não é de mortos, mas sim é Deus de vivos. Por isso, vós errais muito" (Mc 12.26,27).

9 "Os teus mortos viverão, os teus mortos ressuscitarão; despertai e exultai, vós que habitais no pó, porque o teu orvalho, ó Deus, será como o orvalho das ervas, e a terra lançará de si os mortos" (Is 26.19); "E muitos dos que dormem no pó da terra ressuscitarão, uns para a vida eterna e outros para vergonha e desprezo eterno" (Dn 12.2).

10 "No mesmo dia, chegaram junto dele os saduceus, que dizem não haver ressurreição, e o interrogaram" (Mt 22.23).

11 "Os ímpios serão lançados no inferno e todas as nações que se esquecem de Deus (Sl 9.17).

12 "Os seus pés descem à morte; os seus passos firmam-se no inferno" (Pv 5.5).

13 "Caminhos de sepultura é a sua casa, os quais descem às câmaras da morte" (Pv 7.27).

14 "Tanto mais que, por ser dado ao vinho, é desleal; um homem soberbo, que não se contém, que alarga como o sepulcro o seu desejo e, como a morte, que não se farta, ajunta a si todas as nações e congrega a si todos os povos"(Hc 2.5).

15 "Pede para ti ao Senhor, teu Deus, um sinal; pede-o ou embaixo nas profundezas ou em cima nas alturas" (Is 7.11).

16 "O mar entregou os mortos que nele havia; a morte e o Hades entregaram os mortos que neles havia; e cada um foi julgado segundo as suas obras" (Ap 20.13 – TB).

17 "E, no Hades, ergueu os olhos, estando em tormentos, e viu ao longe Abraão e Lázaro, no seu seio. E, clamando, disse: Abraão, meu pai, tem misericórdia de mim e manda a Lázaro que molhe na água a ponta do seu dedo e me refresque a língua, porque estou atormentado nesta chama" (Lc 16.23,24).

18 "E este termo passará pelo vale do Filho de Hinom, da banda dos jebuseus do sul (esta é Jerusalém) e subirá este termo até ao cume do monte que está diante do vale de Hinom para o ocidente, que está no fim do vale dos Refains, da banda do norte" (Js 15.8).

19 "E edificaram os altos de Tofete, que está no vale do filho de Hinom, para queimarem a seus filhos e a suas filhas; o que nunca ordenei, nem me subiu ao coração" (Jr 7.31).

20 "Também profanou a Tofete, que está no vale dos filhos de Hinom, para que ninguém fizesse passar a seu filho ou sua filha pelo fogo a Moloque" (2 Rs 23.10).

21 "Portanto, se a tua mão ou o teu pé te escandalizar, corta-o e atira-o para longe de ti; melhor te é entrar na vida coxo ou aleijado do que, tendo duas mãos ou dois pés, seres lançado no fogo eterno. E, se o teu olho te escandalizar, arranca-o, e atira-o para longe de ti. Melhor te é entrar

na vida com um só olho do que, tendo dois olhos, seres lançado no fogo do inferno" (Mt 18.8,9); "Mas eu vos mostrarei a quem deveis temer: temei aquele que, depois de matar, tem poder para lançar no inferno; sim, vos digo, a esse temei" (Lc 12.5).

22 "E perguntou-lhe Jesus, dizendo: Qual é o teu nome? E ele disse: Legião; porque tinham entrado nele muitos demônios. E rogavam-lhe que os não mandasse para o abismo" (Lc 8.30,31).

23 "Assim será na consumação dos séculos: virão os anjos e separarão os maus dentre os justos. E lançá-los-ão na fornalha de fogo; ali, haverá pranto e ranger de dentes" (Mt 13.49, 50).

24 "Disse, então, o rei aos servos: Amarrai-o de pés e mãos, levai-o e lançai-o nas trevas exteriores; ali, haverá pranto e ranger de dentes" (Mt 22.13).

25 "Então, dirá também aos que estiverem à sua esquerda: Apartai-vos de mim, malditos, para o fogo eterno, preparado para o diabo e seus anjos" (Mt 25.41).

26 "E muitos dos que dormem no pó da terra ressuscitarão, uns para a vida eterna e outros para vergonha e desprezo eterno" (Dn 12.2).

27 "E irão estes para o tormento eterno, mas os justos, para a vida eterna" (Mt 25.46).

28 "Em sua mão tem a pá, e limpará a sua eira, e recolherá no celeiro o seu trigo, e queimará a palha com fogo que nunca se apagará" (Mt 3.12).

29 "Desde a antiguidade fundaste a terra; e os céus são obra das tuas mãos. Eles perecerão, mas tu permanecerás; todos eles, como uma veste, envelhecerão; como roupa os mudarás, e ficarão mudados" (Sl 102.25,26); "Levantai os olhos para os céus e olhai para a terra de baixo, porque os céus desaparecerão como a fumaça, e a terra se envelhecerá como uma veste, e os seus moradores morrerão como mosquitos; mas a minha salvação durará para sempre, e a minha justiça não será quebrantada" (Is 51.6).

30 "E: Tu, Senhor, no princípio, fundaste a terra, e os céus são obra de tuas mãos; eles perecerão, mas tu permanecerás; e todos eles, como roupa, envelhecerão, e, como um manto, os enrolarás, e, como uma veste, se mudarão; mas tu és o mesmo, e os teus anos não acabarão" (Hb 1.10-12); "Mas o Dia do Senhor virá como o ladrão de noite, no qual os céus passarão com grande estrondo, e os elementos, ardendo, se desfarão, e a terra e as obras que nela há se queimarão. Havendo, pois, de perecer todas estas coisas, que pessoas vos convém ser em santo trato e piedade, aguardando e apressando-vos para a vinda do Dia de Deus, em que os céus, em fogo, se desfarão, e os elementos, ardendo, se fundirão?" (2 Pe 3.10-12).

31 "Uma geração vai, e outra geração vem; mas a terra para sempre permanece" (Ec 1.4).

32 "Porque eis que eu crio céus novos e nova terra; e não haverá lembrança das coisas passadas, nem mais se recordarão" (Isaías 65.17); "Porque, como os céus novos e a terra nova que hei de fazer estarão diante da minha face, diz o SENHOR, assim há de estar a vossa posteridade e o vosso nome" (Is 66.22).

33 "E a cidade estava situada em quadrado; e o seu comprimento era tanto como a sua largura. E mediu a cidade com a cana até doze mil estádios; e o seu comprimento, largura e altura eram iguais" (Ap 21.16).

34 "E a fábrica do seu muro era de jaspe, e a cidade, de ouro puro, semelhante a vidro puro" (Ap 21.18).

35 "E tinha um grande e alto muro com doze portas, e, nas portas, doze anjos, e nomes escritos sobre elas, que são os nomes das doze tribos de Israel" (Ap 21.12).

36 "E os fundamentos do muro da cidade estavam adornados de toda pedra preciosa. O primeiro fundamento era jaspe; o segundo, safira; o terceiro, calcedônia; o quarto, esmeralda; o quinto, sardônica; o sexto, sárdio; o sétimo, crisólito; o oitavo, berilo; o nono, topázio; o décimo, crisópraso; o undécimo, jacinto; o duodécimo, ametista" (Ap 21.19,20).

37 "E nela não vi templo, porque o seu templo é o Senhor, Deus Todo-poderoso, e o Cordeiro" (Ap 21.22).

38 "E a cidade não necessita de sol nem de lua, para que nela resplandeçam, porque a glória de Deus a tem alumiado, e o Cordeiro é a sua lâmpada" (Ap 21.23).

39 "E ouvi uma grande voz do céu, que dizia: Eis aqui o tabernáculo de Deus com os homens, pois com eles habitará, e eles serão o seu povo, e o mesmo Deus estará com eles e será o seu Deus" (Ap 21.3).

40 "E ali nunca mais haverá maldição contra alguém; e nela estará o trono de Deus e do Cordeiro, e os seus servos o servirão" (Ap 22.3).

CAPÍTULO XXIV

Sobre a *família*

CREMOS, professamos e ensinamos que a família é uma instituição criada por Deus, imprescindível à existência, formação e realização integral do ser humano, sendo composta de pai, mãe e filho (s) — quando houver — pois o Criador, ao formar o homem e a mulher, declarou solenemente: "*Portanto, deixará o varão o seu pai e a sua mãe e apegar-se-á à sua mulher, e serão ambos uma carne*" (Gn 2.24). Deus criou o ser humano à sua imagem e semelhança[1] e fê-los macho e fêmea: "*E criou Deus o homem à sua imagem; à imagem de Deus o criou; macho e fêmea os criou*" (Gn 1.27), demonstrando a sua conformação heterossexual. A diferenciação dos sexos visa à complementaridade mútua na união conjugal: "*Todavia, nem o varão é sem a mulher, nem a mulher, sem o varão, no Senhor*" (1 Co 11.11); essa complementaridade mútua é necessária à formação do casal e à procriação. Reconhecemos preservada a família quando, na ausência do pai e da mãe, os filhos permanecerem sob os cuidados de parentes próximos.[2] Rejeitamos o comportamento pecaminoso da homossexualidade por ser condenada por Deus nas Escrituras,[3] bem como qualquer configuração social que se denomina família, cuja existência é fundamentada em prática, união ou qualquer conduta que atenta contra a monogamia e a heterossexualidade, consoante o modelo estabelecido pelo Criador e ensinado por Jesus.[4]

1. O casamento ou união matrimonial. Instituição criada por Deus, que tem por princípios reguladores e estruturantes a monogamia: "*Portanto, deixará o varão o seu pai e a sua mãe e apegar-se-á à sua mulher, e serão ambos uma carne*" (Gn 2.24) e a heterossexualidade: "*Ele, porém, respondendo, disse-lhes: Não tendes lido que, no princípio, o Criador os fez macho e fêmea*" (Mt 19.4). Pelo casamento, um homem e uma mulher, por livre consentimento, decidem unir-se mediante um pacto solene, do qual o Senhor Deus é a principal testemunha,[5] e, na condição de cônjuges sob os aspectos legal, formal, moral e espiritual, prometem viver em fidelidade mútua, até que a morte os separe.[6] De tal modo sublime: "*Venerado seja entre todos o matrimônio*" (Hb 13.4), tem por referencial espiritual, moral e afetivo o relacionamento entre Cristo e a Igreja.[7] O casamento tem por propósitos: a instituição da família matrimonial;[8] compensação mútua do casal;[9] a procriação;[10] o auxílio mútuo[11] e continência e satisfação sexual.[12] Entendemos que o homem é unido sexualmente à sua esposa, como resultado do amor conjugal, não só para procriar, mas também para uma vivência afetuosa, agradável e prazerosa: "*Seja bendito o teu manancial, e alegra-te com a mulher da tua mocidade*" (Pv 5.18) dentro dos limites do uso natural do corpo[13] e da pureza e da santidade.[14] Reconhecemos o casamento civil e o religioso com efeitos civis desde que não afrontem os princípios bíblicos e, em especial, não seja realizado entre pessoas divorciadas, em desacordo com o preconizado pelo Senhor Jesus. A dissolução do casamento é justificada nos seguintes casos: morte,[15] infidelidade conjugal[16] e deserção por parte do cônjuge descrente.[17]

2. Pai, mãe e filhos. O pai e a mãe integram, de forma originária, determinante e estruturante, a família, e a eles a Bíblia impõe o dever de sustentar,[18] formar,[19] disciplinar os filhos[20] e instruí-los moral e espiritualmente.[21] A diferenciação dos sexos é um princípio bíblico, natural e determinante para as figuras paterna e materna.[22] Na falta do pai ou da mãe por deserção, separação, divórcio ou morte, o cônjuge remanescente continua a cumprir o dever de preservar a família.[23] Os filhos também, quando adquirirem capacidade financeira, honram o pai ou a mãe que ficar sozinho.[24] Todo relacionamento entre homem e mulher que gere descendentes fora do casamento acarreta compromissos morais e obrigações sociais para com esses descendentes em razão da paternidade ou maternidade.[25] Entretanto, por configurar um desvio moral e espiritual em relação ao padrão divino para a instituição e preservação da família, tal relacionamento não deve ter continuidade, posto que se constitui prostituição, se antes do casamento, ou adultério, se extramatrimonial: "*porém aos que se dão à prostituição e aos adúlteros Deus os julgará*" (Hb 13.4). Os filhos, sejam eles decorrentes do vínculo matrimonial, de adoção, ou havidos fora do casamento, prestam obediência ao pai e à mãe, honrando-os por toda a vida.[26] Esse princípio é mitigado a partir do momento em que esse filho forma uma nova família, mediante o matrimônio.[27] A responsabilidade moral e espiritual decorrente dos laços de consanguinidade e parentalidade perduram, mesmo diante da diminuição ou extinção do afeto entre irmãos, originários[28] ou não[29] da relação matrimonial, ou da adoção.

3. Formas heterodoxas de formação de família. Considerando o padrão bíblico heterossexual e monogâmico da procriação, quando diante de problemas de saúde que causam a infertilidade em pelo menos um dos cônjuges, pode-se recorrer à medicina: "*Não necessitam de médico os sãos, mas sim, os doentes*" (Mt 9.12) a fim de superar a deficiência. Em face dos avanços médicos e científicos, a igreja posiciona-se favoravelmente às técnicas reprodutivas que não atentam contra a pureza da relação sexual monogâmica, desde que a fertilização (processo no qual tem início a vida humana) ocorra no interior do corpo da mulher e os gametas utilizados pertençam ao próprio casal.[30] As técnicas em que a fertilização ocorre fora do corpo da mulher, com a respectiva manipulação do embrião, são condenáveis por desrespeitarem o processo de fecundação natural que deve ocorrer no interior do ventre materno.[31] Além de esses procedimentos exporem os embriões ao risco de serem descartados, criopreservados ou utilizados em experimentos, podem possibilitar a comercialização de corpos e de almas, atitude essa escatologicamente prevista e condenada nas Escrituras.[32] Condenamos as técnicas reprodutivas que requerem o descarte de embriões e doação. Rejeitamos a maternidade de substituição, mediante a qual se doa temporariamente o útero, por ferir a pureza monogâmica. Não admitimos a reprodução *post-mortem* em virtude da cessação do vínculo matrimonial: "*A mulher casada está ligada pela lei todo o tempo em que o seu marido vive; mas, se falecer o seu marido, fica livre para casar com quem quiser, contanto que seja no Senhor*" (1 Co 7.39).

---

1 "E disse Deus: Façamos o homem à nossa imagem, conforme a nossa semelhança; e domine sobre os peixes do mar, e sobre as aves dos céus, e sobre o gado, e sobre toda a terra, e sobre todo réptil que se move sobre a terra" (Gn 1.16).

2 "Este criara a Hadassa (que é Ester, filha do seu tio), porque não tinha pai nem mãe; e era moça bela de aparência e formosa à vista; e, morrendo seu pai e sua mãe, Mardoqueu a tomara por sua filha... Chegando, pois, a vez de Ester, filha de Abiail, tio de Mardoqueu (que a tomara por sua filha), para ir ao rei, coisa nenhuma pediu, senão o que disse Hegai, eunuco do rei, guarda das mulheres; e alcançava Ester graça aos olhos de todos quantos a viam" (Et 2.7,15); "Se algum crente ou alguma crente tem viúvas, socorra-as, e não se sobrecarregue a igreja, para que se possam sustentar as que deveras são viúvas" (1 Tm 5.16).

3 "Com varão não te deitarás, como se fosse mulher: abominação é" (Lv 18.22); "Pelo que também Deus os entregou às concupiscências do seu coração, à imundície, para desonrarem o seu corpo entre si... Pelo que Deus os abandonou às paixões infames. Porque até as suas mulheres mudaram

o uso natural, no contrário à natureza. E, semelhantemente também os varões, deixando o uso natural da mulher, se inflamaram em sua sensualidade uns para com os outros, varão com varão, cometendo torpeza e recebendo em si mesmos a recompensa que convinha ao seu erro" (Ro 1.24-27); "Não erreis: nem os devassos, nem os idólatras, nem os adúlteros, nem os efeminados, nem os sodomitas, nem os ladrões, nem os avarentos, nem os bêbados, nem os maldizentes, nem os roubadores herdarão o Reino de Deus" (1 Co 6.10).

4 "Ele, porém, respondendo, disse-lhes: Não tendes lido que, no princípio, o Criador os fez macho e fêmea e disse: Portanto, deixará o homem pai e mãe e se unirá à sua mulher, e serão dois numa só carne? Assim não são mais dois, mas uma só carne. Portanto, o que Deus ajuntou não separe o homem" (Mt 19.4-6).

5 "E dizeis: Por quê? Porque o SENHOR foi testemunha entre ti e a mulher da tua mocidade, com a qual tu foste desleal, sendo ela a tua companheira e a mulher do teu concerto. E não fez ele somente um, sobejando-lhe espírito? E por que somente um? Ele buscava uma semente de piedosos; portanto, guardai-vos em vosso espírito, e ninguém seja desleal para com a mulher da sua mocidade" (Ml 2.14,15).

6 "Assim não são mais dois, mas uma só carne. Portanto, o que Deus ajuntou não separe o homem" (Mateus 19.6); "A mulher casada está ligada pela lei todo o tempo em que o seu marido vive; mas, se falecer o seu marido, fica livre para casar com quem quiser, contanto que seja no Senhor" (1 Co 7.39).

7 "Porque o marido é a cabeça da mulher, como também Cristo é a cabeça da igreja, sendo ele próprio o salvador do corpo. De sorte que, assim como a igreja está sujeita a Cristo, assim também as mulheres sejam em tudo sujeitas a seu marido. Vós, maridos, amai vossa mulher, como também Cristo amou a igreja e a si mesmo se entregou por ela, para a santificar, purificando-a com a lavagem da água, pela palavra, para a apresentar a si mesmo igreja gloriosa, sem mácula, nem ruga, nem coisa semelhante, mas santa e irrepreensível. Assim devem os maridos amar a sua própria mulher como a seu próprio corpo. Quem ama a sua mulher ama-se a si mesmo. Porque nunca ninguém aborreceu a sua própria carne; antes, a alimenta e sustenta, como também o Senhor à igreja; porque somos membros do seu corpo. Por isso, deixará o homem seu pai e sua mãe e se unirá à sua mulher; e serão dois numa carne" (Ef 5.23-31).

8 "Portanto, deixará o varão o seu pai e a sua mãe e apegar-se-á à sua mulher, e serão ambos uma carne" (Gn 2.24).

9 "O coração do seu marido está nela confiado, e a ela nenhuma fazenda faltará" (Pv 31.11); "O marido pague à mulher a devida benevolência, e da mesma sorte a mulher, ao marido. A mulher não tem poder sobre o seu próprio corpo, mas tem-no o marido; e também, da mesma maneira, o marido não tem poder sobre o seu próprio corpo, mas tem-no a mulher. Não vos defraudeis um ao outro, senão por consentimento mútuo, por algum tempo, para vos aplicardes à oração; e, depois, ajuntai-vos outra vez, para que Satanás vos não tente pela vossa incontinência" (1 Co 7.3-5).

10 "E Deus os abençoou e Deus lhes disse: Frutificai, e multiplicai-vos, e enchei a terra, e sujeitai-a; e dominai sobre os peixes do mar, e sobre as aves dos céus, e sobre todo o animal que se move sobre a terra" (Gn 1.28).

11 "E disse o SENHOR Deus: Não é bom que o homem esteja só; far-lhe-ei uma adjutora que esteja como diante dele"(Gn 2.18).

12 "Mas, por causa da prostituição, cada um tenha a sua própria mulher, e cada uma tenha o seu próprio marido" (1 Co 7.2).

13 "Pelo que Deus os abandonou às paixões infames. Porque até as suas mulheres mudaram o uso natural, no contrário à natureza. E, semelhantemente, também os varões, deixando o uso natural da mulher, se inflamaram em sua sensualidade uns para com os outros, varão com varão, cometendo torpeza e recebendo em si mesmos a recompensa que convinha ao seu erro" (Rm 1.26,27).

14 "Venerado seja entre todos o matrimônio e o leito sem mácula; porém aos que se dão à prostituição e aos adúlteros Deus os julgará" (Hb 13.4).

15 "Porque a mulher que está sujeita ao marido, enquanto ele viver, está-lhe ligada pela lei; mas, morto o marido, está livre da lei do marido" (Rm 7.2).

16 "Eu, porém, vos digo que qualquer que repudiar sua mulher, a não ser por causa de prostituição,

faz que ela cometa adultério; e qualquer que casar com a repudiada comete adultério" (Mt 5.32); "Eu vos digo, porém, que qualquer que repudiar sua mulher, não sendo por causa de prostituição, e casar com outra, comete adultério; e o que casar com a repudiada também comete adultério" (Mt 19.9).

17 "Mas, se o descrente se apartar, aparte-se; porque neste caso o irmão, ou irmã, não está sujeito à servidão; mas Deus chamou-nos para a paz" (1 Co 7.15).

18 "Eis aqui estou pronto para, pela terceira vez, ir ter convosco e não vos serei pesado; pois que não busco o que é vosso, mas, sim, a vós; porque não devem os filhos entesourar para os pais, mas os pais, para os filhos" (Co 12.14); "Ainda de noite, se levanta e dá mantimento à sua casa e a tarefa às suas servas" (Pv 31.15).

19 "E as intimarás a teus filhos e delas falarás assentado em tua casa, e andando pelo caminho, e deitando-te, e levantando-te" (Dt 6.7).

20 "E vós, pais, não provoqueis a ira a vossos filhos, mas criai-os na doutrina e admoestação do Senhor" (Ef 6.4); "Se suportais a correção, Deus vos trata como filhos; porque que filho há a quem o pai não corrija? Mas, se estais sem disciplina, da qual todos são feitos participantes, sois, então, bastardos e não filhos" (Hb 12.7,8).

21 "Instrui o menino no caminho em que deve andar, e, até quando envelhecer, não se desviará dele" (Pv 22.6).

22 "E conheceu Adão a Eva, sua mulher, e ela concebeu, e teve a Caim, e disse: Alcancei do Senhor um varão" (Gn 4.1).

23 "Mas, se alguém não tem cuidado dos seus e principalmente dos da sua família, negou a fé e é pior do que o infiel" (1 Tm 5.8).

24 "Mas, se alguma viúva tiver filhos ou netos, aprendam primeiro a exercer piedade para com a sua própria família e a recompensar seus pais; porque isto é bom e agradável diante de Deus" (1 Tm 5.4).

25 "E pareceu esta palavra mui má aos olhos de Abraão, por causa de seu filho" (Gn 21.11); "Porém Abraão deu tudo o que tinha a Isaque. Mas, aos filhos das concubinas que Abraão tinha, deu Abraão presentes e, vivendo ele ainda, despediu-os do seu filho Isaque, ao Oriente, para a terra oriental" (Gn 25.5,6).

26 "Vós, filhos, sede obedientes a vossos pais no Senhor, porque isto é justo. Honra a teu pai e a tua mãe, que é o primeiro mandamento com promessa, para que te vá bem, e vivas muito tempo sobre a terra" (Ef 6.1-3).

27 "Portanto, deixará o varão o seu pai e a sua mãe e apegar-se-á à sua mulher, e serão ambos uma carne" (Gn 2.24); "mas o que é casado cuida das coisas do mundo, em como há de agradar à mulher. Há diferença entre a mulher casada e a virgem: a solteira cuida das coisas do Senhor para ser santa, tanto no corpo como no espírito; porém a casada cuida das coisas do mundo, em como há de agradar ao marido" (1 Co 7.33, 34).

28 "Apressai-vos, e subi a meu pai, e dizei-lhe: Assim tem dito o teu filho José: Deus me tem posto por senhor em toda a terra do Egito; desce a mim e não te demores. Habitarás na terra de Gósen e estarás perto de mim, tu e os teus filhos, e os filhos dos teus filhos, e as tuas ovelhas, e as tuas vacas, e tudo o que tens" (Gn 45.9,10).

29 "Agora, pois, não vos entristeçais, nem vos pese aos vossos olhos por me haverdes vendido para cá; porque, para conservação da vida, Deus me enviou diante da vossa face [...]. E beijou todos os seus irmãos e chorou sobre eles; e, depois, seus irmãos falaram com ele" (Gn 45.5,15).

30 "Nem te deitarás com a mulher de teu próximo para cópula, para te contaminares com ela" (Levítico 18.20).

31 "Pois possuíste o meu interior; entreteceste-me no ventre de minha mãe [...]. Os meus ossos não te foram encobertos, quando no oculto fui formado e entretecido como nas profundezas da terra. Os teus olhos viram o meu corpo ainda informe, e no teu livro todas estas coisas foram escritas, as quais iam sendo dia a dia formadas, quando nem ainda uma delas havia" (Sl 139. 13,15,16).

32 "E sobre ela choram e lamentam os mercadores da terra, porque ninguém mais compra as suas mercadorias: [...] e cinamomo, e cardamomo, e perfume, e mirra, e incenso, e vinho, e azeite, e flor de farinha, e trigo, e cavalgaduras, e ovelhas; e mercadorias de cavalos, e de carros, e de corpos e de almas de homens" (Ap 18.11,13).

Conclusão

Esses artigos de fé apresentados nos 24 capítulos desta declaração foram entregues à liderança nacional da Assembleia de Deus numa reunião ocorrida nos dias 6 e 7 de julho de 2016, no auditório do Windsor Guanabara Hotel, na cidade do Rio de Janeiro, sob a presidência do Pr. José Wellington Bezerra da Costa, conforme noticiado no jornal *Mensageiro da Paz*, p. 3, de agosto de 2016. Na referida reunião cada líder recebeu um exemplar da primeira versão da *Declaração de Fé,* ocasião em que os pastores se comprometeram a ler com atenção todo o texto e a, eventualmente, enviar sugestões que viessem a aperfeiçoar o documento. Ficou acertado um prazo para o envio das sugestões à Comissão Especial (6 de setembro de 2016) e uma data para a apresentação do texto revisado, antes de ser submetido à aprovação dos convencionais da 43a. Assembleia Geral Ordinária da CGADB.

Depois de acolhidas as sugestões pela Comissão Especial, o texto foi lido em alta voz para uma subcomissão formada por professores de português, teologia, filosofia e outras áreas afins, convidados para nos auxiliar em uma rigorosa revisão gramatical e doutrinária. Esses trabalhos foram realizados em Recife, onde o Pr. Ailton José Alves colocou a nossa disposição o espaço físico da Igreja, assim como a equipe que nos assessorou. Reunimo-nos durante uma semana nos períodos da manhã, tarde e noite, trabalhando exclusivamente no texto. Depois disso, a *Declaração de Fé* foi submetida a nova revisão por outra subcomissão formada por professores especialmente convidados, reunidos na Assembleia de Deus em Campinas, SP, pastoreada pelo Pr. Paulo Freire da Costa, com o fim de esclarecer algumas pendências, para que chegássemos à conclusão definitiva do texto.

Em 29 de dezembro de 2016 a Secretaria Geral da CGADB enviou à liderança nacional uma cópia digital anexa ao e-mail pessoal de cada líder, e, em seguida, a CPAD enviou um exemplar impresso aos referidos líderes. Em 24 de janeiro de 2017, no mesmo local da primeira reunião, o texto definitivo foi formalmente apresentado à liderança nacional. Os vinte e quatro capítulos da Declaração foram lidos para todos os presentes, de forma alternada e em voz alta, pelo relator e pelo sub-relator da Comissão Especial. Uma vez concluídos os trabalhos, o texto da *Declaração de Fé* foi disponibilizado no site da CGADB.

Desde a primeira versão da *Declaração de Fé* o texto ficou à disposição de todos os líderes para críticas e sugestões, as quais, quando apresentadas, tiveram boa acolhida. Pouquíssimas sugestões não puderam ser inseridas, porém, nesses casos, comunicamos aos respectivos autores as razões da não inclusão. Um dos propósitos dessa ampla liberdade foi discutir e aprimorar a matéria, de forma a apresentar aos convencionais da 43a. Assembleia Geral Ordinária um texto claro, conclusivo e representativo da linha doutrinária da Assembleia de Deus no Brasil.

MESA DIRETORA DA CGADB

José Wellington Bezerra da Costa, SP – presidente; **Ival Teodoro da Silva**, PR – 1º vice-presidente; **Sebastião Rodrigues de Souza**, MT – 2º vice-presidente; **Gilberto Marques de Souza**, PA – 3º vice-presidente; **Pedro Aldi Damasceno**, MA – 4º vice-presidente; **Temóteo Ramos de Oliveira**, RJ – 5º vice-presidente; **Perci Fontoura**, PR – 1º secretário; **Antônio Dionizio da Silva**, MS – 2º secretário; **Pedro Abreu de Lima**, AC – 3º secretário; **Roberto José dos Santos**, PE – 4º secretário; **Jonas Francisco de Paul**a, RJ – 5º secretário; **Ivan Pereira Bastos**, ES – 1º tesoureiro; **Álvaro Alen Sanches**, MG – 2º tesoureiro.

PRESIDENTES DE CONVENÇÕES

Região Norte: ACRE – **Pedro Abreu de Lima**, Ceimadac (Convenção Estadual de Igrejas e Ministros das Assembleias de Deus no Acre); AMAPÁ – **Lucifrancis Barbosa Tavares**, Cemeadap (Convenção Estadual dos Ministros das Igrejas Evangélicas Assembleias de Deus no Estado do Amapá); AMAZONAS – **Jônatas Câmara**, Ceadam (Convenção Estadual da Assembleia de Deus no Amazonas); **Gedeão Granjeiro Fernandes de Menezes**, Ceadtam (Convenção Estadual da Assembleia de Deus Tradicional no Amazonas); PARÁ – **Gilberto Marques de Souza**, Comieadepa (Convenção Estadual das igrejas Evangélicas Assembleias de Deus no Estado do Pará); **Possidônio Martins Reis**, Ciadseta-PA/MT (Convenção Interestadual dos Ministros das Igrejas Assembleias de Deus do Seta nos Estados do Pará e Mato Grosso); **Samuel Câmara**, Cimadb (Convenção da Igreja-Mãe das Assembleias de Deus em Belém); RONDÔNIA – **Nelson Luchtenberg**, Cemaderon (Convenção Estadual dos Ministros das Assembleias de Deus no Estado de Rondônia); RORAIMA – **Isamar Pessoa Ramalho**, Cedader (Convenção Estadual das Assembleias de Deus no Estado de Roraima); TOCANTINS – **Paulo Martins Neto**, Ciadseta/TO (Convenção Interestadual das Assembleias de Deus do Seta).

Região Nordeste: ALAGOAS – **José Orisvaldo Nunes de Lima**, Comadal (Convenção das Assembleias de Deus no Estado de Alagoas); BAHIA – **Valdomiro Pereira da Silva**, Ceadeb (Convenção Estadual das Assembleias de Deus na Bahia); **Israel Alves Ferreira**, Conframadeb (Convenção Fraternal dos Ministros das Igrejas Evangélicas Assembleias de Deus no Estado da Bahia); CEARÁ - **João Bezerra da Silva**, Conadec (Convenção das Assembleias de Deus do Estado do Ceará); **Florêncio Nunes Neto**, Cimadec (Convenção de Igrejas e Ministros das Assembleias de Deus Ministério no Estado do Ceará); **Ozíres Teixeira Pessoa**, Confradece (Convenção Fraternal de Ministros das Assembleias de Deus do Estado do Ceará); **José Teixeira Rego Neto**, Comadece (Convenção de Ministros da Assembleia de Deus Bela Vista no Estado do Ceará); MARANHÃO – **Pedro Aldi Damasceno**, Ceadema (Convenção Estadual da Igreja Evangélica Assembleias de Deus no Maranhão); **José Alves Cavalcante**, Comadesma (Convenção dos Ministros das Igrejas Evangélicas Assembleias de Deus do Seta no Sul do Maranhão); PARAÍBA – **Daniel Nunes da Silva**, Comead-CGPB (Convenção de Ministros da Igreja Evangélica Assembleia de Deus Campina Grande e no Estado da Paraíba); **José Carlos de Lima**, Comadep (Convenção de Ministros das Assembleias de Deus no Estado da Paraíba); PERNAMBUCO – **Roberto José dos Santos**, Convenção Estadual de Ministros da Assembleia de Deus com sede em Abreu e Lima – PE); **Ailton José Alves**, Conadepe (Convenção da Assembleia de Deus de Pernambuco); PIAUÍ – **Nestor**

Henrique Mesquita, Ceadep (Convenção das Igrejas Evangélicas Assembleias de Deus do Piauí); RIO GRANDE DO NORTE – **Martim Alves da Silva**, Cemadern (Convenção das Assembleias de Deus no Rio Grande do Norte); SERGIPE – **Virginio José de Carvalho Neto**, Coneadese (Convenção Estadual das Assembleias de Deus no Estado de Sergipe).

Região Centro Oeste: DISTRITO FEDERAL – **Geovane Neres Leandro da Cruz**, Ceaddif (Convenção Evangélica das Assembleias de Deus no Distrito Federal); **Orcival Pereira Xavier**, Comadebg (Convenção dos Ministros das Assembleias de Deus de Brasília e Goiás); **Rinaldo Alves dos Santos**, Comadeplan (Convenção dos Ministros Evangélicos das Assembleias de Deus do Planalto Central); MATO GROSSO – **Sebastião Rodrigues de Souza**, Comademat (Convenção dos Ministros das Assembleias de Deus no Estado do Mato Grosso/Cuiabá); MATO GROSSO DO SUL – **Antônio Dionizio da Silva**, Comadems (Convenção dos Ministros das Assembleias de Deus no Estado do Mato Grosso do Sul); GOIÁS – **Wellington Carlos Almeida Rocha**, Cadesgo (Convenção das Assembleias de Deus no Estado de Goiás). **José Messias dos Santos**, Conframadego (Convenção Fraternal das Igrejas e Ministros das Assembleias de Deus no Estado de Goiás).

Região Sudeste: ESPÍRITO SANTO – **Oscar Domingos de Moura**, Cadeeso (Convenção das Assembleias de Deus no Estado do Espírito Santo e outros); **Álvaro Oliveira Lima**, Cemades (Convenção Evangélica dos Ministros das Assembleias de Deus no Estado do Espírito Santo); **Ivan Pereira Bastos**, Confrateres (Convenção Fraternal dos Ministros das Assembleias de Deus no Estado do Espírito Santo); MINAS GERAIS – **Paulo Luiz Leocádio**, Comademg (Convenção dos Ministros das Assembleias de Deus no Estado de Minas Gerais);

Álvaro Alen Sanches, Comadetrim (Convenção dos Ministros das Assembleias de Deus no Triângulo Mineiro); **Adão Alves de Araújo**, Comadvardo (Convenção dos Ministros das Assembleias de Deus do Vale do Rio Doce); **Nehemias Gaspar de Araújo**, Cimademigo (Convenção das Igrejas das Assembleias de Deus de Minas Gerais e Outros); **Sérgio Eleotério Coelho**, Comadeleste (Convenção dos Ministros das Assembleias de Deus no Leste do Estado de Minas Gerais); RIO DE JANEIRO – **Alberto Serafim de Souza**, Ceader (Convenção Evangélica das Assembleias de Deus no Estado do Rio de janeiro – RJ); **Temóteo Ramos de Oliveira**, Confraderj (Convenção Fraternal das Assembleias de Deus no Estado do Rio de Janeiro); **Jonas Francisco de Paula**, Comaderj (Convenção dos Ministros das Assembleias de Deus do Estado do Rio de Janeiro); **Paulo Henrique dos Santos Baptista**, Ceaderj (Convenção Estadual das Assembleias de Deus do Brasil no Estado do Rio de Janeiro); SÃO PAULO – **José Wellington Bezerra da Costa**, Confradesp (Convenção Fraternal e Interestadual das Assembleias de Deus no Brasil no Ministério do Belém – SP); **Carlos Roberto da Silva**, Comadespe (Convenção dos Ministros das Assembleias de Deus no Estado de São Paulo); **Samuel Rodrigues**, Cieadspel (Convenção das Igrejas Evangélicas Assembleias de Deus no Estado de São Paulo e Estados Limítrofes); **Alcides Favaro**, Comoespo (Convenção dos Ministros Ortodoxos das Assembleias de Deus do Estado de São Paulo).

Região Sul: PARANÁ – **Perci Fontoura**, Cieadep (Convenção das Igrejas Evangélicas Assembleias de Deus no Estado do Paraná); RIO GRANDE DO SUL – **Adalberto dos Santos Dutra**, Ciepadergs (Convenção das Igrejas Evangélicas e Pastores da Assembleia de Deus no Estado do Rio Grande do Sul); SANTA CATARINA – **João Ceno Ohlweiler**, Ciadescp (Convenção da Igreja Evangélica Assembleias de Deus de Santa Cataria e Sudoeste do Paraná).

Internacional: JAPÃO – **Gessival Rui Freitas Barbosa**, Comadeja, (Convenção de Ministros de Língua Portuguesa no Japão); ESTADOS UNIDOS DA AMÉRICA – **Joel Freire da Costa**, Confradeb-EUA (Convenção Fraternal dos Ministros das Assembleias de Deus Brasileiras nos E.U.A.).

COMISSÃO ESPECIAL

Esequias Soares da Silva, SP – presidente; **Paulo Roberto Freire da Costa**, SP – vice-presidente; **Jesiel Padilha de Siqueira**, SP – Secretário; **Alexandre Coelho**, RJ – Sub-Secretário; **Douglas Roberto Baptista**, DF – Relator; **Claudionor Corrêa de Andrade**, RJ – Sub-Relator; **Ailton José Alves Júnior**, PE; **Alberto Alves da Fonseca**, SP; **Antonio Xavier dos Santos Vale**, TO; **Elienai Cabral**, DF; **Eliezer Morais**, RS; **Elinaldo Renovato de Lima**, RN; **Emanuel Barbosa Martins**, SP; **Emmanuel Silva**, RJ; **João Maria da Silva Hermel**, RS; **José Goncalves da Costa Gomes**, PI; **Nemias Pereira da Rocha**, GO; **Océlio Nauar de Araújo**, PA.

APÊNDICE

Os *credos ecumênicos*

1. O CREDO DOS APÓSTOLOS

Creio em Deus Pai Todo-poderoso, Criador do céu e da terra.

E em Jesus Cristo, seu Filho Unigênito, nosso Senhor; que foi concebido pelo Espírito Santo, nasceu da virgem Maria; sofreu sob Pôncio Pilatos, foi crucificado, morto, e sepultado, e desceu ao Hades; e ressuscitou da morte ao terceiro dia; que subiu ao Céu, e está sentado à mão direita de Deus, o Pai Todo-poderoso; de onde há de vir para julgar os vivos e os mortos.

Creio no Espírito Santo; na santa Igreja cristã,[1] na comunhão dos santos; na remissão dos pecados; na ressurreição da carne; e na vida eterna.

2. O CREDO NICENO

Cremos em um só Deus, Pai Onipotente, Criador de todas as coisas visíveis e invisíveis.

E em um só Senhor Jesus Cristo, Filho de Deus, o Unigênito do Pai, que é da substância do Pai, Deus de Deus, Luz de Luz, verdadeiro Deus de verdadeiro Deus, gerado, não feito, de uma só substância [*homooúsios*][2] com o Pai, por meio de quem todas as coisas vieram a existir, as coisas que estão no céu e as coisas que estão na terra, que por nós, homens, e por nossa salvação desceu e foi feito carne, e se fez homem, sofreu, e ressuscitou ao terceiro dia, subiu aos céus, e virá para julgar os vivos e os mortos.

E também no Espírito Santo.

Mas aqueles que dizem: "Houve um tempo quando ele não era"; e "Ele não era antes de ter nascido"; e "Ele foi feito do que não existe", ou "Ele é de outra substância" ou "essência", ou "O Filho de Deus é criado", ou "mutável", ou "alternável" — eles são condenados pela Igreja cristã e apostólica.

3. O CREDO NICENO-CONSTANTINOPOLITANO

Cremos em um só Deus, o Pai Todo-poderoso, criador do céu e da terra, de todas as coisas, visíveis e invisíveis.

E em um só Senhor Jesus Cristo, o Filho Unigênito de Deus, o gerado do Pai antes de todos os séculos, Deus de Deus, Luz de Luz, Verdadeiro Deus de Verdadeiro Deus, gerado e não feito, da mesma substância do Pai, por meio do qual todas as coisas vieram a ser; o qual, por nós, os homens e pela nossa salvação desceu dos céus e encarnou-se do Espírito Santo e da Virgem Maria, e fez-se homem e foi por nós crucificado sob Pôncio Pilatos, e padeceu, e foi sepultado, e ressuscitou ao terceiro dia, segundo as Escrituras, e subiu aos céus e está sentado à direita do Pai, e virá de novo, com glória a julgar vivos e mortos; e o seu Reino não terá fim.

E no Espírito Santo, o Senhor e Vivificador, o que procede do Pai e do Filho, o que juntamente com o Pai e o Filho é adorado e glorificado, o que falou por meio dos profetas;

E numa só Igreja santa, cristã e apostólica.

Confessamos um só batismo, para remissão dos pecados[3], esperamos a ressurreição dos mortos e a vida do século vindouro. Amém.

4. O CREDO DE CALCEDÔNIA

Fiéis aos santos pais, todos nós, perfeitamente unânimes, ensinamos que se deve confessar que nosso Senhor Jesus Cristo é o mesmo e único Filho, perfeito quanto à divindade e perfeito quanto à humanidade, verdadeiramente Deus e verdadeiramente homem, constando de alma racional e de corpo consubstancial ao Pai, segundo a divindade, e consubstancial a nós, segundo a humanidade; em todas as coisas semelhante a nós, exceto no pecado, gerado, segundo a divindade, antes dos séculos pelo Pai e, segundo a humanidade, por nós e para nossa salvação, gerado da Virgem Maria, a portadora de Deus [*Theotókos*].[4] Um só e mesmo Cristo, Filho, Senhor, Unigênito, que se deve confessar, em duas naturezas, inconfundíveis e imutáveis, inseparáveis e indivisíveis. A distinção de naturezas de modo algum é anulada pela união, mas, pelo contrário, as propriedades de cada natureza permanecem intactas, concorrendo para formar uma só pessoa e subsistência; não dividido ou separado em duas pessoas, mas um só e mesmo Filho Unigênito, Deus Verbo, Jesus Cristo Senhor, conforme os profetas outrora a seu respeito testemunharam, e o mesmo Jesus Cristo ensinou-nos e o credo dos pais transmitiu-nos.

5. O CREDO DE ATANÁSIO OU ATANASIANO

1. Todo aquele que quer ser salvo, antes de tudo, deve professar a fé cristã.
2. A qual é preciso que cada um guarde perfeita e inviolada ou terá com certeza de perecer para sempre.
3. A fé cristã é esta: que adoremos um Deus em trindade, e trindade em unidade;
4. Não confundimos as Pessoas, nem separamos a substância.
5. Pois existe uma única Pessoa do Pai, outra do Filho, e outra do Espírito Santo.
6. Mas a deidade do Pai, do Filho e do Espírito Santo é toda uma só: glória é igual e a majestade é coeterna.
7. Tal como é o Pai, tal é o Filho e tal é o Espírito Santo.
8. O Pai é incriado, o Filho é incriado, e o Espírito Santo é incriado.
9. O Pai é imensurável, o Filho é imensurável, e o Espírito Santo é imensurável.
10. O Pai é eterno, o Filho é eterno, e o Espírito Santo é eterno.
11. E, no entanto, não são três eternos, mas há apenas um eterno.
12. Da mesma forma, não há três incriados, nem três imensuráveis, mas um só incriado e um imensurável.
13. Assim também o Pai é onipotente, o Filho é onipotente e o Espírito Santo é onipotente.
14. No entanto, não há três onipotentes, mas, sim, um onipotente.
15. Assim, o Pai é Deus, o Filho é Deus, e o Espírito Santo é Deus.
16. No entanto, não há três Deuses, mas um Deus.
17. Assim o Pai é Senhor, o Filho é Senhor, e o Espírito Santo é Senhor.
18. Todavia, não há três Senhores, mas um Senhor.
19. Assim como a veracidade cristã nos obriga a confessar cada Pessoa individualmente como sendo Deus e Senhor;

20. Assim também ficamos privados de dizer que haja três Deuses ou Senhores.
21. O Pai não foi feito de coisa alguma, nem criado, nem gerado;
22. o Filho procede do Pai somente, não foi feito, nem criado, mas gerado.
23. O Espírito Santo procede do Pai e do Filho, não foi feito, nem criado, nem gerado, mas procedente.
24. Há, portanto, um Pai, e não três Pais; um Filho, e não três Filhos; um Espírito Santo, não três Espíritos Santos.
25. E, nessa trindade, não existe primeiro nem último; maior nem menor.
26. Mas as três Pessoas são coeternas, são iguais entre si mesmas;
27. De sorte que, por meio de todas, como acima foi dito, tanto a unidade na trindade como a trindade na unidade deve ser adorada.
28. Portanto, quem quiser ser salvo, deve pensar assim a respeito da Trindade.
29. Mas é necessário para a salvação eterna: que também se creia fielmente na encarnação de nosso Senhor Jesus Cristo.
30. É, portanto, verdadeira fé que creiamos e confessemos que nosso Senhor Jesus Cristo, Filho de Deus, é Deus e homem;
31. Deus, da substância do Pai, gerado antes dos séculos, e homem, da substância de sua mãe, nascido no mundo.
32. Perfeito Deus e perfeito Homem, subsistindo em uma alma racional e carne humana.
33. Igual ao pai segundo a sua Divindade, e menor do que o Pai segundo a sua humanidade.
34. O qual, ainda que seja Deus e homem, não é dois, e sim um só Cristo.
35. Um só; não por conversão da sua Divindade em carne; mas, sim, pela assunção em Deus da sua Humanidade.

36. Um só, não por confusão de substância, mas sim, pela unidade da Pessoa.
37. Porque assim como uma alma racional e carne são um só homem, assim também Deus e Homem são um só Cristo.
38. O qual sofreu por nossa salvação: desceu ao inferno, ao terceiro dia ressurgiu dos mortos.
39. Ascendeu aos céus: assentando-se à direita de Deus Pai Onipotente.
40. De onde virá para julgar os vivos e os mortos.
41. A cuja vinda todos os homens ressurgirão com seus corpos;
42. E darão conta de suas próprias obras.
43. E os que tiverem feito o bem entrarão na vida eterna; e os que tiverem feito o mal, para ao fogo eterno.
44. Esta é a fé cristã: a menos que um homem creia fiel e firmemente, não poder ser salvo.

---

[1] Ou: καθολικήν (*katholikén*), "universal", como aparece no texto grego. O texto grego emprega ἁγίαν καθολικὴν ἐκκλεσιάν (*haguían katholikén ekklesían*) "santa igreja católica". O termo καθολικός (*katholikós*) "universal, geral", literalmente significa "de acordo com o todo", pois o substantivo é composto de κατά (*katá*) e de ὅλος (*holos*). A preposição grega, *katá*, significa "de cima para baixo, contra, ao longo de, conforme, de acordo, segundo", e a palavra *holos*, "todo, inteiro, completo". Foi Inácio, bispo de Antioquia (70–110), que empregou o termo para designar a igreja com o sentido de "geral, universal". Mas, o sentido exato do termo perdeu-se com o tempo e hoje tem outro significado.

[2] O termo grego ὁμοούσιος (*homooúsios*),"consubstancial", significa ser da mesma substância, da mesma essência. Trata-se de um adjetivo composto, ὁμός (*homós*),"igual, comum, idêntico, o mesmo", e οὐσία (*ousía*), "ser, realidade, essência, substância". *Homooúsios* aparece com frequência nos escritos de Atanásio e dos pais capadócios para se referir a mesma essência ou substância da deidade das três pessoas da Trindade.

[3] O batismo bíblico em águas não é para salvação, são os salvos que se submetem a ele (ver capítulo XII).

[4] O significado literal de Θεοτόκος (*theotókos*) é "portadora de Deus", ideia defendida por Cirilo de Alexandria no concílio de Éfeso no ano 431. O termo é traduzido por *Dei genitrice*, "mãe de Deus", na versão latina do credo de Calcedônia, que se popularizou no catolicismo romano ao longo dos séculos. Trata-se de um termo contraditório em si mesmo porque Deus é eterno e existe por si mesmo, sem começo e sem fim. Não há ser algum antes dEle; por isso, não pode ter mãe; é, de fato, uma expressão teologicamente inadequada. O termo grego referente à expressão "portadora de Deus" não enfatiza nenhuma preeminência à pessoa de Maria, apenas à instrumentalidade dela no processo. O termo dá toda a primazia a Jesus.

Índice remissivo

A

B

C

H

I

M

Q

R

V

Y

Z

Índice de textos bíblicos

ANTIGO TESTAMENTO

GÊNESIS

ÊXODO

LEVÍTICO

NÚMEROS

DEUTERONÔMIO

SALMOS

PROVÉRBIOS

ECLESIASTES

CANTARES

ISAÍAS

JEREMIAS

EZEQUIEL

ANTIGO TESTAMENTO

MATEUS

MARCOS

LUCAS

JOÃO

ATOS

ROMANOS

1 CORÍNTIOS

2 CORÍNTIOS

GÁLATAS

EFÉSIOS

FILIPENSES

COLOSSENSES

1 TESSALONICENSES

2 TESSALONICENSES

1 TIMÓTEO

2 TIMÓTEO

TITO

HEBREUS

TIAGO

1 PEDRO